FINANCE AND INVESTMENT BOOK OF ELEGANT WOMAN

优雅女人的
投资理财书

李昊轩◎著

投资创造财富·理财改变命运

中国华侨出版社

图书在版编目（CIP）数据

优雅女人的投资理财书/李昊轩著. —北京：中国华侨出版社，2012.1
ISBN 978-7-5113-2030-8

I. ①优… II. ①李… III. ①女性－财务管理－通俗读物 IV. ①TS976.15-49

中国版本图书馆CIP数据核字（2011）第257843号

• 优雅女人的投资理财书

著　　者 / 李昊轩

责任编辑 / 宋　玉

责任校对 / 高晓华

经　　销 / 新华书店

开　　本 / 787×1092毫米　　1/16　　印张 / 17　字数 / 300千

印　　刷 / 北京龙跃印务有限公司

版　　次 / 2012年4月第1版　　2017年10月第8次印刷

书　　号 / ISBN 978-7-5113-2030-8

定　　价 / 32.00元

中国华侨出版社　　北京市朝阳区静安里26号通成达大厦3层　　邮　编：100028

法律顾问：陈鹰律师事务所

编辑部：（010）64443056　传真：（010）64439708

发行部：（010）64443051

网　　址：www.oveaschin.com

E-mail：oveaschin@sina.com

俗话说，钱是挣出来的，不是省出来的。但是最新的观念是：钱是挣出来的，更是理出来的。尤其是现代社会，你是一个美女、才女还远远不够，想做一个独立自主的现代女人，你还得是一个懂得理财的女人。

现在，很多年轻的女性朋友都把自己的未来寄托在另一半身上，希望能找个金龟婿，梦想日后能当上全职太太，婚后在家坐享一切，一辈子衣食无忧。遗憾的是，那些不懂节俭、不善理财，能不劳而获的全职太太真的非常少见。而在生活中，那些会理财的女性更具知性美，在别人眼里更具魅力。所以，年轻的女性朋友们更应该以此为戒，尽早开始理财。

以往，人们大都习惯了通过辛勤工作、勤俭节约、拼命存钱等途径慢慢地积累财富；现在许多人却发现，其他因素，比如资本等对财富的增长也起着至关重要的作用。借助于资本这块"魔方"，积累财富的速度将远远超过单纯依靠劳动收入的增长速度。

当然，要使"资本魔方"转起来，前提条件是有"资本"。过去，人们大多认为"钱生钱"是有钱人的游戏，与自己不相干，更遑论谈什么"资本"！其实，无论您的手中握有大钱还是小钱，都是资本；只要进行合理的规划和投资，就能得到丰厚的回报，实现个人的生活目标，这就是理财的目的。

可是，很多女性朋友对理财的关注，多停留在口头上，想到需要去办

一些繁杂的手续，自己的头就大；想到品种繁多的理财方式，自己就前怕狼后怕虎；于是"理财"的行动一天天滞后了。正所谓"你不理财，财不理你"，久而久之，自己依旧在原地转圈并重复着昨日的话题。

事实上，理财本身就是一种生活方式，它来自于生活中的点点滴滴。女人想要一生都拥有富裕而舒适的生活，就必须将理财作为一项长期的事业来打理。所以，不懂理财的朋友一定要及时充电，已经知道那些理财方法的朋友则要精益求精。

本书将理财要点、理财方式、理财特点、理财风险一一呈现在读者面前。本书根据家庭理财的特点，有针对性地详细阐述了人们的理财目标及理财侧重点。书中既有概念介绍又有提示建议，既有理论讲解又有案例分析，力求将知识性与实用性完美结合，真正做到了语言平实，深入浅出，对家庭理财具有深刻地指导意义。

如果你想成为一个名副其实的"财"女，那就不要只做"发财梦"了，从现在开始拿起理财的武器，通过对收入、消费、储蓄、投资的学习和掌握，科学合理地安排自己的收入与支出，从而实现财富的快速积累，为你以后轻松、自在、无忧的人生打下坚实的基础，早日让你的生活变得更富裕、更独立，也更幸福。

"赚钱不在多辛苦，只在思路胜一筹！"相信读者定能从本书中获益。

CONTENTS 目录

第二篇
金融投资——把握最有效的金融投资工具

目录
Contents

第三篇
实物投资——财富增值保值的好选择

目录 Contents

第六篇
自主创业——理财的终点不是金钱，而是事业

附录

第一篇
观念先行
——管理你的身价，而不只是身材

第一章
理财思维：理财改变你的一生

女人一生不该逃避的理财课

在很多人的脑海中，一说到理财就会联想到银行理财顾问为有钱人汇报每年的资产收益。就像和很多年轻人聊起理财的话题，最常听到的说法就是"我无财可理"。乍一听来，似乎觉得年轻人刚刚从学校里毕业，工资不高而开销不低，这就使得年轻人成了"月光族"，甚至出现了透支好几张信用卡的情况。理财似乎离他们很遥远，真的是这样吗？

"怎么又没钱了？你这个'月光女神'做得可真够凄惨的，你真应该学学怎么去理财了！"

"理财？我根本就没'财'，拿什么去'理'呀！毕业已经两年多了，月收入4000多元，也不算少，但是每月吃饭、租房、买衣服七七八八下来，月月库存为零。哎，我空有一肚子理财理论，但是奈何巧妇难为无米之炊，我没什么财可以去理的！"

……

柏丝总是这样应对朋友对自己处境的调侃。毕业两年下来，收入也不

算少，但是每月七零八散地花费下来，就变成了标准的"月光女神"。经济学毕业的她也曾想去理财，但是，自己根本没"财"，拿什么去"理"呢？是的，这是大多数人的想法，认为没"财"就不必去理"财"了。

错！没财更需要去理财。其实，理财绝对不是有"财"人的专利，理财是每个人都必须要做的事情。原因很简单，不管是挣钱还是花钱，我们几乎每天都要与钱打交道，只要与钱打交道，我们就有责任对它做好最基本的管理。否则的话，将会给你带来相当严重的后果，"月光女神"与"欠债小负婆"的泛滥就是最好的证明。

在现实生活中还有一种观点就是：做得好，不如嫁得好。有很多女性将婚姻当成自己的依靠，但是她们忽略了一点，经济不独立的女性，就算自己的家人或另一半再怎么有钱，心里也会隐隐地有种不安全感，毕竟伸手向别人要钱的滋味是不好受的。

很多人都羡慕蕾蕾，认为她一毕业就能够嫁给一个有钱的老公是一种绝对的幸运。刚开始蕾蕾也这么认为，她想，婚姻是女人一生最重要的事情，只要嫁给了有钱人，也就握住了人生的一半幸福。

结婚后，蕾蕾过上了富家太太的生活，尽管她有绝对的能力养活自己，但是她却放弃了出去工作的机会。她想："老公的收入足可以让自己一辈子都衣食无忧了，自己何必再出去为了那一点点'微薄'的工资而辛苦奔波呢？"但是，这种令人羡慕的家庭主妇的生活，却因为自己平时有限的零用钱而让蕾蕾顿生厌倦。

老公虽然有钱，但是对钱管理得很严，从来不会主动给她零用钱花。蕾蕾的老公始终不赞成蕾蕾动辄就去商场买一件几千块钱的大衣，认为这是一种浪费、挥霍行为。对老公的这种行为，蕾蕾很是不满，她常常埋怨老公是个"守财奴"、"小气鬼"，于是家庭矛盾便产生了，两人经常会为了家庭开支的问题争论不休，直至大吵大闹。

蕾蕾的婆婆得了重病，老公想让蕾蕾去伺候婆婆，替自己尽尽孝道。可蕾蕾认为老公不愿意主动给自己钱花是不爱自己的表现，建议去为婆婆请个保姆。这下可惹怒了老公，两人又一次大吵了起来，两人的矛盾立刻升级。这时，蕾蕾明显地感觉到，他们的婚姻出现了裂痕，她没想到，自己原本憧憬的美好富足的生活竟然因为金钱而变了质……

在婚姻生活中，不管你处于怎样的地位，当你伸手向另一半拿钱时，你们的爱情、婚姻生活也就无快乐而言了。你拿了丈夫的钱，就必定会在某些方面受制于他。当你受制于他时，你就必定要去做一些自己不情愿但必须要去做的事情，那么，不安全感便会充斥于你的生活当中。

更何况，在现代社会中，婚姻充满了许多变数，你对婚姻寄予的期望越高，所遭受的伤害也会越深重。客观地讲，依靠婚姻已经是现代社会最不安全的生存方式了。

此外，女性在婚姻中所承担的生存风险不仅仅是婚姻破裂后的生活问题，还有更为严重的住房、医疗、养老问题。可以试想一下，连温饱生计都成问题，如何去顾及其他一系列的生存隐患问题？

所以，现代女性应该要变得理性起来，特别是那些有赚钱能力的女性，不要因为自己一时的懒惰与矫情就随便将自己的全部托付给周围的男性与现实的婚姻，而是应该勇敢地从处处受限的温室中站出来，将自己托付给更为实际的金钱，唯有经济方面的独立才能让你获得切实的安全感。

生活中，有些年轻的女性在设计自己的理财计划时，最容易犯的错误就是好高骛远，总在幻想自己能一夜暴富。这当然是不现实的，理财只有在脚踏实地慢慢地积累和投资的过程中，才能不断提高自己的财富积累，而这样做才是你应该秉持的正确观念。

所以，对于年轻的女性朋友而言，从现在开始理财，别拿没钱当借口，其实你可以理财，这是你人生中最不该逃的一课。

想当"财女"，先做个"好钱"的女人

从现实的角度来看，那些为钱去拼命工作的人并没有什么错，因为与

各种不稳定的关系相比，钱反而是更为牢靠、更能带给女性安全感的东西。自己的合理收入应该受到尊重。

我喜欢平平淡淡的生活，现在每个月的薪水够养活自己，我挺知足！虽说我也曾幻想过拥有更多的财富，但这也并不是说谁想要就能够拥有的，一切还是顺其自然的好！

赵颖对朋友这样说自己对财富的看法，她的性格是恬淡的，她认为财富是不可强求的，还是顺其自然的好，而其实她也想拥有财富。她的这种想法有点"听天由命"的味道，试想一下，赵颖最终会成为"财女"吗？

答案当然是否定的，你想要拥有财富，首先就要升华你对财富的欲望，因为它是你通往财富之路的发动机，如果你对金钱有足够的欲望，"财女"就离你不远了。欲望真有那么重要吗？先听听苏格拉底是怎么说的吧！

有一次，有个人问苏格拉底："我如何才能获得财富呢？"

智慧的苏格拉底并没有当场直接回答他的问题，而是将他领到了一条小河边，然后将他的头直接地按进了水中。那个人出于本能开始不断地挣扎，但苏格拉底一直不放手。那个人拼命地挣扎，用了自己最大的力气才挣脱出来。

这个时候，苏格拉底微笑着问他："你刚才最需要的是什么呢？"

那个人还没有从刚才的慌乱中平静下来，喘着粗气说："我最……最需要空气。"

在这个时候，苏格拉底因势利导地对这个人说："如果你能像刚才需要空气那样需要获得财富，那你一定能获得财富。"

苏格拉底用最智慧的方法告诉我们：要拥有财富，必须首先要有获取财富的强烈欲望。苏格拉底说："如果你能像刚才需要空气那样需要获得财富，那你一定能获得财富。"仔细分析这句话，你会发现这种欲望其实是指"我要，我一定要"的勇气与坚定，是一种志在必得，专心一致的心态。只有拥有这种坚定的勇气与强烈的心态，你才能克服一切困难，最终获得财富。

无可否认，在现实生活中，大多数人都想成为富人，想拥有很多的金钱，只是他们都认为这个梦想离自己简直太遥远了，于是就开始安于现状，不再去考虑改变自己现有的生存状态，最终让富人梦成为泡影。如果你也像这些人一样，对于财富与金钱只是想想而已，没有真正地从内心将这种愿望升华为强烈的欲望，那么你在获取财富的道路上就不会有强大的精神力量，最终也很难实现理想。

足够的金钱可以让人没有后顾之忧，让人们有更多的精力与时间去最大限度地实现自我价值。因此，"君子爱财"本身是没有错的，现代都市才女都可以选择去做一个"女君子"，这样才可以让自己最大限度地拥有金钱，才可以最大限度地实现自身的价值。

理财改变人生

你可能还记得10年前你父母买下房子的时候的价格，在今天同样的价格只能买一辆车！这就是通货膨胀，我们的金钱每一天都在贬值。

有两种方法可以让你免遭通胀。第一种方法是增加你的收入。当收入与通货膨胀的速度持平，你就不会受到价格上涨的影响，但你也不会更加富有，增加的收入刚好抵消通货膨胀的那部分费用。第二种方法是将你的一部分钱用来投资，作为你的第二部分收入来源，并使增长速度超过通货膨胀速度。在这种情况下，不仅会抵消贬值的钱，还会成为财产。

由此看来，将金钱闲置只能减慢你贫穷的步伐，却不能为你创造财富。

有这样一则劝人善加投资理财的故事：犹太大地主马太有一天要外出远游，便将他的财产托付给三位仆人保管。他给了第一位仆人5000金

币，第二位仆人2000金币，第三个仆人1000金币。马太告诉他们，要好好珍惜并善加管理自己的财富，等到一年后他将会回来。

马太走后，第一位仆人将这笔钱作了各种投资；第二位仆人则买下原料，制造商品出售；第三位仆人为了安全起见，将钱埋在树下。

一年后，马太如约回来了，第一位仆人手中的金币增加了三倍，第二位仆人的金币增加了一倍，马太甚感欣慰。唯有第三位仆人的金钱丝毫未增加，他向马太解释说："唯恐运用失当而遭到损失，所以将钱存在安全的地方，今天将它原封不动奉还。"马太听了大怒，并骂道："你这愚蠢的家伙，竟不好好利用你的财富。"马太拿回了金币，赏给了第一位仆人。

这个故事就是著名的马太效应。故事中第三位仆人受到责备，不是由于他乱用金钱，也不是因为投资失败遭受损失，而是因为他根本未好好利用金钱，没有用来投资。这个故事表明，人们很早的时候就开始重视投资理财。

相信吉姆·罗杰斯（Jim Rogers）这个名字对于中国人来说并不陌生，一个在10年间赚到足够一生花费的财富的投资家，一个被股神巴菲特誉为对市场变化掌握无人能及的趋势家，一个两度环游世界，一次骑车、一次开车的梦想家。

吉姆·罗杰斯21岁开始接触投资，之后进入华尔街工作，与索罗斯共创全球闻名的量子基金，20世纪70年代，该基金成长超过4000%，同期间标准普尔500股价指数才成长不到50%。吉姆·罗杰斯的投资智能已得到数字证明。

从口袋只有600美元的投资门外汉，到37岁决定退休时家财万贯的世界级投资大师，吉姆·罗杰斯用自己的故事证明，投资可以致富，理财可以改变命运。

对于年轻的女性朋友而言，难道你不希望自己的财产保值增值吗？我们提倡科学理财，就是要善用钱财，使自己的财务状况处于最佳状态，满足各层次的需求，从而拥有一个幸福的人生。

因此，一个人一生能够积累多少财富，不是取决于你赚了多少钱，而是你将如何投资。致富的关键在于如何开源，而非一味地节约。试问，这世界上又有谁是靠省吃俭用一辈子，将一生的积蓄都存进银行，靠利息而成为知名富翁的呢？

犹太人是世界上最为出色的商人，他们经商的独特之处就在于他们即使有钱也不会存在银行里。他们很清楚这笔账：把钱存在银行里确实可以获得一笔利息收入，但是由于物价的上涨等因素基本上使得银行存款的利率相抵消。在中国也同样有一句俗语叫做"有钱不置半年闲"，这就是一句很有哲理意味的理财经，指出了合理地使用资金，千方百计地加快资金周转速度，用钱来赚钱的真谛。这对于年轻的女性朋友而言也是非常有借鉴意义的。

积累财富不能靠工资，而要靠投资理财

财富积累必须靠资本的积累，要靠资本运作。只有通过有效地投资，让自己的钱流动起来，才能较快地积累起可观的财富。

一般来说，创造财富的途径主要有两种模式。第一种是打工，目前靠打工获取工薪的人占90%左右；第二种是投资，目前这类群体占总人数的10%左右。

一些专业人士对创造财富的两种主要途径进行了分析，发现了一个普遍的结果：如果靠投资致富，财富目标则比打工的要高得多。例如具有"投资第一人"之称的亿万富豪沃伦·巴菲特就是通过一辈子的投资致富，财富达到440亿美元。还有沙特阿拉伯的阿尔萨德王储也通过投资致富，他目前才50岁，但早在2005年，他的财富就已达到237亿美元，名列世界富豪榜前5名。

通常来说，在个人创造财富方面，比起投资，打工能够达到的财富级别十分有限。但打工所要求的条件和"技术含量"较低，而投资创业需要有一定的特质和条件，因此绝大多数人还是选择打工并获取有限的回报。但事实上，投资是我们每一个人都可为、都要为的事。从世界财富积累与创造的现象分析来看，真正决定我们财富水平的关键，不是你选择打工还是创业，而是你选择了投资致富，并进行了有效的投资。

巴菲特说过，一生能积累多少财富，不取决于你能够赚多少钱，而取决于你如何投资理财。李嘉诚也主张，20岁以前，所有的钱都是靠双手勤劳换来的，20至30岁之间是努力赚钱和存钱的时候，30岁以后，投资理财的重要性逐渐提高。所以李嘉诚有一句名言："30岁以前人要靠体力、智力赚钱，30岁之后要靠钱赚钱（即投资）。"

钱找钱胜过人找钱，要懂得让钱为你工作，而不是你为钱工作。中国的俗语也说：人两脚，钱四脚。意思是说钱追钱，比人追钱快多了。为了证明"钱追钱快过人追钱"，一些人研究起了和信企业集团（台湾排名前5位的大集团）前董事长辜振甫和台湾信托董事长辜濂松的财富情况。辜振甫属于慢郎中型，而辜濂松属于急惊风型。辜振甫的长子——台湾人寿总经理——辜启允非常了解他们，他说："钱放进我父亲的口袋就出不来了，但是放在辜濂松的口袋就会不见了。"因为，辜振甫赚的钱都存到银行，而辜濂松赚到的钱都拿出来作更有效的投资。结果是：虽然两个年龄相差17岁，但是侄子辜濂松的资产却遥遥领先于其叔叔辜振甫。因此，人的一生能拥有多少财富，不是取决于你赚了多少钱，而决定于你是否投资、如何投资。

"投资理财可以致富。"有了这种认识至少可以让你有信心、有决心、充满希望。不管你现在拥有多少财富，也不管你一年能省下多少钱、投资理财的能力如何，只要你愿意，你就能利用投资理财来致富。

第二章
财富观念：丢掉你的旧观念，
用女性的智慧当好管家婆

理财的女人有钱花

　　无论你是潇洒的新新潮人、时尚的白领丽人，还是成熟的已婚一族，作为一个女人，你不仅应该知道如何赚钱，还应该学会如何理财，这是女人智慧的体现。精明的女人要学会理财，善于理财，要掌握女性理财的方法，这是女人拥有优裕生活、亮丽人生所必需的生活技能。

　　事实上，在生活中，不论是做事、恋爱、外出旅行，还是准备给爱人的礼物，这些都是离不开钱的。

　　女性理财是为了得到幸福，如果没有好的理财习惯，即使有万贯家财也终有一天会花得精光。理财是人生的必修课，是一个人一辈子受益无穷的事情。

　　现代社会，不少受过良好教育的时尚女性早已摆脱了家庭的束缚，活跃于职场，知识与财富倍增，拥有绝对独立自主的权利。但是一般而言，女性朋友在理财中仍存在着很多"致命伤"。所以，现在是你开始为自己做做理财功课的时候了。

　　理财永远是一种思维方式，而不是简单的技巧。对于女性朋友而言首

先要掌握的，是一种态度和理念，理财无法使你一夜暴富，其本质在于善用手中一切可运用的资金，照顾人生或家庭各阶段的需求。这一点，是我们谈论女性理财的前提。因为这里我们强调的不是如何投资，也不是如何发财致富的问题，而是如何克服女性在理财上的盲点和弱点，如何建立女性健康合理的理财观，如何将家庭中的钱用得更加游刃有余的问题。男性与女性的投资理财风格各有千秋。与男性相比，女性明显具有严谨、细致、感性的特点，这些特点，也决定了女性在理财方面的优势：对家庭的生活开支更为了解，对收入支出的安排享有优先决策权；投资理财偏向保守，能很好地控制风险；投资之前，往往会事先征求很多人的意见，三思而后行等。但是，物极必反，如果这些特性发挥到了极致，则会演变成为某些女性理财上的"致命伤"。那么，女性理财时，应如何发挥积极因素，避开消极因素呢？下面是专家为女性量身定制的理财7点建议。

1. 更新观念

别再把不懂花钱当成小女人娇羞的一部分。如果以前的女人可以用对老公发嗲作为摆脱财政赤字的途径，今天的你却休想让冷酷的钱包发善心。

2. 学习理财

老妈的节省原则不适用于现代的生活方式，铺天盖地的广告在给你享受的同时也使你陷入迷茫。你需要利用业余时间学习理财知识，了解相关技巧。不要完全依赖他人的理财知识和决定；学习个人理财规划，可以使你在家庭理财决策中，享有与男人同等的地位。现在你投入精力累积的理财知识与经验都将终生伴随你，帮助你逐步建立稳健的财务规划，逐渐积累财富。

3. 设定目标

像做任何事情一样，你需要一个目标才不至于迷失方向。理财也一样，为自己设定一远一近两个目标，比如确定未来二十年的奋斗目标和每个月的存款数。这样你花钱时就会有所顾忌。

4. 强制储蓄

每月发薪水后就将其中的一定数目，比如薪水的20％存入银行，从此绝不轻易动用这笔钱，那么若干年后将会有一笔可观的财富，如果不这样做，这笔钱将很容易被花掉，而且你也不会感到生活宽裕多少。千万不要等到月底看剩下多少钱时再储蓄，不要一直使用配偶的账户或以配偶的名义存款，而使自己没有任何银行存款和信用记录。

5. 精明购物

对于每个人来说实惠的含义各不相同，有人可能是大甩卖时的拣货高手，有些人则信奉"宁缺毋滥"的购物原则。由于个人收入水平、生活方式的差异，精明二字的解释也各有不同，所以购物时千万不要随大流。要记得，适合别人的不一定适合你。购物要记账，不管你在何时何地购物，都一定要记下你所花费的每一笔钱。休闲娱乐、交通费用、三餐开销、应酬花费、购买奢侈品等分门别类地记下来，一个月或是三个月后再来审视你的消费曲线，一来了解你在哪一部分的开销最大，二来也能调整你的消费行为，这样才不会在不知不觉中稀里糊涂地漏财。

6. 节流生财

和开源相比，节流要容易得多，不妨从节约水电费这样的小事做起，日积月累就会收到聚沙成塔的效果。而且这种节俭的生活方式也非常有利于环保。

7. 储备应急

为了应对意外的花销，平时就要存出一项专门的应急款，这样才不会在突然需要用钱时动用定期存款而损失利息。

赚钱和理财，并不单纯就是指储蓄，这种想法明显已经过时了。你如果想自己驾驭金钱，那就需要掌握更加复杂的知识系统。同时，把它当成是改善人生的方法，那么在你的生活中也就没有什么问题是复杂和困难的了。

打理财富，赶早不赶晚

生活告诉我们应该及早认识世俗，不要认为世俗是件丢人的事情，毕

竟生活中每个人都会变得世俗起来，这只是时间的早晚问题罢了。

实际上，世俗就是现实，就是凡事都要从实际出发来思考问题。你应该及早地认识到一份稳定且收入不菲的工作、一套属于自己的房子、一款自己的私车等，这些才是你追求安定幸福生活必备的基础条件。

现在，物价上涨，生活水平也提高了，我们要为日渐昂贵的孩子上学的费用负责。我们的钱买到的东西比起10年前，甚至是5年前都要少得多。女性们面对的是一个不成比例的挑战，她们必须对那些钱善加利用。

在年理财收益为7%不变的情况下，爱兰和佳茵分别选择了不同的理财方式：

爱兰选择从20岁开始，每年存款1万元，一直存到30岁，到60岁的时候全部取出来作为自己的养老金。

佳茵选择从30岁开始，每年存款1万元，一直存到60岁，60岁时全部取出作为自己的养老金。

你觉得爱兰和佳茵谁能够获得更多的养老金呢？有很多人一定会说，当然是佳茵了！道理很简单，佳茵的储蓄数额显然要比爱兰高很多，也就是说佳茵30年30万元的储蓄本金要超出爱兰10年10万元的储蓄本金，所以她最终得到的养老金肯定要比爱兰高出许多。事实真的是这样吗？

实际上，这不过是表面现象罢了，你只要开动你聪明的大脑计算一下你就会发现：在年理财收益率为7%的情况下，以每年1万元的存款方式做储蓄，从20岁存到30岁，到60岁全部取出时可以得到的存款金额为70多万元；而如果以每年1万元的存款储蓄方式做储蓄，从30岁存到60岁，最终得到的存款金额却只有60多万元。才女们不妨去动手计算一下，用明确的数字来比较一下，答案就十分明确了。从这两个方案，我们得出这样一个结论，如果要理财，就要趁早，因为越早理财，就能够及早地拥有更多的财富。

在日常生活当中，做好家庭收入预算能保证你的钱得到合理使用，使家人满意地分享这笔收入。预算不应该约束你的行动，也不是让你毫无目的地记录开销，它经过精心的计划，帮助你物有所值，把钱花在刀刃上。

比如你想置一个新家，缴孩子们上大学的费用、家人的养老保险金，想实现盼望已久的度假。合理的预算会让你梦想成真，它会告诉你，怎样节省不必要的花销，以应付必要的大笔投资。

如果你想成为家庭预算高手，就应该多看看那些生活类杂志，那里面有许多相关的经济知识。它会告诉你，怎样利用旧衣服；怎样制作出物美价廉的点心；怎样制作家具等。另外，附近的银行开设了一种免费预算咨询服务，他们会根据你家庭的需要，告诉你如何做出符合自己实际情况的预算。这项计划是专门为你定制的，对其他家庭并不适合。因为，你的财务问题就像你的身材和面孔一样，是独此一家的。其他家庭的情况和你的情况是不一样的。所以，这种预算的计划价值也就更高。

因此，"打理财富，赶早不赶晚"并非是一句空洞的口号，而应该立即将它付诸于实际的行动。也许你现在对自己的"月光"生活感觉很惬意，也许你认为自己以后还有大把的青春和时间可以储备足够"过冬的食粮"，也许你觉得任自己的姿色有"钓到金龟"的可能，也许你现在有一个让你取之不尽的"富爸爸"做后盾，也许你本身已经拥有了超凡的挣钱能力……但不管怎样，你都应该及早地为自己以后的生活做好打算，因为你现在不缺钱，也不等于你以后永远不缺钱，能挣钱也并不代表你能在未来为自己积累巨大的财富，这个世界的变数是如此之大，你又凭什么就认为自己可以一直这么顺风顺水、洒脱度日呢？

聪明的女人都懂得未雨绸缪，我们相信每一位都市女性都拥有这样的智慧。所以，趁着自己还年轻，多为未来的幸福做打算。

理财不能等，现在就行动

"我还年轻，不需要理财"或是"等我赚了大钱再说"这样的观点在一般投资者中非常流行，很多投资者都认为理财不着急，我有的是时间，

等有时间的时候再说，其实这是错误的。

马小姐在一家外企上班，属于白领一族，可都上班几年了，还没有存款，更别说房子、车子。一次马小姐的父母生病，需要很多的钱，可是她却一分都拿不出来，家里人都很奇怪，毕竟她工作这么多年了。还好马小姐的人缘好，就借了些钱。事情总算过去了，亲戚朋友都劝她，你应该学着理财了，但她却理直气壮地说："不急，我还年轻，等以后再说吧！"

孙女士在外工作好几年了，今年结婚时，结婚的钱都是双方父母拿的，就连买房子的首付都是父母给的，那剩下的钱就应该自己付了，小两口收入还可以，可是过惯了有多少花多少的生活，他们一到月底还贷，就抓瞎了，刚开始父母给垫钱，可也不能总这样，他俩一发工资就还贷，这样几年下来，他们除了按时还贷，手头一分钱都没有，父母劝说他俩应该学着理财，不然以后有了孩子怎么办，他俩总说："不急，慢慢来，等我们赚了大钱再学理财，现在没有钱，怎么理呢？"

中国有句老话说："吃不穷、喝不穷，算计不到就受穷。"怎样理财，怎样理好财，是每个人都应关心的话题，更是现今投资者需要学会的。但是理财应该做到二忌：

1. 忌攀比挥霍，宜未雨绸缪，居安思危

有些投资者对理财缺乏足够的认识，特别是新一代独生子女，家庭条件比较富裕，没有经济负担，思想上缺少理财的意识。他们生活中互相攀比，穿名牌、用高档、消费无度。尤其是刚参加工作的年轻人，当工资拿到手后，花钱如流水，一副大款相，可到月末，早已是两手空空，甚至出现外债。这类人大多缺乏忧患意识，认为自己年轻，有的是时间去挣钱；还有的认为反正父母那里有，岂不知父母不是银行，况且银行还有闹危机的时候。在这种思想的支配下，他们很难做到量力而行，量入而出。

现在的年轻人应常问自己几个怎么办，如，当有一天你失业了怎么

办？你的子女上学用钱怎么办？你的家人得了重病需要大笔钱去医治怎么办？等你老了养老金储备了没有？那时你如何去应对，又怎样尽你的责任和义务？一个国家需要一定的储备，一个人也应如此。

2. 忌好高骛远，宜面对现实

一些发达国家的人们，生活上还是从节约一滴水、一度电做起，为的是让他们的子孙后代也富有，我们是否也应该从中得到点启发。当今的年轻人，要从实际行动中去实现理财。对于刚参加工作的人来说，你可以把每月工资的一部分用一定的方式存入银行。如每月、每季存一个定期等，这要看你的工资额多少而定，但是有一条，你每月必须存入一定数额，特别是对工资不高的人群更应如此。一个同事刚参加工作时，每月只有1500元的工资，但他每月拿出500元，零存整取，一年到期后再和平时存下的奖金等存到一起，由小变大，积少成多。随着工资的增长，零存数额也由500元增到1000元、1500元、2000元……一直坚持了好几年，直到工资提高了，才另选其他储种。当然不是要求别人都和他一样，要因人而异，但你必须马上行动，只有这样才有收获。除此之外，在生活中要有节约意识，不但要保证生活质量的不断提高，还要尽量减少不必要的开支和浪费。

所以，确立并优先实现你的财务目标，明确一年内的目标、三年到五年的目标、五年以上的目标，有效、合理地分配你的可投资资源。每个目标都应进行谨慎地分析与决策。假如你的目标已经确立，你也对资产进行了有效的分配，就不要犹豫，开始行动。绝不要推到明天，今天就开始。

所以理财时间要抓紧。为什么有些人成为百万富翁？有些人直至退休仍一贫如洗？这些都与珍惜时间、合理安排时间、准确把握时间观有关。大多数富翁都恨时间过得太快，怕赶不上时间节奏而落伍，他们的时间都是以分、秒计算。

因此，理财绝不能等，现在就行动，以免年轻时任由"钱财放水流"，蹉跎岁月之后老来嗟叹空悲切。

会挣钱不如会理财

有关金钱的广泛传说，均在于人们相信阻碍致富的首要因素就是挣得少。因此，如果你对一组妇女就改善将来的经济生活进行调查，大部分人都会回答你："挣更多的钱。"

但现实却是，挣更多的钱就会致富的观点是错误的。当然，如果你有足够高的收入，而且你的花销不是很大的话，那么你确实不用担心没钱买房、结婚、买车，因为你有足够的钱来解决这些问题。但是仅仅这样你就真的不需要理财了吗？要知道理财能力跟挣钱能力往往是相辅相成的，一个有着高收入的人应该有更好的理财方法来打理自己的财产，为进一步提高你的生活水平，或者说为了你的下一个"挑战目标"而积蓄力量。

赵小姐在一家私企工作，经过几年的拼搏，手上总算攒了些钱，可是要想买车、买房子就明显不够了。看着身边的人都在用自己空余的时间开始理财，赵小姐却这样想："会理财不如会挣钱，那样舍不得吃，舍不得穿的日子过得有什么意思。"可是随着时间的推移，她的同事都有车有房了，但她却还是什么也没有。

余小姐在一家房产公司当设计人员，平均月收入5000元。和多数人精打细算花钱不同，余小姐挣钱不少，花钱更多，有钱时俨然是奢侈的款儿，什么都敢玩，什么都敢买，没钱时便一贫如洗，借债度日——拿着丰厚的薪水，却打起贫穷的旗号。在别人眼里，她可能是一些低收入者或攒钱一族们羡慕的对象，可实际上，她的日子由于缺乏计划，过得并不怎么"潇洒"。她"不敢"生病，害怕每月还款的来临，更不敢与大家一起谈论自己的"家庭资产"，遇到深造、结婚等需要花大钱的时候，她往往会急得嘴上起泡，进而捶胸顿足，痛哭流涕：天呀，我的钱都上哪儿去了？

从上面两个例子可以看出，生活中有些人，挣得钱也不少，可一谈起家庭资产的时候，却发现自己挣的那么多的钱都不知去向了。可见，会挣钱不如会理财，一个人再能挣钱，如果他不会理财，那他挣的钱，就只能是别人的，不会成为自己的，因为他总是挣多少，花多少，那他永远不会拥有属于自己的钱。

那么，怎样才能改变这种毫无积蓄的处境呢？针对这种现实情况，会理财的人总结出了以下经验。

1. 量入为出，掌握资金状况

对于收入多的群体而言首先应建立理财档案，对一个月的收入和支出情况进行记录，看看"花钱如流水"到底流向了何处。然后可对开销情况进行分析，哪些是必不可少的开支，哪些是可有可无的开支，哪些是不该有的开支。俗话说"钱是人的胆"，没有钱或挣钱少，各种消费的欲望自然就小，手里有了钱，消费欲望立刻就会膨胀。所以，这类人要控制消费欲望，特别要逐月减少"可有可无"以及"不该有"的消费。

2. 强制储蓄，逐渐积累

发了工资以后，可以先到银行开立一个零存整取账户，每月发了工资，首先要考虑到银行存钱；如果存储金额较大，也可以每月存入一张一年期的定期存单，一年下来可积攒12张存单，需要用钱时可以非常方便地支取。另外，现在许多银行开办了"一本通"业务，可以授权给银行，只要工资存折的金额达到一定数目时，银行便可自动将一定数额转为定期存款，这种"强制储蓄"的办法，可以使你改掉乱花钱的习惯，从而不断积累个人资产。

3. 主动投资，一举三得

如果当地的住房价值适中，房产具有一定增值潜力，可以办理按揭贷款，购买一套商品房或二手房，这样每月的工资首先要偿还贷款本息，减少了可支配资金，不但能改变乱花钱的坏习惯，节省了租房的开支，还可以享受房产升值带来的收益，可谓一举三得。另外，每月拿出一定数额的

第二章 财富观念：丢掉你的旧观念，用女性的智慧当好管家婆

第一篇 观念先行——管理你的身价，而不只是身材

资金进行国债、开放式基金等投资的办法也值得上班一族采用。

4. 别盲目赶时髦

追时髦、赶潮流是现代年轻人的特点，当然这也是需要付出代价的，你的手提电脑是奔四，我非弄个无线上网的；你的手机刚换成CDMA，我明天就换个3G……很显然，你辛辛苦苦赚来的工资就在追求时髦中打了水漂。其实，高科技产品更新换代的速度很快，这种时尚你永远也追不上。

作为新时代的年轻一代，更好地享受生活本无可厚非，但凡事讲究适度，讲究科学，只有会理财才能会挣钱，不要让挣钱就是为了花费的观点蒙蔽了你的眼睛。

理财要坚持到底，不要轻言放弃

理财不应是一时的冲动，而是一个中长期的规划，需要的是正确的心态和理性的选择，然后就是坚持，再坚持。

刘小姐是一名政府公务员，收入虽然不高但很稳定，每天过着有多少花多少的生活，"理财，收益太慢了，我以前好不容易攒了一点钱，拿去投资基金，可是收益太低了，一年到头的利率还不够我换手机的。"

王小姐自小家庭条件比较好，一直没有理财的观念。但是自从参加工作遭遇了几次财务危机之后，现在也开始学着理财了，她首先从储蓄开始，每月的工资不再有多少花多少了，她在留够生活费的基础上，把一部分钱存入银行。过惯了"月光族"的王小姐，忽然开始了理财，她真有点不习惯，不过想想以后为了自己的家，也就没什么了。可是没过多久王小姐就急了，"怎么收益这么慢，我什么时候才能攒够买房、结婚的钱啊！还是幸福了自己再说吧！"她实在不能坚持了，又开始了她的"月光族"生活。

这就是现在很多上班族的真实写照，因为他们本来收入就不高，还要拿出一部分去理财，所以他们拿出来理财的那部分是非常少的，就是因为少，所以见效就慢。但是，如果你用这部分钱长期坚持理财效果就不一样了，比如，1年因为理财多收益2万元，20年下来就是40万元，加上利息，收益就更大。所以，理财贵在坚持和持之以恒，日积月累就是很大一笔财富。

你必须要明确地知道，理财绝不是一夜暴富。理财之所以不同于赌博、投机，甚至不完全等于投资，就是因为它极具理性。理财是细水长流，是把握生活中的点滴，是将理财的观念渗透于生活中的每一个细节，是通过建立财务安全的健康生活体系，从而实现人生各阶段的目标和理想，最终实现人生财务的自由。

例如你的投资目标是在退休时积攒20万元，现在离退休还有20年，按照一年期银行存款利率，你需要每个月存800元，如果投资收益率是5%，每个月只要投资600元，如果是8%，每个月存440元，这个数字对上班族来说不是很多，如果一下让你拿出20万元，这可能会很困难，所以理财贵在持之以恒，只有长期地坚持才会有更多的利益。

而且，现在市场上可供选择的理财产品越来越多，我们要做的，就是坚持风险和收益相对应的理财原则，去选择相应的理财产品或者组合，不断地重复和坚持，让理财成为生活中必不可少的一部分。只有长期地坚持，才会让你的资本不断增多。

李女士每月收入3000元，支出1000元，没有住房支出。此外，她没有保险，要先考虑给自己做一份保险。她为自己买了医疗保险，最低的保障金额每月只需320元左右。

李女士每月节余1600元左右，坚持理财，考虑到其投资风险承受能力不高，她购买了两只债券基金作定投。她选了一只华夏债券基金，每月定投800元，另外选择了个大成债券基金，每月也投入800元，预期每

年会有5%左右的收益。

经过多年的坚持，她现有存款10万元，而且还购买了一辆新车，她打算再过两年，再重新换套大点的房子。

李女士通过长期的投资理财，使自己的资产成倍地增长，还为自己带来了无穷无尽的好处。因此，长期坚持投资理财对上班族有很多的好处，主要有两个，一是投资者的收入会有一部分节余，要把这部分钱投入在增值比较快的项目，让闲钱也增值。二是长期投资还可以抵御风险，比如通货膨胀的风险。如果你不能很好地坚持，你就永远不会使你的资产倍增，也不会变成富裕的上班族，因此，要想变得更富有，必须坚持长期理财。

理财需要时间，财富的积累也需要时间。改善家庭资产的结构需要时间，资产增值需要时间。而且，理财的时间越长，越容易寻求较佳的理财工具，取得长期的、稳定的较高收益之可能性越大。

第三章
理性消费：消费瘦身，做个抠女郎

做个精明消费潮人

事实上，对于精明的现代女性而言，无论你挣多少钱，无论你用何种方式挣钱，你都已经拥有支付生活必需品的钱。其次，这和你挣多少钱无关，而是和你的消费习惯以及用钱的方式有关。

我老公有自己的公司，养家根本靠不着我。我每个月6000多元的薪水，完全够花了，再也不用去动心思想着怎么赚钱，怎么省钱了！

张梅炫耀地对朋友们说道。不过，她的生活确实是惬意的。但是，从深层次考虑，张梅的生活真的十分地快乐惬意吗？其实也未必。她只是有钱花，但是如果不动心思去实践花钱的艺术，也未必能真正体会到财富的意义。

俗话说，赚钱是技术，花钱是艺术，赚钱决定着你的物质生活，而花钱则往往决定着你的精神生活。会花钱的女人更能从花钱中感受到生活的乐趣，从而更能感受到赚钱是一项有意义和快乐的事情。

由此可见，现代精明女性要学会精明消费，养成良好的消费习惯，这

样既可以节省小钱，把钱花在点子上，还可以满足自己的购买欲望。

其实，对于女性而言，追求生活质量当然没有错，但是并不是高消费才能带来高品质的生活，这就需要我们有个很好的心态去面对生活，要想过富有的生活，除了会赚钱外，还要善于理财。当自己收入稳定的时候，合理安排开支显得尤为重要。获得剩余资金的办法不在于"开源"，而在于"节流"。只有通过"节流"，才能保证自己和家庭有适当的资金进行投资规划，进而达到"开源"的目的。

女人多数是感性的，高兴了欢天喜地地购物，见到什么买什么。只要自己喜欢；心情不好的时候，也喜欢疯狂购物。特别是对现代女性而言，她们多是20世纪80年代出生的，这一代普遍是独生子女，从小就过着衣食无忧的生活，还不曾有过艰辛和磨难的体验。这就使得她们从象牙塔步入社会之后，虽然拥有一张看似成熟的脸庞，举止也力图稳重，但却依然离不开父母的呵护。而且历来父母所营造的优越生活环境，日渐发达的经济和开放的信息社会，国际化消费潮流的冲击，使得年轻的"80后"人群越来越为超前的消费观念所支配，追求奢华和安逸。

但有时，女性消费的观念也是很矛盾的，有时精打细算，一分一毫都计较；有时却冲动而买下不少无用的东西。那么到底如何做一个清醒消费的女性，既可满足购物欲，又不至于花费过度呢？

1. 列出清单

生活中很多女人一到超市，或是百货公司购物时，看到什么感兴趣的，就会不知不觉地放到购物篮内，而真正需要买的，可能只是其中的一两件物品。所以解决这个问题的方法便是列出购物清单，这不但可以避免漏买东西，还可避免购买无谓的东西。

2. 减价才出手

这个也无须详述，因为很多女性朋友都有减价时才出手购物的习惯。精明的消费者在这期间购物确实能省下不少钱。

3. 相熟的购物地点

日常用品可以到一些平价店购买，通常这些地方都以批发价出售物品；经常光顾某几间商铺，与它们的老板混熟，日后购物可能有额外的折扣。

4. 大胆讲价

不要放过讲价的机会，因为这往往可以省下不少钱。

5. 利用商家宣传单

这是一种利用报纸单张内的广告，去刺激消费的方法；单张内通常有折扣印花，拿这些印花去购物，又是一种节省开销的好办法。

6. 善用信用卡

现在，许多女性朋友都有一张或几张信用卡，善用信用卡可延迟还款的时间，让自己在周转上更灵活。再加上某些信用卡有积分的功能，积满一定数量的分数可换取礼品，这些优惠要多多利用啊。

7. 分期付款消费

在购买大的物品时，不妨考虑分期付款。普遍的分期付款都是免息或是超低息的。它的好处是不需要一次拿一大笔钱出来，但又可立即得到自己想要的东西。

8. 不要强行追赶潮流

刚上市的产品，价格通常都会很高，因此若过度地追赶潮流，只会苦了自己的钱包。

从收入的角度来说，理财即指管理好自己的资金，使其保值、增值，从而满足家庭更多的消费需求；从消费的角度来讲，理财就是用一定数量的金钱获得自身更大需求的满足，在消费实现的过程中节省下来的钱就相当于你赚的钱。所以，对于那些精明的女性朋友而言既要满足购物的需求，又不至于花费过度，就要学会精明消费。

由此可见，作为一名精明的现代女性，应建立科学的消费观，不盲从，不攀比，不浪费，科学地规划自己的生活。同时，消费知识的学习也不容忽视。丰富的消费知识可以赋予消费者敏锐的观察能力和判断能力，这样不仅可以指导自己的消费活动，更重要的是可以少花冤枉钱。

同时，巧妙地开支，也能为自己留条后路。少做几次美容，购买一份保险，为你的明天增加一份保障；少买几件衣服，将钱积攒下来，做小资金的定期投资，长期坚持下来，也会有不小的收获。1元钱，你将它花掉了，买了你也许下一分钟就会扔掉的东西，那么它就没有体现什么价值，但是如果你将它用来储蓄，用来投资，那么它就会变成10元、100

元甚至更多。

有节制地逛超市

对于年轻的女性朋友来说，为了节省开支，带上计算器逛市场，让屏幕上飞涨的数字来作抵挡诱惑的武器是个不错的方法。顾客在一般商店里购买商品，买一件就要支付现金，看着钱出去难免心疼。超市自选再统一结账，在往手推车里放东西的"豪拿"中购物欲望便会大涨。带个计算器逛超市，买一个东西就用计算器加一下，这样就会知道自己不断的支出总数了，超出预算就罢手。而且这样可以自我核算，避免结账时出现多付。另外，认定目标，到熟悉的超市购物，可以很快找到想买的东西，减少受"诱惑"的机会，也是一种省时省钱的方法。

小M可是个超级购物逛，每次同学想去逛超市又找不到人陪的时候，找她准没错。她一到超市，立刻就兴奋起来，总能想起自己缺这个缺那个，于是买个没完，每次至少也是上百元。有时候买回来的东西放在一边也想不起来用，浪费了不少钱。

后来她也有点急，一次逛超市的时候，看到一个妈妈领着自己上小学的孩子一起买东西。小男孩手里拿着个计算器，妈妈每放到购物篮里一件商品，就告诉他价格，他累计后把总额告诉妈妈……小M想这是个好办法，后来也照做，于是手机里的计算器的功能就被充分利用了起来。一开始她给自己规定，每次购物的总额都不得超过80元，后来这个金额被一再缩小，现在她已经能很好地控制自己的购物计划和行为了。

除此之外，还可以规定时间。逛超市一般不宜超过15分钟。拿着名细单，直奔所需的东西。

逛超市的时候尽量空手进入，如要买的东西稍多，但购物篮可以盛下，就绝不要去推购物车。这两样东西本是方便顾客的，但它们同时又极其艺术地为商家做着诱购、促销工作，它们可以使我们无形突破购物计划。

切记千万不要被赠品诱惑。很多商家常在商品上绑一些赠品来激起女性的购买欲。这只是商家促销的一种方式，有些商品甚至因绑了赠品后价格有一定的上升。千万不要被一些花哨但没有价值的赠品糊弄了。

另外要避免数字误导。有些商家喜欢把商品定为类似9.9元的价格，这样常常会给人很便宜的错觉，看到这样的商品，要习惯性地四舍五入。比如把9.9元看成10元，虽然只有一毛钱的差价，但是在价格上就不会被误导了。

另外，超市大采购也有一些省钱的小窍门，分享这些小窍门，能帮助我们很好地保护自己的钱袋。

1．进门之前好好计划

进超市前最好先制订一个购物计划，将必买品记下来，粗略算一下价格，带上略多的钞票，然后再进超市购物。

2．打折商品三思而行

其实打折减价均是商家促销的一种手段。俗话说："只有错买，没有错卖。"尤其是食品，都有其特定的保质期。有些超市减价的食品大都不新鲜，如果贪图便宜过多购买，一下子又吃不完，就会有变质的危险。

3．最好使用手提篮

手提篮无形中从质量和体积上限制了购物的数量，何乐而不为呢？

4．别带孩子逛超市

小孩子天性爱吃爱玩。如果带小孩子去超市的话，往往会增加许多额外开支。

5．尽量少往超市跑

最好定期去超市，1周或半个月去一次。平时把需要购买的家庭必需品及时记录下来，然后集中一次购买。逛超市次数越多，花的票子也就越多。

绕开商家的陷阱

俗话说，"买的不如卖的精"，皆因卖的有"底"，买的无"数"。众所周知，如今在利益的驱使下，商家"把戏"层出不穷，消费者一不小心就会陷入商家精心设计好的陷阱。

"打五折呀！不买太亏了，以后可能没有这样的机会了！把我钱包拿来，多买几件回去，可以节省好几十块钱呢！"

在某内衣专卖店打折区，刘佳艰难地拨开人群，挤了进去，生怕自己抢不到，一边挑还一边向男友喊道。

这样的场景在生活中经常可以看得到。这也说明女性在消费的时候是不讲求理性的，一看到打折商品，都会争先恐后地去购买，自认为便宜的东西自己如果不买，就吃亏了。于是乎，她们就打着"省钱"的口号去心安理得地花钱。

在购物时，刘瑾总是喜欢逛打折专柜区。在各种各样优惠商品的诱惑下，她总是要选购一堆自己并不需要或者根本用不着的商品。她总觉得这东西太便宜了，不买的话就错过机会了，等到以后用的时候再去买就吃亏了。但是，她有时候买回去的东西确实是不实用：衣服的款式或者花色她根本就不喜欢，鞋子有点小或是穿上去不合脚……老公总是会说她在花冤枉钱。

在元旦那天，她与老公一起去逛商场，刘瑾买下了一件800元的名牌外套，而放弃了另外一件款式、质地类似的600元的外衣，原因仅仅是前者打的是对折，后者打的是8折。但是，在老公看来，两者并无质量上的差别，不管打几折，800元就是比600元多出200元来。而在刘瑾的眼中，买下那件打对折的衣服也就等于节省了100元钱。

在现实生活中，如刘瑾这种消费习惯的女人很多，她们总是为了所谓的省钱而多花了不少冤枉钱。到许多商场总能看到一大群不同年龄段的女性推着满满的一车商品等着付款，其中大多数都是打折的商品。她们大多数都是抱着"这商品比原价便宜多了，多买些就是为了省钱嘛，不买就是浪费了"的想法，而这种心理恰恰印证了心理学家们的结论：女人们在做决策时，并不是去计算一件商品的真正价值，而是根据它能比原来省多少钱来判断。

面对打折、特价的诱惑，许多女人都认为只有将这些特价商品买回去才算是占到便宜了，而买回去的东西不是很久才用上就是根本用不着。她们纯粹是为了省钱而消费，而不是为了现实需要而消费，这当然与女性爱贪占便宜的心理是有关的，她们认为只要能占到便宜就要义无反顾。于是，商场或者小商贩们就纷纷使出了"挥泪大甩卖""免费赠送""巨奖销售"等各种各样的招数，遍街林立的"特价商品""品牌折扣"的商店也应运而生。在女人看来，不管是一只发卡还是一件内衣，只要能够省钱，有甜头可吃，她们就会毫不犹豫地打开钱包。

因此，识别和绕开商家设下的"陷阱"，对于女性朋友来说，尤为必要。

1. 上街购物选对时间

休闲时间尽量少逛街，多读书、看报、学习技能，这样既节流还为开源做好了储备。如果的确需要上街，在逛街之前，先在脑子盘算一下急需购买的东西，记下来，然后只买计划好的东西。同时，尽量缩短逛街时间，买到急需的物品后，立即打道回府。

2. 拒绝免费的午餐

尽管人人都明白"天下没有免费的午餐"，但由于"馅饼心理"的作祟，面对诱惑总是难以抵挡。一些厂商正是利用了人们的这一心理，不断推出免费品尝、咨询、试用等形形色色的促销活动，待消费者免费消费过后，才知道所谓的"免费"其实是"宰你没商量"。很多女性消费具有很

大的随机性，因此常常上"免费"的当。免费的午餐，不管你信不信，都不要去试，否则，最终等待你的一定是一个陷阱。

3. 洞悉"打折"真相

爱美、爱逛街的女性们都知道，现在商家打折的花样可谓五花八门，层出不穷，没有细心研究过、不明真相的人，还真能被迷惑，要么掏了冤枉钱，要么和商家展开一场不必要的纷争，结果往往是劳神伤财。因此，建议年轻的女性朋友们在打折面前，最好不要冲动，冷静一下，看看这个东西你是否真的需要，如果不需要，即使打再低的折也不应为其所动。

4. 避开返券的圈套

返券一般有以下几种：其一，礼券的购买受到严格控制，也就是说，没有几个柜台参加这个活动，只要稍加留意就会看到"本柜台不参加买××送××的活动"的不在少数。其二，到了秋装上市的季节，那些夏天的货品，赶紧处理。这就意味着你在今年也没多少时日穿它了。其三，连环送的形式送得"有理"，由于实际消费过程中一般不可能没有零头，这就无形中使得折扣更加缩小，商家最终受益。其四，要弄清楚送的到底是A券还是B券，A券可当现金使用，而B券则要和同等的现金一起使用。

5. 不在心情不好的时候上街购物

用花钱来发泄坏情绪的女人，在我们生活中有很多。或者，在刷卡的时候，她们的情感已经战胜理智，所以忘了平时总是在抱怨朝九晚五的工作劳累，也忘了一到月底钱包就空空如也时的懊恼和沮丧。其实，抱着大包小包的"战利品"回家后，就会发现那些导致心情低落的原因和问题并没有消失或解决，却又因经济出现不良状况而增添新痛。所以，心情不好的时候，千万不要上街购物。因为，以发泄的心态购物，待情绪稳定后，就会追悔莫及。

6. 逛超市要保持头脑清醒

现代人工作日益繁忙，超市便成为大众购物极为方便的消费广场，商品应有尽有，也能照顾到家人的日常生活所需。不过，如何在琳琅满目的商品中选择物美价廉又不伤钱包的必需品，可就要精打细算一番了！

在逛超市的时候，货架一般都是三层的，你有多少注意力会放在货架的底层呢？经过研究，只有不足10％的人把注意力放在货架底层，60％

的人注意中层，30％的人注意上层。对整个零售业来说这可是个绝对重要的信息，全球的超市都在据此而调整自己的货架摆放体系。当商家打算增加销售额的时候，他们会把偏贵的产品放在中层和上层；但他们打算追求最高利润的时候，就把利润最高的商品放在中层和上层。那么货架底层都是什么商品呢？当然都是同类产品里便宜或者对商家来说利润偏低的东西喽！对我们大多数人来说，这其中可不乏物美价廉的好东西。

其实，大的商场都通过研究消费者的心理和行为来指导经营策略。这些经营策略大到超市地点的分布、经营的风格、品牌所面对的目标消费人群，小到超市里的色调、播放的音乐以及货架的摆放。作为消费者的你，了解一些商家常用的策略之后，可以在消费中争取主动地位，避免浪费。

7. 东西不是越贵越好

贵东西必然有它贵的道理，但对这贵东西的"好"则要具体分析，传统认为所谓的好，多表现在材料、制造、设计、工艺等方面。在现代社会，"好"的方面要广泛得多——两件材料、制作、工艺等完全相同的西服，名牌的比非名牌的就可能贵上好几倍，那些多出来的钱不是花在西服上，而是花在牌子上了。

另外，我们知道在新品上市的时候（尤其是电子产品），价位也是高得惊人的，如果你在这时候买进，无疑可以"风光"一阵子，但一段时间之后，你会发现，时间过得有多快，价钱就跌得有多快。

总之，对于精明的女性朋友而言，无论商家的促销花样多么纷繁，你只要认准了只买合适和必需的，就能轻松掌控自己的钱财了。

节省旅游开支

假日外出旅游是很多年轻女士享受生活的一种理想选择，但是如何安排行程才能既玩得尽兴又少花钱呢？

1. 网上预订

尝试网上预订，这会比在门市预订便宜10%左右。

2. 选择好出游时间和路线

提前做好出游计划。因为越早预订机票和酒店，享受低价的可能性越高。预订后要保持沟通。许多航空公司和酒店在你预订之后，如果价格下跌，都会提供一个更低的价格。因此，尽早计划行程，在发现降价时要求供应商提供折扣，最多可以节省25%左右。

3. 免费旅游机会

由于航空公司运力过剩和有些景点急于推广，旅行者仍然拥有"经典的"省钱机会。特别是旅游淡季，机会甚至更普遍了。可能的话，应该随时找机会与免费旅游赠券"不期而遇"。这些新线路一般是以当地旅游局出资，航空公司、旅行社互利的方式共同推出的。对于旅游者来说实在是物超所值。

4. 做好准备

不打无准备之仗，外出旅游事先一定要有充分的准备。查资料、分析路线、分析出行方式等。很多景点凭学生证、记者证、导游证等都有半价甚至免票的优惠，因此如果你有这类证件最好带在身边。同时，应该准备好一部分出游物品，因为景点的这类物品一般售价较高。

5. 多盘算交通与住宿

如果到边远地区旅游最好跟团，这样既省钱又比较安全，因为很多项目，像乘车船、住旅馆、买机票和门票等都能享受团体优惠。若是在城市里，就可以选择自助游。在自助游的开支中，交通和住宿所占比重最大，所以要想节省开支，就要在这两项上多花些心思。

自助游的花费中交通费用所占比例较高，一般占一半左右，所以建议大家在淡季出游，此时的机票折扣很多。选择航班也很有技巧，比如买机票时可以参加团队，但到了目的地就自由行，不会影响旅行质量，而且团队机票比散客机票至少便宜20%。如果提前3天订购机票，比较容易拿到最低折扣。

6. 筛选景点

在对景区有一定了解的基础上，筛选出这个景区最具特色的地方，这样旅游就可以玩得更尽兴。值得注意的是，现在很多景区常常会有许多这"宫"那"洞"来迷惑你，其实这些人造的"景中景"实在没有多大必要去，而且收费有些远远超过景点的门票费。

7. 吃住行讲究实惠

旅游景点的饮食一般都比较贵，在酒店里点菜吃饭，价格更是不菲，最好的方式是去吃风味小吃，不仅可以省钱还能领略不同风格的饮食文化。

很多旅游地区的酒店价格经常变化，所以选择淡季去，住宿费用会比较便宜。住宿不一定要住星级宾馆，选择那些价格相对较低、条件适中、服务不错的旅馆比较实惠。若能住进一家便宜又卫生的农家院，还能体会一番"睡大炕"的滋味。

8. 勿滥买纪念品

旅游购物要仔细考虑，除非是非常有纪念意义的东西，否则最好还是看看这些纪念品是否物有所值，对一些各地都有的小工艺品不要滥买，以节省不必要的开支。

9. 带张不收费的银行卡

带上一张全国联网而又不收手续费的银行卡。一般异地取款都要收取手续费，出门之前，不妨对比选择一张不收费或异地使用便捷的银行卡。

知道一些网购信息

网上购物是近几年流行的一种购物形式，随着这种形式慢慢地被广大消费者接受，涌现出一些规模大、服务好的网上商城，不仅能送货上门，而且在这些地方能买到一些市面上买不到的商品，如一些老歌手的CD，等等。

下面就向大家推荐一些网上购物的地方。

1. 图书音像类

卓越网是目前国内较大的B2C电子商务网站，其经营的产品以音像、图书、电子出版物等为主，具体分为典藏、影视、图书、音乐、时尚、游戏、软硬件、商城8个频道。

每到春节前后，这家网站都会持续开展48小时促销活动，每隔48小时便推出一批特价商品。由于这家网站刚刚从美国老虎基金拿到5000多万元的投资，目前正在大举圈地扩大市场份额，所以在48小时活动中，每次都有许多"赔本出手的商品"。

除此之外，在卓越网上购物，还有一个省钱的小办法。卓越网目前在很多媒体上投放广告时，往往附加有一个礼品卡号，这样您就可以在最后结账时的"订单确认"页面最下面的礼品卡的位置上输入这个礼品卡的卡号和密码，马上就可以节省5元。这些卡号虽然都是有时效性的，但是只要你平时留意卓越的广告投放，还是能搜到在有效期内的礼品卡号。

2. IT数码类

刚刚被评为"全国网络电子商城五强"之首的搜易得网上商城，是一家专营IT数码产品的电子商务网站，目前吸引了500多家国际国内知名IT品牌先后入驻，形成8个大类、40多个子类、1万多种单品的规模，涵盖数码相机、数码摄像机、MP3、移动存储、笔记本电脑等全线IT数码产品。

此外，用户一定要注册成为搜易得的会员，一般来说会员都会获得比其他用户更多的好处。不时会有许多特殊的面向会员的活动推出。

要想捞点小便宜，还要善于利用搜易得币，搜易得币是可以在搜易得上等值使用的电子货币，会以各种各样的方式到达客户手中。许多聪明的用户将其变成了一个摄像头、一个高级耳机，可谓是获利多多。

3. 鲜花类

相对于去花店购花，网上订花可以24小时随时下订单，送花时间也任由自己决定，足不出户即可完成送花全过程。价格方面，由于网上花店规模一般比较大，所以送花费用也比较低。

以北京网民比较熟悉的网络花店天仙子鲜花网（www.tianxianzi.com）为例，四环以内每束鲜花收10元，四环以外15元，而一般的花店则会收取相当于来回打车钱的费用。

　　此外，在天仙子购花，要好好利用它的信用卡系列。其中购花金额累计超过600元，或一次性预付款达300元以上可以获得信用银卡，持卡人购花北京城八区免费配送，购花九折优惠。购花金额累计超过2000元，或一次性购买天仙子鲜花券金额达1000元以上将获取信用黄金卡，可以享受北京城八区免费配送，购花八折优惠。购花金额累计超过6000元，或一次性购买天仙子鲜花券金额达3000元以上换来信用白金卡之后，北京城八区免费配送，花款七折优惠。

第四章
投资理财：不以拴牢男人为乐，而以管理资产为乐

让钱转起来，才能赚到钱

拥有一笔存款，这带给我们的安全感是很重要的。但是正确地投资这笔钱同样也很重要。我们的目标是在预留一些存款以备不时之需的同时，尽可能减少通货膨胀对于财富的影响。

俗话说得好，贫穷并不可耻，可耻的是贫穷的原因。对于女性朋友而言，或许你现在还没有从你的父母那里继承任何财产，你自己也没有多少积蓄，没钱是可以理解的，这并不是你的过错。但是，如果过了几年，甚至10年以后你还是没什么钱，那就应该是你的问题了。因此，你为了10年以后不再贫穷，从现在起就以诚实的心态来学习理财的方法吧。其实，事实上比起天生有钱的女人，会理财的女人会生活得更好。

而且，在当今的社会环境之下，理财投资之风正盛，炒股、买基金、买债券几乎成为"全民运动"。受社会大环境的影响，许多女性也加入了"理财投资"的行列，或者正摩拳擦掌，跃跃欲试。她们的理财观念就是：理财，就是要为将来做准备。那么，对于女性朋友而言，站在投资的门槛前，你是不是希望成为一名投资理财高手呢？那就一起来看看理财专为我们设计的最大众化的投资搭配方式吧！

马珍只是一个单身小职员，收入也不算高，父母的工作也极普通，也没有比一般女人更勤俭的习惯，但是她的生活却过得十分惬意，她每天只是往证券公司或是银行打几个电话，做做头发，逛逛美容院，就会有大把的钞票进账。其实，她自己本身也没什么生意，只是让自己的钱不停地在证券公司转了起来，让钱不停地为她打工罢了。

不过，这的确是事实。钱财与地上的雪球是一样的，如果将它放在地上不动，只能越来越小；如果将它滚动起来，就会越来越大。只要懂得一点资本论的女性可能都知道，钱财流通增利的奥妙就在于它可以创造剩余价值。比如，你用货币去购买商品，然后再将商品销售出去，这时所得到的货币已经含有了剩余价值，也就意味着，你手中原来的货币已经增值了。所以，如果你能看准炒股时机，让你手中有限的钱财健康地动起来，时间越长，你的钱财就会越多。

也许，许多女性都十分崇尚节俭，都喜欢将自己省吃俭用的钱存进银行，让它们能够四平八稳地增值。当然，储蓄扮演了十分重要的角色，储蓄的最终目的是为了让你的"雪球"在增大的基础上去滚，是为了增大你财富增长的速度，但是如果想靠储蓄成为真正的"财女"，确实是不太可能的。也就是说，思想保守的理财方法就不会让自己十分有限的财富发挥出它应有的社会效力，只会勤勤恳恳、辛辛苦苦地攒小钱，不会开动脑筋利用小钱去赚大钱的女人，是永远不会获得成功的。

无可否认，理财首先要学会储蓄，这是十分必要的，因为储蓄就是一个由无到有，积少成多，慢慢将零碎的资本集成一笔可观的资本的过程。但是，理财绝不仅仅等于呆板地让你去储蓄，像守财奴一样地守护着自己的钱财。如果什么都不做，有钱就储存起来，就理财的角度去看，是一种极其愚昧的行为。理财是要善于运用钱财，如果一味盲目储蓄，反而使自己的资产受到通货膨胀的无情侵蚀。

因此，女性在理财过程中，一定要懂得这样一个道理：只要让钱动起来，才能生出更多的钱财。用有效的方法让你的钱动起来，才能吸引更多

的财富，而那些只会死守钱财的女人，她们永远都只会被财富排斥。

根据市场变化，制订自己的投资计划

在生活中，缘何有些有才华的人没有取得人生的成功呢？这主要是因为他们做事缺乏计划性，他们的投资行为都发生在一瞬间，或是一个似是而非的消息，或是心血来潮的冲动，几十万上百万的资金就在很短的时间内投入进去，没有理由，更没有计划，对于投入后市场将可能发生的变化没有任何准备，如此的投资行为本身在开始前就已经埋下了失败的种子。

投资市场是复杂多变的，充满了风险。这就需要投资者进行必要的谋划。有了投资计划，我们才能有条不紊地实施自己的投资步骤，才不会方寸大乱，手足无措。要制订自己的投资计划，可以通过如下6个步骤来完成。

1. 对自己有一个清醒的了解，认清自己的实际情况

（1）资金因素。投资者有一定数量、来源可靠而合法的资金，是制订投资计划的前提。

（2）对资金投资收益的依赖程度。所谓依赖程度，也就是投资者承担投资风险的能力。如果对投资收益的依赖很大，就应该选择债券、优先股等安全可靠、有稳定收益的证券投资项目或者把握比较大的实业项目；如果对投资收益的依赖较小，则可以选择收益可能较大但风险程度也高的项目进行投资。

（3）时间信息因素。投资者应该考虑能够投放在某项投资上的时间和精力有多少，以及获得信息的渠道、手段和时效等因素，如果条件都不充裕，就不应该选定价格波动较大的短线投资项目作为投资对象，而应以投资收益稳定的长线投资项目为对象。

（4）心理因素。在投资过程中，投资者的心理素质有时比资金的多寡更为重要。优柔寡断、多愁善感性格类型的投资者应该避免进行风险较大、起伏跌宕的短线投资项目。

（5）知识和经验因素。投资者的知识结构中对哪种投资方法更为了解和信赖，以及人生经验中对哪种投资的操作更为擅长，都会对制订投资计划有帮助。相对来说，选择自己熟悉了解的投资项目，充分利用自己已有的专业知识和成熟经验，是投资稳定成功、安全获益的有利因素。

（6）多元化投资方案。投资的风险与收益并存，收益越高往往风险也越大。好的投资方案可以使投资者较大限度地提高收益，躲避风险。例如，在股票市场上，投资者很难准确预测出每一种股票价格的走势。假如贸然把全部资金投入一种股票，一旦判断有误，将造成较大损失。如果选择不同公司、不同行业性质、不同地域、不同循环周期的股票，就会相应降低投资风险。

2. 设定合理的收益预期

很多人没有合理的收益预期，他们觉得钱赚得越多越好。这是非常错误的想法。其实，不管是投资房产、黄金等实物，还是股票、债券、基金等金融产品，或者是店铺、工厂等实业，都不能抱着一夜暴富的心理，设定不合理的收益预期。因为不合理的收益预期往往会促使投资者作出不理智的决定，带来巨大的风险。

3. 判断大环境

对大环境有一个清晰的判断很重要，除非是顶尖的短线资本运作高手，绝大部分人还是靠把握趋势来积累财富的。一个人必须要学会根据外界的环境来调整自己，这是一种原始的动物本能。对市场环境有一个大致的判断，是制订投资计划的关键步骤。

4. 坚定投资理念

投资理念是指用什么样的原则和方法来指导投资。趋势跟踪、波段操作、价值挖掘等都是投资理念。选择什么样的投资理念跟你自己的能力和性格有很大关系，如果你对数字不敏感，技术分析能力很差，那就不要考虑波段操作。如果你缺乏足够的耐心，价值挖掘就不适合你。投资理念的选择也和市场环境有关，如股价普遍高估的情况下，价值挖掘会很难；长期熊市的情况下，趋势跟踪不是好办法。

5. 分配资产份额并设计投资组合

当你做好前面的准备之后，接下来就是具体实施了。与使用资产类别较少的传统方法相比，广泛分散的复合等级资产投资能够产生更高的长期波动调整后收益。一旦你决定采用广泛分散的投资组合，那么就开始着手设计适合你自己的投资组合吧。

6. 控制投资规模

确定投资规模在任何投资系统中都是最重要的部分，但是绝大多数投资专业指导书籍和课程中都忽略了这一节，而往往以资产配置和资产组合管理来代替。其实，资金管理和资产组合管理绝对不能相互替代。特别是在经济不稳定的情况下，控制好投资规模才能确保你的资金安全。

总之，对于精明的现代女性而言，为了你的生活幸福，从现在开始制订你的投资计划吧，合理分配你的资金，利用各种投资工具去闯荡一番，并为自己博取一个幸福美好的未来。

女性投资项目面面观

许多女性一想到把剩余的钱拿去做投资，就不知如何是好。大多数的女性因为必须常常精打细算，所以非常了解金钱的价值，有家务上的预算更使女性了解金钱的可贵。话虽如此，女性还是很怕决定投资或财务上的事务。由于男人在商业上的行为，使女性误以为投资是很复杂的事。其实，赚钱很简单，不比别的事复杂。决定投资事宜之前，不妨先找出相关的事实与选择，配合可靠的会计师或财务专家，或与其他人讨论你的财务规划。此外，阅读书报上的财务资讯也是很重要的。

1. 买自己的房子

如果你卖了原来的住房，最好在你卖房子的同时再买一幢房子，拥有自己的资产能使你感到安全、稳定。买个好地点，事前做好市场调查是必要的，然而价钱不要超过自己所能负担的范围。如果你把自己的需求拿给几家中介公司，你就可以找到合意而又付得起的房子。这也许是你第一次一个人处理自己资产买卖的事，你大可从中学习。

中等收入者可以利用出租房地产投资，在10年内赚进百万。关键在于将房地产投资视为长期投资。步骤包括利用有效率的贷款、二次贷款等方式，来创造一种长期的投资。

2. 抵押

设定抵押应该多比较，选择能迅速偿还贷款的项目。如果你能自由偿还本金，则可省下很多利息。多找几家银行比较他们的抵押方式与利率。

3. 开创事业

你可以开创自己的事业作为后盾，而且也能创造周转金。当你决定做什么之后，就要做计划，并拿给财务顾问与银行经理过目。投入资金之前务必先做市场调查，且必须确认你的点子是可行的。

要与银行经理发展生意关系，与他分享你的财务状况及对未来的展望，因为这些过程务必需要他的配合才行。尽可能别用自己的住房做担保。待你的生意上轨道之后，仍须与银行经理保持密切联系，别忘了把你每个月的最新情况提供给他。

4. 储蓄策略

永远保留一些钱为急用经费。不管你赚多少，永远存一点，最好是存下收入的10%的利润。先把该存的存起来，然后再付账单。储蓄以定期为宜，利息收入再投入储蓄本金。你可以利用一点一滴累积的储蓄，作为紧急之用或用于特殊场合。

5. 及早地为自己的健康投资

身体是革命的本钱，健康的身体更是你一生的资本。所以，对于女性而言一定要及早地为自己的健康投资。千万不要等到失去健康时，才用大把的金钱到处去求医问药买回健康。但，更多的时候健康一旦失去是无法弥补回来的。

组合理财

理财的目的是为了将现有资产扩大化，达到保值、增值的目的。但是理财是有风险的，收益较高的产品风险也高，为了实现两者的平衡，需要进行组合理财。按照风险性，可以将组合理财分为流动性投资、安全性投资和风险性投资。

1. 流动性投资

流动性投资工具包括活期存款、短期的定期存款、通知存款、短期国债、货币市场基金等。这些投资工具的特点是随时可以变现，而且不会亏本，但是投资收益率较低。

2. 安全性投资

安全性投资工具包括：定期存款、中短期国债、债券基金、保本基金、储蓄型的商业养老保险、社会养老保险、保本型的银行理财产品等。这些投资工具的特点是一般不会亏本，投资收益率适中，并且收益较有保障，不过部分产品的流动性较差。

3. 风险性投资

风险性投资包括：股票、股票型基金、对冲基金、不动产、非保本型的银行理财产品、外汇、黄金、收藏品和实业投资等。这些投资工具的特点是可能亏本，但是也可能带来很高的投资收益。

（1）炒股。

众所周知，股票的风险和收益都相当大。

不过股市是变幻莫测的，风险很大。即使是在牛市的情况下，也会出现几次震荡，所以投资股票之前一定要对自身实力进行综合评估。

投资股票可以采用一定技巧来规避风险，这里介绍几种。

①固定投入，即不要太在意股票价格的波动，在一定时期固定投入相

同数量的资金，经过一段时间后，高价股与低价股就会相互搭配，使股票购买成本维持在市场平均水平。这种方法比较稳健，适合于不愿冒太大风险、初入股市、不具备股票买卖经验的新股民。

②固定比例投入，即采用固定比例投资组合，这里的投资组合包括保护性组合和风险性组合。保护性组合由价格不易波动、收益较稳定的债券等构成；风险性组合主要由价格变动频繁、收益变动较大的股票构成。如果偏重于价值增长，投资组合中保护性部分的比例就减小一些；如果侧重于价值保值，那么投资组合中保护性部分的比例就可以增大一些。

③分段买高，指投资者随着某种股票价格的上涨，分段逐步买进某种股票的投资策略。出于股票市场风险较大，所以不宜将所有资金一次投入，而要根据股票的实际成长情况，将资金分段逐步投入市场，这样一旦预测失误，股票价格出现下跌，可以立即停止投入，降低风险。

④分段买低，指随着某种股票价格的下跌，分段逐步买进某种股票的投资策略。一般所讲的股票价格下跌，是以现有价格为基数的，如果某种股票的现有价格已经太高，即使开始下跌，不下跌到一定程度，其价格仍然是偏高的。这时如果贸然买进，很可能遭受重大损失。因此，在股票价格下跌时购买股票，也存在着股票价格继续下跌或者股票价格虽然回升但回升幅度不大的风险。

（2）收藏。

①收藏品的种类。简单地说，收藏品主要包括艺术品、古董以及签字、门票、粮票、邮票、手表、相片、奇石、徽章等。在众多的收藏品中，艺术品深受欢迎，其中唱主角的是字画。

②收藏风险不可小觑。高回报必然会有高风险，初入行者要注意：多看、多问、多了解、多加比较；依据自己的财力确定自己的投资理财对象；对艺术品和古董要有全面的了解，介入前，最好多读一些相关的书籍，学习一些专业知识；投资艺术品，要做好长线投资理财的准备，不要指望一朝一夕就成为富翁。

③鉴定字画真伪。艺术品真伪的鉴定是需要相当专业的知识的，投资者一定要小心。字画作品的真伪是最主要的投资前提。谁都知道真品价值连城，赝品不值钱。在艺术品市场上花大价钱买来假货，不但会失去赢利

机会，还会连本钱也赔进去。所以，要投资艺术品必须具备一定的艺术品真伪鉴别能力。

（3）房地产投资。

房地产投资能够充分降低由于通货膨胀带来的投资风险，而不像一般投资由于投资周期长而易受通货膨胀的影响。

作为一种高投入、高收益的特殊行业，房地产投资通常获利机会较大，但是也会存在流动性风险、金融风险、购买力风险、社会和政策风险以及不可抗力风险等。

要防范流动性风险，可以选择容易分割出手的房地产进行投资，选好房地产投资地段，并且保证有能力长期持有房地产。

为了降低银行贷款利率提高带来的房地产投资金融风险，在签订银行贷款合同的时候，可以选择固定利率；在评价投资方案的时候，按可能升高的银行贷款利率进行，预先对银行贷款利率的提高作出防范措施；在进行投资方案评价时，对银行贷款利率进行不确定性分析，充分考虑贷款利率可能带来的金融风险。利用抵押贷款可以加大房地产投资的收益，同时也加大了被取消抵押品赎回权的威胁，为此房地产投资者要权衡风险与收益的大小，从而确定抵押贷款的数额，使抵押贷款的风险控制在可接受范围内。

合理避税

理财专家作过统计：如果一个25岁的年轻人平均每个月工资4000元，年底一次性发放奖金1.2万元，花费30万元买了一套普通住宅，20万元买了一辆车，那么到退休时他将缴税18万多元。虽说缴税是公民应尽的责任和义务，不过如果能在不违反国家规定的前提下，合理避税，也算是兼顾了个人利益与国家利益。

可以从以下方面考虑合理避税。

1. 国债

国债素有"金边债券"之称，是各种理财渠道中最安全、稳妥的投资种类。根据规定，个人投资国债和特种金融债券所得利息免征个人所得税。各家银行发行的凭证式国债票面利率和同期银行储蓄利率一样，由于不需要纳税，国债已经成为具有较高投资价值的一种选择。

2. 基金

由于基金获得的股息、红利以及企业债的利息收入由上市公司派发基金时代个人扣缴20％的个人所得税，所以基金向个人投资者分配时不再扣缴个人所得税。

3. 人民币理财产品

目前，国家还没有出台代扣个人所得税的政策，因此，人民币理财产品暂时也可以避税。

4. 信托

目前市面上出现的信托产品，其年收益率一般都能达到4％以上，风险虽然高于储蓄、国债，但是低于股票和股票型基金，并且国家对信托收益的个人所得税暂无规定。

5. 保险

购买保险可以享受三大税收政策：

（1）企业和个人按照国家或者地方政府规定的比例提取，并向指定的金融机构缴付的住房公积金、医疗保险金。不计入个人当期的工资、薪水收入，免于缴纳个人所得税。

（2）由于保险赔款是赔偿个人遭受意外不幸的损失，不属于个人收入，免缴个人所得税。

（3）按照国家或省级地方政府规定的比例缴付的住房公积金、医疗保险金、基本养老保险金和失业保险金存入银行个人账户所取得的利息收入，也免于征收个人所得税。

同时，国家对于封闭式运作的个人储蓄型教育保险金、个人储蓄型养老保险金、个人储蓄型失业保险金、个人储蓄型医疗保险金等利息所得也免征所得税。目前各家寿险公司推出的分红型保险也暂不纳税。

6. 教育储蓄

与众多储蓄品种相比，免缴利息税的教育储蓄就变成了理财法宝之一。它可以享受两大优惠政策：一是国家规定对个人所得的教育储蓄存款利息所得，免除个人所得税；另一种是教育储蓄作为零存整取的储蓄，享受整存整取的利率。相对于其他储蓄品种，教育储蓄利率优惠幅度在25％以下。

7. 多次支付

原本一次性支付的费用变成多次支付、多次领取，就可以分次申报纳税，这样就可以降低个人所得税。例如，赵小姐在一家贸易公司工作，按照本年提成，本应该缴纳接近4000元的个人所得税，但是赵小姐将本应一次领取的提成按月领取、按月纳税。这样就可以少缴税2000元左右。

组合理财的目的是在保值的基础上获得最大化的资本收益，要达到这个目的，需要将资金进行合理规划。将现有资金进行合理分配：应急的钱应该用于流动性投资，留作最后保障的钱应该用于安全性投资。只有"闲钱"才能用于风险性投资。

第五章
理论储备：学习经济知识，
做一个善于吸金的聪明女人

复利原理——其威力比原子弹更大

所谓复利也称"利上加利"，是指一笔存款或者投资获得回报之后，再连本带利进行新一轮投资的方法。复利是长期投资获利的最大秘密。据说曾经有人问爱因斯坦："世界上最强大的力量是什么？"他的回答不是原子弹爆炸的威力，而是"复利"。

一位非常富有的财主有两个儿子。他临死之前想把自己的财产分给他的两个儿子。他出了两个分配方案让他的儿子选择：一是一次性地给1000两白银，二是他每天只给0.1两，但是以后每天给的会是前一天的倍数，如此累加一个月。

财主刚说完，他的大儿子就毫不犹豫地选择了前一种分配方式，二儿子只能选择后者。财主的大儿子一次就拿到了1000两白银，十分高兴，认为自己的财产要远远地多于弟弟了。但是一个月后，他却发现他弟弟的银两已经积攒到了近亿两了，家中的田地以及牛羊等财产几乎都要归弟弟所有了，这时他才拿起算盘来计算父亲当初提出的第二套分配方案，却

发现那不起眼的0.1两银子经过一个月的滚利后竟然是个"天文数字"！

如果让你选择，你会选择哪种方式呢？我想，绝大多数的女性们一定会选择一次性得到1000两白银的那种分配方式吧。因为0.1两的吸引力对你来说实在太小了，小到你根本不愿意再费心去计算一个月后它会"变为多少"，而且想必大家已经从主观上断定它肯定是"没多少"的了。然而事实却非如此，经过一个月的累加，这0.1两白银在第30天已经超过了1亿两。

对此，你感到惊讶吗？是的，那个不起眼的0.1两白银按那种方式"复利"一个月后，变成了如此庞大的数字。"复利效应"的力量就是这么强大，如果不相信的话，你可以亲自拿起笔来算一下。

尽管"复利效应"是没有将投资的风险与各种复杂的客观因素的影响计算在里面，而且数据中永远不变的"7%"或者成倍数地增加也许是很难实现的，但是这种持之以恒的"以钱生钱"的理财策略所为你带来的财富必定会远远地超过你所估量的范围。如果你想要让资金更快地增长，在投资中获得更高的回报，就必须对复利加以足够的重视。其实，世界上许多大师级的投资者都把复利原理用到了极致。股神沃伦·巴菲特就是最为典型的一个。

沃伦·巴菲特认为，长期持有具有竞争优势的企业的股票，将给投资者带来巨大的财富。其关键在于投资者未兑现的企业股票收益通过复利产生了巨大的长期增值。

投资具有长期竞争优势的企业，投资者所需要做的就是长期持有，并耐心地等待股价随着企业的发展而上涨。具有持续竞争优势的企业具有超额价值的创造能力，其内在价值将持续稳定地增加，相应地，其股价也将逐步上升。最终，复利累进的巨大力量，将会为投资者带来巨额财富。比如，有人在1914年以2700美元买了100股IBM公司的股票，并一直持有到1977年，则100股将增为72798股，市值增到2000万美元以上，63年间投资增值了7407倍。按复利计算，IBM公司63年间的年均增长率仅为15.2%，这个看上去平淡无奇的增长率，由于保持了63年之久，在时间之神的帮助下，最终为超长线投资者带来了令人难以置信的财富。但是，在很多投资者眼里，15.2%的年收益率实在是微不足道。大家都在持续高烧，痴人说梦："每年翻一倍很轻松；每月10％不是梦；每周5％太简单……"要知道"股神"巴菲特的平均年增长率也只不过是20％多一点啊，但是由于他连续保持了40多年，因而当之无愧地戴上了"世界股神"的桂冠。

在复利原理中，时间和回报率正是复利原理"车之两轮、鸟之两翼"，这两个因素缺一不可。时间的长短将对最终的价值数量产生巨大的影响，时间越长，复利产生的价值增值就越多。

投资1万元资金，按照不同的年限和不同的回报率计算，其收益水平将呈几何级数增长：

如果年回报率是10％，那么，投资5年，1万元增加到1.61万元；投资10年，增加到2.6万元……投资50年，就增加到117万元。

如果回报率是30％，那么，投资5年，1万元增加到了3.71万元；投资10年，增加到13.78万元……投资50年，1万元就增加为49.79亿元。

按照复利原理计算的价值成长投资的回报非常可观。如果我们坚持按照成长投资模式去挑选、投资股票，那么，这种丰厚的投资回报并非遥不可及，我们的投资收益就会像滚雪球一样越滚越大。现在小投资，将来大收益，这就是复利的神奇魔力。

杠杆原理——运用财务杠杆带来大收益

杠杆原理亦称"杠杆平衡条件"。在"重心"理论的基础上，阿基米德发现了杠杆原理，即"二重物平衡时，它们离支点的距离与重量成反比"。阿基米德对杠杆的研究不仅仅停留在理论方面，而且据此原理还进行了一系列的发明创造。

据说，他曾经借助杠杆和滑轮组，使停放在沙滩上的桅船顺利下水；在保卫叙拉古免受罗马海军袭击的战斗中，阿基米德利用杠杆原理

制造了远、近距离的投石器，利用它射出各种飞弹和巨石攻击敌人，曾把罗马人阻于叙拉古城外达3年之久。

杠杆原理也可以充分应用于投资中，主要是指利用很小的资金获得很大的收益。我们以投资服装生意来说明杠杆的应用。假如你有1000元钱就可以做1000元钱的生意了，进货买入1000元的衣服可以卖出1400元，自己赚了400元，这就是自己的钱赚的钱，就是那1000元本钱带来的利润。这是没有杠杆作用的。从银行贷款是要给银行利息的，这个道理我们都知道。利息就是你从银行拿钱出来使用的成本。这等于是你用利息买来银行的钱的使用权，使用后你还是要还给银行的。如果你看准做服装的生意肯定是赚钱的，可以从银行贷款10万元，使用1个星期，假如利息正好是1000元。这等于你用原来做衣服的本钱1000元买了银行10万元的使用权，用这10万元买了衣服，卖出后得到14万元。你自己就赚了4万元。这就是用自己的1000元撬动了10万元的力量，用10万元的力量赚了4万元的钱。这就是一个杠杆的例子。

杠杆作用常常用"倍"来表示大小。如果你有100元，投资1000元的生意，这就是10倍的杠杆。如果你有100元可以投资1万元的生意，这就是100倍的杠杆。例如做外汇保证金交易的时候，就是充分地使用了杠杆，这种杠杆从10倍、50倍、100倍、200倍、400倍的都有，最大可以使用400倍的杠杆，等于把你自己的本钱放大400倍来使用，有1万元就相当于有400万元，可以做400万的生意了。这是非常厉害的了。

还有我们买房子时的按揭，也是使用了杠杆原理。绝大多数人买房子，都不是一笔付清的。如果你买一幢100万元的房子，首付是20％，你就用了5倍的杠杆。如果房价增值10％的话，你的投资回报就是50％。那如果你的首付是10％的话，杠杆就变成10倍。如果房价涨10％，你的投资回报就是一倍。可见，用杠杆赚钱来得快。

但是，凡事有一利就有一弊，甘蔗没有两头甜，杠杆也不例外。杠杆可以把回报放大，它也可以把损失放大。同样用那100万元的房子做例子，如果房价跌了10％，那么5倍的杠杆损失就是50％。10倍的杠杆损失，就是你的本钱尽失，全军覆没。例如美国发生的次贷危机，其主要原因就是以前使用的杠杆的倍数太大。

在股票、房价疯涨的时候，许多人恨不得把杠杆能用到100倍以上，这样才能回报快，一本万利；而当股票、房价大幅下跌的时候，杠杆的放大效应迫使很多人把股票和房子以低价卖出。而当人们把股票和房子低价卖出时，则造成了更多的家庭资不抵债，被迫将资产以更低价出售，从而造成恶性循环，导致严重的经济危机。

总之，我们在使用杠杆之前有一个更重要的核心要把握住，那就是成功与失败的概率是多大。要是赚钱的概率比较大，就可以用很大的杠杆，因为这样赚钱快。如果失败的概率比较大，那根本不能做，做了就是失败，而且会赔得很惨。

不可预测性——投资市场是在时刻变化着的

投资市场的不可预测性是指证券市场是一个复杂的动态系统，由于其内部因素相互作用的复杂性以及影响它的许多外部因素的难处理性，使得其运行规律难以被理解和刻画。然而在具体的投资过程中，好多人最喜欢做的事却是去预测，或者就是让别人去预测。这是投资者对市场缺乏了解的表现。其实，从来没有人能正确预测出无论是大盘还是个股的具体点位或价位，最多也就是根据当时的走势判断一下趋势如何。市场会以它自己的方式来证明大多数的预测都是错误的。

那些著名的投资大师，他们更多地是关注股票本身，以及大的趋势，很少花心思去预测股市的短期变化。例如，有"股神"之称的沃伦·巴菲特和美国最成功的基金经理彼得·林奇就告诫投资者："永远不要预测股市。"因为，没有人能预测股市的短期走势，更不可能预测到具体的点位。即使有一次预测对了，那也是运气，是偶然现象，而不会是常态。

巴菲特说："我从来没有见过能够预测市场走势的人。""分析市场的

运作与试图预测市场是两码事，了解这点很重要。我们已经接近了解市场行为的边缘了，但我们还不具备任何预测市场的能力。复杂适应性系统带给我们的教训是，市场是在不断变化的，它顽固地拒绝被预测。"他坚持认为，预测在投资中根本不会占有一席之地，他的方法就是投资于业绩优秀的公司。他还说道："事实上，人的贪欲、恐惧和愚蠢是可以预测的，但其后果却是不堪设想。"在他看来，投资者经历的就是两种情况：上涨或下跌。关键是你必须要利用市场，而不是被市场所利用，千万不要让市场误导你采取错误的行动。

其实，只要我们仔细想想，就知道那些所谓的预测的不可靠性。如果那些活跃的股市和经济预测专家能够连续预测成功的话，他们早就成了大富翁，还用得着到处奔波搞预测吗？

即使那些投资市场上的大型机构，也无法准确预测股市的短期走势。例如，在中国市场上，近年来机构对上证指数最高点位的预测（这些预测无疑代表了目前中国资本市场高端的研究水平，集中了许多重量级研究机构和研究人员的智慧）就屡屡失算。2005年年末各大券商机构对2006年的预测，1500点已是最高目标位的顶部了。当时有个别专家分析股改大势后提出，1300点将成为历史性底部时，不少分析人员还嗤之以鼻。但事实上，2006年却是以2675点最高点位收盘。到了2006年年末，绝大多数机构对2007年上证指数的预测都远远低于4000点，而实际上2007年以来，将近半年以上时间都是在4000点上方运行，到10月份上证指数还一度达到6124点的高位。随后股市大跌，有好多人预测4000点是政策底，绝不会跌破，结果股指最终跌破了2000点。还有，很多人预测2008年奥运会时会有一波大行情，可是最终的结果却是，不但奥运会前夕股市表现很弱，而且，就在奥运会开幕当天，股市开始了向下破位。在奥运会进行的那些天，股市一路向下。预期中的奥运行情没有出现，留下的是黑色梦魇。由此可见，对于具体点位的预测常常是"失算"的时候多于"胜算"。

虽然，股市的具体点位是无法准确预测，但大的趋势还是可以判断。其实，彼得·林奇的"鸡尾酒会"理论是一个寻找股市规律的有效工具。

在鸡尾酒的聚会上，不同职业、不同阶层的人们彼此相识、聊天。彼得·林奇从参加鸡尾酒会的经历上，总结出了判断股市走势的4个阶段。

第一阶段，当彼得·林奇在介绍自己是基金经理时，人们只与他碰杯致意，就漠不关心地走开了。他们更多地是围绕在牙医周围，询问自己的牙疼病，或者宁愿谈论明星的绯闻，没有一个人会谈论股票。彼得·林奇认为，当人们宁愿谈论牙疼病也不谈论股票时，股市应该已经探底，不会再有大的下跌空间。

第二阶段，当彼得·林奇在介绍自己是基金经理时，人们会简短地与他聊上几句股票，抱怨一下股市的低迷，接着还是走开了，继续关心自己的牙疼病和明星的绯闻。彼得·林奇认为，当人们只愿意闲聊两句股票而还是更关心自己的牙齿时，股市即将开始抄底反弹。

第三阶段，当人们得知彼得·林奇是基金经理时，纷纷围过来询问该买哪一只股票，哪只股票能赚钱，股市走势将会如何，而再没有人关心明星绯闻或者牙齿。彼得·林奇认为，当人们都来询问基金经理买哪只股票好时，股市应该已经到达阶段性高点。

第四阶段，人们在酒会上大谈特谈股票，并且很多人都主动向彼得·林奇推荐股票，告诉他去买哪只股票，哪只股票会涨。彼得·林奇认为，当人们不再询问该买哪只股票，反而主动告诉基金经理买哪只股票好时，股市很可能已经到达顶部了，大盘即将开始下跌震荡。

我们既然无法准确地预测股市，那么最好的办法就是不要预测股市。正如巴菲特所说："对于未来一年后的股市走势、利率以及经济动态，我们不做任何预测。我们过去不会，现在不会，将来也不会预测。"投资者应该关注企业的基本面，而不要去枉自预测市场的变化。

二八定律——
投资市场上总是少数人赚钱，多数人赔钱

二八定律也叫"巴莱多定律"，是19世纪末20世纪初意大利经济学家

巴莱多发现的。他认为，在任何一组东西中，最重要的只占其中一小部分，约20％，其余80％的尽管是多数，却是次要的，因此又称"二八法则"。

二八定律是可证，而且已经被不断证明的定律。

管理学范畴也有一个著名的"80/20定律"，它说，通常一个企业80％的利润来自它20％的项目，这个80/20定律被一再推而广之。经济学家说，20％的人手里掌握着80％的财富。有这样两种人，第一种占了80％，拥有20％的财富；第二种只占20％，却掌握80％的财富。为什么呢？原来，第一种人每天只会盯着老板的口袋，总希望老板能给他们多一点钱，而将自己的一生"租"给了第二种20％的人；第二种人则不同，他们除了做好手边的工作外，还会用另一只眼睛关注正在多变的世界，他们明白什么时间该做什么事，于是第一种"80％的人"都在替他们打工。

心理学家说，20％的人身上集中了人类80％的智慧。

今天，人们惊奇地发现，"二八法则"几乎适用于生活的方方面面，如股票市场80％的人赔钱，只有20％的人赚钱。从理财角度来说，它有两层含义：首先，在家庭理财上，投资的金融品种不必面面俱到，应抓住关键的少数重点突破；其次，对于一个理财产品不仅要看到收益，更要看到收益背后的风险补偿。

现代市场瞬息万变，能够把握一种流行趋势实属不易。所以，这就要求我们在做出任何一项理财决策之前，必须仔细研究分析市场，既要能赶上潮流，更要超前于潮流。因为，人们的需求在不断地变化，市场也在不断地变化，今天畅销的产品，也许明天就无人问津了。把握市场变化就像跳舞一样，快于节奏或慢于节奏都不行。

日本有一位商人就是运用"二八原理"，在钻石生意上获得了意想不到的成功。

钻石，是一种高级奢侈品，它主要是高收入阶层的专用消费品，一般收入的人是购买不起的。而从一般国家的统计数字来看，拥有巨大财富，居于高收入阶层的人数比一般人数要少得多。因此，人们都存在这么一个观念：消费者少，利润肯定不高。绝大多数人都不会想到，居于高收入阶层的少数人却持有多数的金钱。换句话说，一般大众和高收入人数的比例为78∶22。但他们拥有的财富比例却要倒过来22∶78。这个日本商人正是看中了这点，他把钻石生意的眼光投向了这些只占人口比例"22"的有钱人的身上，一举取得了巨额的利润。

20世纪60年代末的某个冬天，这位商人就抓住时机开始寻找钻石市场。他来到东京的S百货公司，要求借该公司的一席之地推销他的钻石，但该公司根本就不理他，断然拒绝了他的这个请求。

但他丝毫都没有气馁，仍坚持用"二八原理"来说服S公司，最后，终于取得S公司郊区的M店。M店远离闹市，顾客极少，生意很不好，但这位商人对此并不过分担忧。钻石毕竟是高级的奢侈品，是少数有钱人的消费品，生意的着眼点首先得抓住财主，不能让他们漏网。当时，S公司曾不满意地说："钻石生意一天最多能卖2000万日元，就算是很不错了。"

该商人立即反驳说："不，我可以卖到2亿日元给你们看。"

这在当时的商人看来，无疑是狂人的说法了。但这个日本商人却胸有成竹地说出了这番话，无疑是源于他自己对"二八原理"的信心。

之后不长时间，这个商人的生意就红火起来。他先是在M店取得日6000万日元的好利润，大大突破了一般人认为的500万日元的效益估量。当时正值年关价大拍卖，吸引了大量顾客，这个商人就利用这个机会，和纽约的珠宝行联络，运寄来的各式大小钻石都被抢购一空。接着，他又在东京周围分部设立营销点推销钻石，生意极好。

到了1971年2月，钻石商的销售额突破了3亿日元，他实现了曾许下的诺言。

他的钻石生意成功了，奥秘究竟在哪里呢？就在于"二八原理"。

因此，当你决定投资理财的时候，眼光一定要独到一点。"不要把你所有的鸡蛋都放在一个篮子里"，这个曾获诺贝尔奖的著名经济学家詹姆斯·托宾的理论，已经成为众多老百姓日常理财中的"圣经"。但你是否知道著名的经济学家凯恩斯也提出过一条著名的投资理念，那就是要把鸡蛋集中放在优质的篮子中，这样才可能使有限的资金产生最大化的收益。

之所以说"篮子"多并不能化解风险，主要是因为目前许多理财产品

第五章 理论储备·学习经济知识，做一个善于吸金的聪明女人

第一篇 观念先行——管理你的身价，而不只是身材

-055-

都是同质的，你所面临的系统风险是一样的。举个例子来说，你投资了债券，又去买了债券基金，一旦债券市场发生系统风险，你的两个投资都会发生损失。因此，当你从理财博览会上拿回各类资料之后，首先应该关注的并不是理财产品的收益率，而是应该对这些理财产品进行分析，尽量把80％的"鸡蛋"放在20％牢靠的"篮子"里，而不要选择一些太过于"同质"的理财产品反复投资，这样不仅达不到分散资金的目的，反而可能会加大风险。同时，一旦选定好自己中意的项目，就应该把握"二八原理"，力争使资金收益最大。

对于任何一种理财产品，都存在利率风险、通货膨胀风险、流动风险和信用风险等。理财产品的收益率，实际上应该等于无风险收益加上风险补偿，投资者可以将银行活期利率视为无风险收益。从这个意义上来看，要获得比市场高20％的收益，你将付出比一般银行储蓄多80％的风险。比如说银行一年期利率高于活期利率，就是对于流动性风险的补偿。

了解了这个原理，你在选择日常理财产品时，就应对高收益品种保持一份谨慎，特别是那些不符合目前规定的理财品种，其高收益的背后，是对于信用风险的补偿。收益越高，代表了其发生信用危机的可能性就越大，这种信用风险实际上就是转嫁了处罚它的违规成本。

对于各大金融机构推出的保本理财，你也应有新认识。目前市场上一些保本理财品种基本上都需要封闭一段时间，你其实要面临利率风险、通货膨胀风险、流动风险等，到头来，你所获得的收益，可能会比银行活期利率还少。从这个意义上说，仅仅希望本金不损失，你可能不仅没获得收益，反而会赔钱。

安全边际——赔钱的可能性越小越安全

价值投资两个最基本的概念就是安全边际和成长性。其中安全边际是比较难把握的。这也很正常，因为如果人们学会了确定安全边际，短期虽然难免损失，但长期来看，应该是不赔钱的。这样好的法宝，当然不容易掌握。

那么，什么是安全边际？为什么要有安全边际这个概念呢？

安全边际顾名思义就是股价安全的界限。这个概念是由证券投资之父本杰明·格雷厄姆提出来的。作为价值投资的核心概念，安全边际在整个价值投资领域中处于至高无上的地位。它的定义非常简单而朴素，即内在价值与价格的差额，换一种更通俗的说法就是价值与价格相比被低估的程度或幅度。格雷厄姆认为，值得买入的偏离幅度必须使买入是安全的；最佳的买点是即使不上涨，买入后也不会出现亏损。格雷厄姆把具有买入后即使不涨也不会亏损的买入价格与价值的偏差称为安全边际。格雷厄姆给出的是一个原则，这个原则的核心是即使不挣钱也不能赔钱。同时安全边际越大越好，安全边际越大获利空间就会自然提高。

安全边际不保证能避免损失，但能保证获利的机会比损失的机会更多。巴菲特指出："我们的股票投资策略持续有效的前提是，我们可以用具有吸引力的价格买到有吸引力的股票。对投资人来说，买入一家优秀公司的股票时支付过高的价格，将抵消这家绩优企业未来10年所创造的价值。"这就是说，忽视安全边际即使买入优秀企业的股票也会因买价过高而难以赢利。

对于投资者来说，不能忽视安全边际。但什么样的情况下股票就达到安全边际，股价就安全了呢？10倍市赢率是不是就安全呢？或者低于净资产值就安全呢？未必是。如果事情这么简单，那就人人赚钱了，股市也就成了提款机。

我们打个比方，鸡蛋8元钱一斤，值不值？就现在来说，不值。这个8元钱是价格，我们还可以去分析一下价值，从养鸡、饲料、税费、运输成本折算一下的话，可能是2元钱一斤，那么这个2元钱就是鸡蛋的价值。什么是安全边际呢？就是把价值再打个折，就能够获得安全边际了。例如，你花了1.8元钱买了一斤鸡蛋，你就拥有了10%的安全边际，你花了1.6元钱买了一斤鸡蛋，那你就拥有了20%的安全边际。

所以，安全边际就是一个相对于价值的折扣，而不是一个固定值。我们只能说，当股价低于内在价值的时候就有了安全边际，至于安全边际是大还是小，就看折扣的大小了。

为什么要有安全边际呢？曾有人打了一个很好的比方，如果一座桥，能够允许载重4吨，我们就只允许载重2吨的车辆通过，显然这个2吨就是安全边际。这样，就给安全留出了余地。就内因而言，如果我们设计或施工中有一些问题，那么这个2吨的规定可能还会保障安全；就外因而言，万一有个地震或地质变化什么的，2吨可能保障不出事儿。

股价的安全边际也是如此，就内因而言，我们可能对一个企业的分析有错误，那么安全边际保障我们错得不太离谱；就外因而言，一个企业可能会出现问题，会在经营中进入歧途，那么在我们察觉到的时候，可能还吃亏不大。因为我们的选择有安全边际，说白了，就是股价够便宜，给我们留出了犯错误和改正错误的空间。

当然，安全边际不仅让我们赔得少，而且让我们赚得多，原因很简单，因为买价低。比如说，一只股票的股价从2元上涨到12元，内在价值是4元，2元则有了很大的安全边际。巴菲特在2元买，一般价值投资者在4元的价值线买入，技术分析家则根据趋势在6元买入，结果是巴菲特赚了5倍，一般价值投资者赚了2倍，技术分析家赚了1倍，这是个还算不错的结果。如果股价从2元上涨到6元，巴菲特赚2倍，一般价值投资者赚50%，技术分析家还可能赔钱。

或许，有人会说，大盘涨起来的时候都没有安全边际了。但问题是，在市场极度低迷的时候，很多有很大安全边际的股票却根本无人问津。

话说回来，安全边际能不能保障股价就安全了？未必。最大的安全边际是成长性。比如说一个生产寻呼机的企业只有5倍市赢率，不高吧？可是现在连寻呼台都找不到了，安全就是笑话。可见，只有在具有成长性的前提下，安全边际才有意义。

关于安全边际的理解其实非常容易，但是怎么判断安全边际或者什么时候才真正到了跌无可跌的时候是非常困难的，还有就是安全边际迟迟不来怎么办，等等。根据格雷厄姆的原意就是"等待"。在他眼里，人一生的投资过程中，不希望也不需要每天都去做交易，很多时候我们会手持现金，耐心等待。由于市场交易群体的无理性，在不确定的时间段内，比如3~5年的周期里，总会等到一个完美的高安全边际的时刻。换句话说，市场的无效性总会带来价值低估的机会，那么这个时候就是你出手的时候。就如非洲草原的狮子，它在没有猎物的时候更多是在草丛中慢慢地等，很有耐心地观察周围情况直到猎物进入伏击范围才迅疾出击。如果你的投资组合里累积了很多次这样的投资成果，从长期看，你一定会取得远远超出市场回报的机会。所以安全边际的核心就在把握风险和收益的关系。

其实，对安全边际的掌握更多是一种生存的艺术。投资如行军打仗，首先确保不被敌人消灭掉是作战的第一要素，否则一切都将无从谈起。这一点在牛市氛围中，在泡沫化严重的市场里，显得尤为重要。

洼地效应——
越安全的投资区域越容易吸引资金的流入

洼地效应是指，在经济发展过程中，人们把"水往低处流"这种自然现象引申为一个新的经济概念，叫"洼地效应"。从经济学理论上讲，"洼地效应"就是利用比较优势，创造理想的经济和社会人文环境，使之对各类生产要素具有更强的吸引力，从而形成独特竞争优势，吸引外来资源向本地区会聚、流动，弥补本地资源结构上的缺陷，促进本地区经济和社会的快速发展。

简单地说，指一个区域与其他区域相比，环境质量更高，对各类生产要素具有更强的吸引力，从而形成独特的竞争优势。资本的趋利性，决定了资金一定会流向更具竞争优势的领域和更具赚钱效应的"洼地"。

例如房地产。当房地产围合一个湖泊中心发展之时，便形成了自湖心向四周土地递减的级差地租，大致出现"近贵远贱"的圈层分布，这其实就是围合出湖心的价值洼地。一旦因某种特殊原因填湖开发，那么，湖心

洼地的地价和房价就会突然井喷，创下区域地产的最大价值，甚至引发周边地产的价值飙升，即产生了洼地效应。当然在房地产实际开发中，所谓的洼地不一定就是湖心区，也可能是市政中心、城市广场或历史建筑区等对于区域价值有提升作用的区域。

"洼地效应"是近两年比较流行的词，在经济学的财经分析中我们常会看到。比如，中国市场的巨大投资潜力和发展空间，吸引到越来越多的国际投资者的目光，使外资投入持续增加，这样就说中国在全球经济中产生了洼地效应；也可以形容江浙一带对人才的吸引，说其民间资本的持续发展产生了洼地效应；而当解释蓝筹股在弱市中的井喷行情时，就会比较其动态市赢率和平均市赢率，说其产生了价值洼地。

对于投资者来说，"洼地效应"的概念好理解，但如何才能在股票市场上找到真正的"洼地"，获得投资的巨大收益呢？

第一，如果发现有做实体产业，每股业绩高达1元以上，而且其产业方向和经营业绩基本能处于长期稳定，在经济危机中不但没遭受重创，还能迅速翻身挺过来的公司股票，则是属于"洼地"的投资目标。

第二，是遭受长期冷落，但关乎国计民生的股票。例如属于人民大众最重要的吃饭问题的粮食和农业概念股，是可以而且必须持续发展的永恒产业，如果其业绩和发展预期良好，而且没有被爆炒过，则属于价值洼地，非常具有投资价值。

第三，关注那些属于国家规划扶持发展，真正生产与科研结合，有能力、有规模和实力做新能源产业的，必然在不远的将来影响到后续人类的生产、生活方式，无论现在起始阶段多么迷茫，或是股价已被炒得很高，但只要是符合全球人类革新方向的，就还值得长远投资布局，不过可能需要投资者有一定耐心。

第六章
财富创造：从容职场，解读女人的"薪"事

工作VS金钱，幸福指数节节高

金钱可以创造你和家人的未来；金钱帮助你度过艰难时刻，让你的父母平安度过老年生活，为你的孩子提供教育并保障你日常生活的舒适与安稳。这是你的财富表现的第一种形式，财富可以帮你开启通往幸福的大门。

"哦，我已经无法忍受这种生活了！"

"发生了什么事情吗？又与丈夫发生矛盾了吗？"

"别提了，我当初为了好好照顾他，为了这个家把那么好的工作都辞了，可他还不满足……说我在家只会带孩子，不修边幅。你说，每个月只给我维持家用的基本费用，我哪有钱去逛商场买衣服打扮自己嘛！还说我思想狭隘，和我没法交流……当初我在职场身居要职的时候，也算是白领丽人，整天穿梭于精英人流中，是多么的风光呀！那时候，他对我是极其体贴的，可现在……"

敏敏无法再说下去了，她对自己当初辞职的事情显然已经后悔到了极点。是的，敏敏所处的境地是极其悲惨的。她本来有一份很好的工作，但

是为了丈夫、孩子，为了那个家，她辞去了工作，到最后她的一切辛劳换来的却是丈夫尖刻的埋怨和讽刺。丈夫说她只会带孩子，不修边幅，说她思想狭隘，这一切都是因为她失去了自己的工作，没有稳定的经济收入造成的。

我们可以试想一下，假如敏敏在职场中身居要职，有十分客观稳定的收入，她的生活是什么样子？多数情况下一定是这样的：她每天将自己打扮得漂漂亮亮，穿梭于精英人流中，体味着工作带给她的快乐，回到家后会受到老公的优厚的待遇。敏敏如果能选择这样的生活，她一定是幸福的，这种幸福感除了她自己也是其他任何人都给不了的。

这时，或许有人会说，上班固然能给自己带来稳定的经济收入，能让自己有成就感，但是上班也是极其辛苦的事情，我自己有个好老公，他从来不会像敏敏的丈夫那样对我说出那样的话，说让我过得幸福是他的责任，如果我能在家照顾孩子，是对他工作的支持，在家他一样可以让我过得幸福的。

是呀，这样的老公说出的话好似蜜糖罐，甜不死人，也能把人美死。可我还是劝你清醒一点，这些甜的东西吃得多了有副作用，久而久之就会不利于身体健康。如果你没有了工作，你就没有了经济来源，要靠丈夫的收入来维持家里的开支与你自己的花销。长此以往，老公难免会有怨言。

相信自己，才最有"钱途"

信心是心智的催化剂，当信心与思想相结合时，就会在你的潜意识之中产生无穷的智慧。因此，作为一个现代女性，如果你想拥有财富，首先就要相信自己：相信自己能够创造财富，相信自己能够做好成功理财的操盘手，相信自己在未来能够拥有无尽的财富。如果你能够用这种积极的力量去暗示自己，不自觉地，它就会转化为你潜意识的力量，反过来，你的潜意识又会反复地给你下达各种积极的命令，最终就会转化为现实中有形的对等物质。

只有你想不到的，没有你办不到的！自信的力量是巨大的，美国"最佳女企业家"艾拉·威廉也是在自信的力量下获得财富的。

艾拉·威廉出生于一个黑人家庭，她有11个兄弟姐妹，父亲要承受的生活压力很大，自小的时候，艾拉就想出去帮助父亲工作，但是，父亲只允许她待在家里帮助母亲。艾拉自小跟着她的母亲学到了两种珍贵的东西：那就是烹饪技术与自信。她的母亲经常告诉她："只有你想不到的，没有你办不到的。"

艾拉长大后，黑人出身的她受到的歧视使她更为清醒地认识到"只有想不到的，没有办不到的"的具体意义。她的两次婚姻都以失败告终，在当时她已经是两个孩子的母亲了，但是她却一无所有，她完全依靠捡空饮料瓶与易拉罐维持自己的生计。即便是做着如此低贱的工作，她还不断地激励自己："如果我能够做这种低贱的工作，那么我相信我也一定能够做老板，因为我已经掌握了最艰难的工作技术。"

在这种精神的不断激励下，她建立了属于自己的一家专门改造和提升旧系统的公司，尽管那时候她对这一行业一窍不通，没有大学文凭，也没有任何工程师的专业知识，她坚信她一定可以像系统工程师一样聪明、能干。

后来，经过3年的艰难实践，她向军队的军官们展示了她自己在那个领域中的独特创意：她为军官们掌勺并经常给他们带来一些自己公司烤制的饼干和点心。她最终获得了向军队上的决策人物进行展示的机会：在专家面前对系统的特殊细节问题做了报告并回答了问题，进行了产品演示，以她高超的烹饪技术赢得大家的认同。最后，她得到了一笔800万美元的合同，几年后，她已经拥有了足够经济实力可以用来租用更大的办公场地和雇用更多的工作人员了……

作为一个曾经离过两次婚，带着两个孩子独立生活的黑人单身女性，艾拉在1993年的时候获得了美国"最佳女企业家"称号，成为那个时代最

成功的商界女性之一，还曾经作为克林顿夫妇的客人在白宫与他们交谈，她的成功的秘诀是什么呢？那就是自信。她用自己的亲身经历证明了一件事：女人能够创造一切，自信可以创造一切！

艾拉·威廉能够做到的，你也可以做到，只要你有足够的信心。能够成功获取金钱的女人，通常都是异常自信的，她们都坚信自己的财富目标可以实现，她们不仅仅在思想上这样认为，而且她们也会将这种自信运用到实际的行动之中，用在切实的日常创富活动之中。不管是空想的发明家，还是拓荒的企业家、浪漫的作家，凡是能够取得非凡的成就、获得巨额财富的人，都是那些确信自己一定可以得到巨大财富的人。为此，我们不可以不说信心是所有奇迹的基础，它是你获得巨额财富的重要媒介，依据这个媒介你可以利用和控制智慧所产生的巨大的力量。

作为一个都市女性，不管你现在处于怎样的状态，不管你现在从事的是什么行业，只要对自己有信心，只要相信自己是最棒的，你就一定能够获得成功，实现自己的财富目标。

巧妙分配你的工资，生活乐而无忧

对于现代女性而言，薪水分配项目通常都包括以下几个方面。

1. 储蓄

这是你必须要做的，不管你当前的收入如何，你都必须先强制自己拿出一部分存入银行中，这样可以避免自己因为中途手头紧了随意动用，这一部分钱是你拿到薪水后首先付给自己的，可以解决自己的后顾之忧。

2. 口粮

从你的工资中给自己留足口粮是必需的，你得保证自己的温饱不受影响。但是，在分配这一部分开销的时候，必须要明确自己在吃饭问题上的花销究竟是多少，当然还包括你平时要买的零食、水果等，还有饮料等一并要算进去。如果你只给自己留饭钱的话，到月底你的实际支出就会比预算超出很多。

3. 日常花销

这部分开销主要包括平时的交通费、水电费、燃气费、手机费、宽带费等，只要是琐碎的开支你必须要详细地计算出来，因为这部分支出相对是十分零散的，而且数额一般都较小，所以就容易忽略。这也极容易让你的开支超出你的预算，一不小心又将预留的生活费都花光了，如果不想再次超支，还是把它们算进你的支出里好。

4. 房租或房贷

如果自己有房子，这项花销就自然可以节省下来了。但是，对于租房与自己供房的女性朋友而言是必须要从收入中支付了，这也是日常开销的一大项。不管你是按季度还是按年交付，你都必须要从当月的支出中预留出来，否则就必然会影响到你以后需要交租或者还贷时那个月的理财规划，整个理财规划都要打乱或者泡汤。

5. 卡债

信用卡的推出确实方便了许多的持卡人，买东西时刷卡大部分美女都不会心疼，偶尔透支一下，也挺爽的。但是，你也别爽过了头，到了该还账的时候就该难受了，不是吗？因此，你的支出里面也应当将你所欠的卡债部分也算进去，你一定要清楚银行的钱并不好花，过期之后的利息可是吓死人的！当然啦，如果那些从不用信用卡的女性朋友们就可以省掉这一笔开销了！

6. 应酬所需

如果你不是十足的宅女的话，你就少不了这笔应酬开销。平时与朋友、同事在一起吃饭、唱歌、泡吧、买礼物、凑结婚份子……样样都需要钱，因此在准备这笔开销的时候，要先看看这个月有多少人要请、有几个人要过生日、有哪些人要结婚等，先将这些钱预留出来，否则难免会出现"月初花得很开心，月末四处补亏空"的现象。

7. 爱美投资

女人爱美，天经地义。商场里刚上货的新款的衣服、鞋子、化妆品、首饰、包等，无不在诱人地向美女们招手。在这方面，女人的抵抗力是非

常弱的，必须先预留出一部分来备着，否则到了忍不住要"败"的时候，本月的理财计划难保不会因为这笔意外的开支而宣告泡汤。

8. 投资

以上的各种分配你还能有剩余的话，那么恭喜你，你完全可以自由自在、毫无顾忌地将剩的这一部分拿出来做投资了。这些钱是你财富升值的保障，最好拿来投资你自己比较熟悉和十分有信心的领域，而且这些投资所带来的收益最好不要归入你的收入之中以再进行下次的分配。因为那样的话，很有可能会打乱你所有的理财计划，让你以为自己可以有更多的现金进行支配，放松对自己的要求。这一部分收益你最好可以将它拿来继续做投资之用，这样既可以为你带来更多的收益，又不至于让你的收益影响你对自身理财的整体规划。

在理财当中，这些对日常开支的分配被称为分账管理，将不同的生活消费支出分开来管理，这样可以加强对自身收支的控制，同时又可以借助你每月收支状况表分析支出情况，调整消费习惯，从而最终实现资金的基本积累。

用以上的方式对自己的工资进行计划与分配后，许多"薪"族女性都会发现，自己单用在消费方面的支出就已经让自己入不敷出了，哪里还有剩下的钱去拿来投资呢？是呀，这是一个极大的问题，不然还是减少自己的储蓄定存额吧？千万不要这样！如果这样的话，你的财富就没有积累起来的可能了，你以后可能要面临更大的生存风险。所以，还是减少你的开销吧，学会过俭朴的生活，杜绝不必要的日常消费，别动不动就让自己的欲望出来兴风作浪。慢慢地，你就会发现，其实过简单的生活也是一种乐趣。

业余时间的"创富经"

现代职场，许多职场女性每天都为工作"忙"得团团转，根本没时间、没精力去考虑其他的赚钱的方法。如果长期这样下去，会发生怎样的结果呢？且看美国著名作家、演讲家、企业家贝克·哈吉斯讲过一个故事。

一个中年经理经常为工作忙得焦头烂额，于是他就决定向一个有经验的经理人顾问请教如何才能摆脱这种工作状态。顾问的办公室坐落在公园大道旁边的一幢豪华大楼中，经理按照提示就走了进去：惊讶地发现那里只有两扇门，分别写着"被雇用的人士""自雇人士"（律师、医生及自由职业者）。

这位经理人自认为自己是高级白领，所以他走进了"被雇用的人士"那扇门。走进去之后，他又发现两扇门，分别写着"赚钱超过4万美元的人""赚钱少于4万美元的人"，他的收入少于4万美元，所以他走进了第二扇门。但是他又发现另外的两扇门："每年存2000美元以上的人""每年存2000美元以下的人"。他每年在银行里只存1500美元，就走进了相应的门。这时，公园大道呈现在他的面前，他回到了起点。

这个故事告诉我们，如果想要看到不同的结果，唯一的途径就是选择打开不同的门。假如我们一直在做别人做过的事情，那么我们也就只能得到以前的结果。可惜，世界上却有95%的人都在做别人做过的事情，只有5%的人改变了自己的想法与做法。

在日常生活中，有大多数的人都是像故事中的那位中年经理一样，在或大或小的公司不痛不痒地上着班，每年赚的钱不到5万元，存款不到1万元。他们将一生中最好的时间都用到了工作之中，用在了帮别人打工上。这样的生活是没有任何前途的，也是等于在混日子。而如果你想打开那扇只有5%的人打开过的门，其关键就在于：不要将你所有的时间都用在工作上面，要学会利用工作之余去创富。

当然，为了维持基本的生活，你是需要一份工作的。但是，在你工作的时候，你要明白，你不是单纯地为了钱而工作的，你工作的目的是为了学到永久性的工作技能，所以，你不要将你全部的时间都用在工作上，而要抽出一定的时间去关注你的公司，你未来的事业。也就是说，你在工作

中要带着你的事业目标去工作，而非被金钱所累。

这时，你也许会说，我没有好的产品，也没有物色到十分合适的投资目标，我该怎么做呢？其实，这个世界上到处都充满了新产品的创意与已经生产出来的出色产品，而缺乏的就是出色的企业家。

当然要成功实现创富的梦想，就必须学会充分利用业余时间，甚至是工作时间来做准备。这里介绍几种创富的经验：

1. 找兼职

在不影响工作的前提下，业余兼职成为一种时尚，也是许多女性捞金的一种重要方式。当前兼职职位薪水较高的为：同声传译，一天的收入可高达几万元；网络写手，收入也颇高；车模与艇模等业余模特，有这方面优势的女性朋友可以尝试一下，它给你带来的收入，说不定会超过你每月的薪水哟！

2. 充分利用在工作中积累的资源和建立的人脉关系进行创业

女性朋友可以在工作中通过积累的资源与建立的人脉关系进行创业，这是现代女性工作的一个特点，也是她们的一个优势，学会充分利用工作中积累的资源和建立的人脉关系进行创业，可以大大地减少创业的风险，因为它相当于原来工作的延续，进行无缝连接，创业也容易踏上成功之路。需要注意的是，不能因为自己的创业活动影响单位的工作。

3. 选择合适的合伙人一起创业

有些上班族没有时间自己进行创业，但可以提供一定的资金，或者拥有一定的业务经验和业务渠道，这时候就可以寻找合作伙伴一起进行创业。与合作伙伴一起进行创业需要注意的事项是：责、权、利一定要分清楚，最好形成书面文字。我们看到无数合作创业的伙伴，在公司没有赢利之前，双方都能够和谐相处，一旦公司赚了钱，矛盾便开始出现，一发而不可收拾。

4. 做产品代理

现在翻开报纸、杂志，到处是寻找产品代理的广告。这里同样隐藏着一座座金山。有几条原则可供参考：

（1）尽量不做大公司和成熟产品的代理；

（2）选择产品，必须是真材实料的，有合法手续；

（3）产品的独特性与进入门槛要高；

（4）直接与生产厂家接触，不做二手代理商。

在生活中，许多女性都梦想着在未来建立起一家属于自己的公司，但是一大部分的人都是因为害怕失败而不敢轻易去尝试，但是，如果你不去尝试的话，你可能只是一个打工者，只能一辈子为别人工作。所以，不要将所有的时间都用在工作之中，不要让你现在的工作限定了时间，而是利用业余时间去创建一家属于自己的公司。这样我们也就拥有了获得无限财富的机会，也为自己的生活打开了另外一扇门，这扇门将会带领我们通往不同的地方。因此，一定要谨记，为了成为那与众不同的5％的人，不要把你所有的时间都花费在工作上。

工作再忙也要记得理财

"有时间赚钱，没时间打理"已经成为现代很多都市白领的通病。"忙人"们为数众多，他们因为"忙"而带来的财富损失尤其是机会成本也是不可小觑的。尽管"你不理财，财不理你"的理念早已深入人心，可在现实生活中，有钱无闲的理财"忙人"依然为数众多。

莎莎是一家房地产公司的业务员，工作认真，又是公司的业务主干，每天工作都很忙。于是，工资便任由会计打进银行卡里，最多买东西时刷刷卡，多余的钱就在卡里放着。当理财专家对她提出理财建议时，莎莎却抱怨说："我哪有时间打理钱财呀？朝九晚五地上班，加班是家常便饭，难得有个空闲的时间，也只想躺在床上看看电视或者是睡个懒觉，逢周末，还需要进行自我充电，生活中连培养自己爱好情趣的时间都没有，更别说每天看看股市行情，或者研究市场上新出的什么理财产品了。"

这或许就是大多数上班族的真实写照吧，这一类人多因为工作忙的原因而没有时间对投资市场做更多的研究，因此他们并不适合一些技术性很强的投资品种，如汇市、期市等。对于这一类人而言，来自银行的理财产品或许更为适合他们，因为无须大额资金的频繁转移。譬如基金等相对比较普及的投资品种就非常适合他们，因为他们可以适当承担一些风险，也期待更高一点的收益。

但，很多上班族往往对储蓄账户有着天然的偏爱，然而让资金长期按照0.81%的利率结息，不免显得过于"低廉"。可如果动用约定自动转存，可以多获得一些定期利息，如果利用定活两便，则可以实现定期活期两不误，既能保证资金随时所需，又能享受定期存款利率；再稍微复杂一点点，签署个固定收益的人民币理财协议，就可以通过1天理财或者7天理财的方式实现收益翻倍或者翻两倍，而且复利计算收益还会有所增长；而如果你是银行的贵宾理财客户，还可以把超过固定金额的部分自动购买基金产品，从而实现更高收益。

在股市上也同样存在着这样的种种"懒招"，实质上也是通过事先的设定来省去你每日盯盘的麻烦，通过银证通系统提供的"挂篮子"服务，一旦股票波动到你想要的价位，系统自动帮你买进或者卖出。基金方面的操作就更便捷了。基金本身就是"懒人"投资的最佳方式，交给专家理财自然可以省心不少。定期定额就是最简便的办法，签一份协议后就能每月定时自动扣款，保证你能享受到平均的收益，此外，一些指数基金，只要设置好点位，如上证指数1200点时申购，1300点时赎回，系统可以帮你自动进行操作，一年中指数上上下下，你只要设定一次却相当于操作了很多回，而且特别适合于波段操作。

网上基金也是上班族一个好的选择。因为，一方面基金定投就是固定时间买入固定金额的基金，对于没有时间打理财务的人士来说，这是一种不错的理财选择。当基金价格走高时，买进的份额较少；基金价格走低则买进的份额多。累积时间越长，越能分散投资风险，也越能获取较高收益；另一方面网上银行又提供了一站式的基金定投服务，对于事务繁忙的您，大可不必跑到银行网点办理这种业务。所以，网上基金定投，是"忙人"投资的不错的选择。

还要提醒上班族的是，要想做个聪明的理财"忙人"，要坚持两大法则。

1. 切忌盲目追求高收益

很多"忙人"要么对投资毫无计划，本来打算用于投资的钱却临时用作他途，要么则是选准方向全额投入，一次性投资放大风险。其实对这部分人群来说，不要盲目追求高收益，"平均成本法"是最佳"良方"。采用"平均成本法"将资金进行分段投资，可以最低限度地降低投资成本，分散投资风险，从而提高整体投资回报。

2. 切忌投资过于分散

不加选择，不加规划往往是"忙"的表现。没有计划的投资，只能让自己的资金更加处于无序的状态。最终忙是忙得足够，钱也是乱得可以。

其实时间就像海绵里的水，只要愿挤，总会有的，所以，忙不是借口，忙照样可以理财。

第七章
掌握家庭财务管理知识

家庭理财步骤

　　理财，在企业层面，就是财务，在家庭层面，就是持家过日子或管家。似乎自古以来家庭理财都是女人的专职。从一定意义上讲，理财决定着家庭的兴衰，维系着一家老小的生活和幸福，尤其对于已成家的工薪阶层来说，更是一门重要的必修课。

　　一屋不扫何以扫天下？一家之财理不好，何以建立惊天动地的功业？

　　理财说难亦难，说易亦易。以理贯之，则极易；以枝叶观之，则繁难无穷。比如，子女的教育及婚嫁、父母年迈多病及赡养、自己的生老病死，样样都离不开一个"财"字，所以未雨绸缪是理财的核心思想。

　　信息时代，假设大家都懂得电脑和网络的基础应用，最好都能懂得EXCEL软件的简单使用。理财步骤是以家庭为单位的，个人也可以参照其原理来实施，如家庭中每个人都做一本个人账，再汇成一本总账。

　　1. 家庭财产统计

　　家庭财产统计，主要是统计一些实物财产，如房产、家居、电器等，可以只统计数量，如果当初购买时的原始单证仍在，可以将它们收集在一起，妥善保存，尤其是一些重要的单证，建议永久保存。这一步主要是为了更好地管理家庭财产，一定要做到对自己的财产心中有数，以后方能"开源节流"。

2. 家庭收入统计

收入包括每月的各种纯现金收入，如薪资净额、租金、其他收入等，只要是现金或银行存款，都计算在内，并详细分类。一切不能带来现金或银行存款的潜在收益都不能计算在内，而应该归入"家庭财产统计"内。如未来的养老保险金，只有在实际领取时才列入收入。这虽然不太符合会计方法，但对于家庭来说，现金和银行存款才是每月实际可用的钱。

3. 家庭支出统计

这一步是理财的重中之重，也是最复杂的一步，为了让理财变得轻松、简单，建议使用EXCEL软件来代劳。以下每大类都应细分，使得每分钱都知道流向了何处，每天记录，每月汇总并与预算比较，多则为超支，少则为节约。节约的可依次递延至下月，尽可能地避免超支，特殊情况下可以增加预算。

（1）固定性支出。只要是每月固定不变的支出就详细分类记录，如房租或按揭贷款、各种固定金额的月租费、各种保险费支出等。种类可能很多，手工记录非常烦琐，而用EXCEL记录就非常简单。

（2）必需性支出。水、电、气、电话、手机、交通、汽油等每月不可省的支出。

（3）生活费支出。主要记录油、米、菜、盐等伙食费，以及牛奶、水果、零食等营养费。

（4）教育支出。自己和家人的学习类支出。

（5）疾病医疗支出。无论有无保险，都按当时支付的现金记录，等保险费报销后再计入到月的收入栏。

（6）其他各项支出。每个家庭情况不同，难以尽述，但原理大家一看便知，其实就是流水账，但一定要记住将这个流水账记得详细、清楚，让每一分钱花得都明明白白，只要坚持做半年，必能养成"量入为出"的好习惯。使用EXCEL软件来做这个工作，每天只需几分钟，非常简单方便。

4. 制订生活支出预算

参考第一个月的支出明细表，来制订生活支出预算，建议尽可能地放

宽一些支出，比如伙食费、营养费支出一定要多放宽些。理财的目的不是控制消费，不是为了吝啬，而是要让钱花得实在、花得明白、花得合理，所以在预算中可以单列一个"不确定性支出"，每月固定几百元，用不完就递延，用完了就向下月透支。目的是为了让生活宽松，又不至于养成大手大脚的坏习惯。今天这个时代，就算你月薪100万元，如果你大手大脚，一天也能花光。所以，不知挣钱苦，不知理财贵。

5. 理财和投资账户分设

每月收入到账时，立即将每月预算支出的现金单独存放进一个活期储蓄账户中，这个理财账户的资金绝不可以用来进行任何投资。

每月收入减去预算支出，即等于可以进行投资的资金。建议在作预算时，要尽可能地放宽，一些集中于某月支付的大额支出应提前数月列入预算中，如，6月份必须支付一笔数额较大的钱，则应在1月份就列入预算中，并从收入中提前扣除，存入理财账户，通常情况下不得用来进行任何投资，除非是短期定存或货币型基金。

经过慎重地考虑之后，剩下的资金才可以存入投资账户，投资账户可分为以下几种：银行定期存款账户、银行国债账户、保险投资账户、证券投资账户等。银行定存和银行国债是目前工薪阶层的主要投资渠道，这主要是因为大多数人对金融产品所知甚少，信息闭塞造成了无处可投资、无处敢投资。保险投资虽然非常重要，但一般的工薪阶层也缺乏分辨能力。

证券是个广泛的概念，不能一提到证券，就想到股票这个高风险的投资品种，从而将自己拒之于证券市场门外，要知道证券还包括债券和基金。

婚后夫妻理财法则

财务问题成为纠缠许多人婚后生活的一个重大的问题。夫妻双方都有保证透明双方财务状况的义务。学习理财相关知识，科学分配自己的财富，让婚后的生活更惬意。对财务的合理规划是婚姻走向成熟的第一步。

通常来讲，由于价值观和消费习惯上存在着差异，在生活中，每一对夫妻都会发现在"我的就是你的"和保持个人的私人空间之间会存在一些矛盾和摩擦。如果夫妻中的一个非常节约，而另一个却大手大脚、挥金如土，那么，要做到"我的就是你的"就非常困难，相互间的矛盾也就可想而知了。要使你们的婚姻关系向前发展，使财务情况好转，其他的事情也井井有条，那么小夫妻共同学习理财这门学问，就显得非常必要了。

虽然有很多的新婚夫妻因为财务问题处理不善，闹得吵吵嚷嚷、麻烦不断；但也有的小两口在面对这个问题时保持了必要的冷静，经过磨合，掌握了一些很好的法则，从而使自己的婚后生活达到一种完美的和谐。这些法则包括下面几个方面。

1. 建立一个家庭基金

任何夫妻都应该意识到建立家庭就会有一些日常支出，例如每月的房租、水电、煤气、保险单、食品杂货账单和任何与孩子们或宠物有关的开销等，这些应该由公共的存款账号支付。根据夫妻俩收入的多少，每个人都应该拿出一个公正的份额存入这个公共的账户。为了使这个公共基金良好运行，还必须有一些固定的安排，这样夫妻俩就可能有规律地充实基金并合理使用它。你对这个共同的账户的敬意反映出你对自己婚姻关系的敬意。

2. 监控家庭财政支出

买一个比如由微软公司制作的财务管理软件，它将使你们很容易就可以了解钱的去向。通常，夫妻中的一人将作为家中的财务主管，掌管家里的开销，因为她或他相对有更多的空余时间或更愿意承担这项工作。但是，这并不意味着，另一个人对家里的财务状况一无所知，也不能过问。理财专家黛博拉博士建议可以由一个人付账单，而另一个人每月一次核对家庭的账目，平衡家庭的收支，这样做能使两个人有在家里处于平等经济地位的感觉。另外，那些有经验的夫妻往往会每月坐下来谈一谈，进行一次小结，商量一些消费的调整情况，比如削减额外开支或者制订省钱购买大件物品的计划等。

3. 保持独立

现在是21世纪，独立是游戏的规则。许多理财顾问同意所有人都应该

有属于自己的私人账户，由个人独立支配，我们可以把它看作成年人的需要。这种安排可以让人们做他们自己想做的事，比如你可以每个星期打高尔夫球，他则可以摆弄他喜欢的工具。这是避免纷争的最好办法，在花你自己可以任意支配的收入时不会有仰人鼻息或受人牵制的感觉。然而，要注意的是，你仍应如实记录你的消费情况，就像对其他的事情一样，相互坦诚布公。你要把你的爱人看作是你的朋友，而不是敌人；要看作是想帮你的财政顾问，而不是想打你屁股的纪律检查官。

4. 进行人寿保险

每个人都应该进行人寿保险，这样，一旦有一方发生不幸，另一方就可以有一些保障，至少在财政方面是如此。你可以投保一个易于理解的险种，并对保险计划的详细情况进行详细了解。如果在与你的爱人结婚前，你已经进行了保险，要记着使你的爱人成为你的保险的受益人，因为这种指定胜过任何遗嘱的效力。

5. 建立退休基金

你将活很长很长的时间，但是也许你的配偶没有与你同样长的寿命。基于这个原因，你们俩应该有自己的退休计划，可以通过个人退休账户或退休金计划的形式，使你的配偶（或孩子）成为你的退休基金的受益人。

6. 攒私房钱

许多理财专家建议女人尤其应该储存一笔钱以便用它度过你一生中最糟糕的时期。根据你的承受能力，你可以选择告诉或者不告诉你的配偶这笔用于防身的资金；如果你告诉你的配偶，你应将它描述为使你感到安全的应急基金，而并不是在压榨你丈夫的钱。

协调夫妻双方薪水的使用

对一般的小夫妻而言，理财的关键在于如何融合协调两份薪水的使用，毕竟，双职工的工薪家庭在我们这个社会占大多数。但是，两份薪水也意味着两种不同价值观、两种资产与负债，要协调好它绝非易事，更不轻松。

所谓定位问题，一般来说，是要确定夫妻分担家庭财务的比例。一般情况下，夫妻在家庭财务上的分担包括以下3个类型。

1. 平均分担型

即夫妻双方从自己收入中提出等额的钱存入联合账户，以支付日常的生活支出及各项费用。剩下的收入则自行决定如何使用。

优点：夫妻共同为家庭负担生活支出后，还有完全供个人支配的部分；

缺点：当其中一方收入高于另一方时，可能会出现问题，收入较少的一方会为了较少的可支配收入而感到不满。

2. 比率分担型

夫妻双方根据个人的收入情况，按收入比率提出生活必需费，剩余部分则自由分配。

优点：夫妻基于各人的收入能力来分担家计；

缺点：随着收入或支出的增加，其中一方可能会不满。

3. 全部汇集型

夫妻将双方收入汇集，用以支付家庭及个人支出。

优点：不论收入高低，两人一律平等，收入较低的一方不会因此而减低了彼此可支配收入；

缺点：从另一方面来讲，这种方法容易使夫妻因支出的意见不一致造成分歧或争论。

选择最合适的分担类型，首先要对家庭的财务情况进行认真分析，根据具体情况进行选择。所以在确定分担类型前，夫妻应该认真整理一份自己的家庭账目，并从中寻找到家庭财务的特点。简单地说，夫妻理财分收入与支出两本账即可，或者规定一个时期为一个周期，如一个月，或一个季度，列一列收入，另一列是支出，最后收支是否平衡一目了然。

收入账应记：

（1）基本工资：各种补贴、奖金等相对固定的收入；

（2）到期的存款本金和利息收入；

（3）亲朋好友交往中如过生日、乔迁收取的礼金、红包等；

（4）偶尔收入，如参加社会活动的奖励、炒股的差价、奖学金所得等。

支出账应记：

（1）除了所有生活费用的必须支出外，还包括电话费、水电费、学费、保险费、交通费等；

（2）购买衣物、家用电器，外出吃饭、旅游等；

（3）亲朋好友交往中购买的礼品和付出的礼金等；

（4）存款，购买国债、股票的支出。

夫妻财产明晰、透明

今天，夫妻理财从婚前财产公证到婚后的"产权明晰""各行其道"，已形成了一个比较完整的规模。这不仅仅是一种时尚的潮流，而且反映了中国社会、家庭结构变化以及家庭伦理观念转变的趋势。

结婚不满两年的娟子有一肚子的苦水："我和丈夫几乎天天吵架。他给外面什么人都舍得花钱，从来不和我商量。家里经济压力很大，既要还车贷，又供着我单位的一套集资房。这些他都知道，可是真要他节省比登天还难。"

娟子还说，她和老公谈恋爱的时候就觉得他出手挺大方的，结了婚以后才反应过来，敢情这"大方"都是对别人的，自己家里那么多地方要花钱，他却说自己要应酬朋友，希望娟子"理解"他。

"结婚前我们约定要做一对自由前卫的夫妻，开销实行AA制，各人管各人的钱，可是现在看来，一对夫妻再前卫再另类，过起日子来还是像柴米夫妻一样。他很反感我过问他的财务，说钱该怎么用是他的权利。"

娟子的老公于先生面对娟子的指责也不满，他很苦恼，妻子每天对他口袋里钱的去向盘查得近乎"神经质"，而她自己却三天两头地买新衣服、新鞋子。结婚后，按照先前的约定他和妻子实行财产AA制，因为他的薪水比较高，所以娟子希望他能多付出一点，但是正在为事业奋斗的于先生除了负担家庭支出，更多的财力都花费在应酬、接济亲友、投资等事情上。因为妻子管得过死，于先生心理上接受不了，他反而变本加厉地"交际"。

这种矛盾在现代家庭中经常发生。专家说，不透明的个人财产数目和个人消费支出是这小两口家庭矛盾的真正的核心，娟子和她老公的独立账户都不是向对方公开的，彼此之间又没能很好地沟通每笔花费的去向，从而失去了夫妻之间的信任感。

当男女两人组成家庭时，不同的金钱观念在亲密的空间里便碰撞到了一起，要应付金钱观产生的摩擦并不是一件易事。专家指出，夫妻间在理财方面意见的分歧，常常是婚姻危机的先兆。

夫妻双方该如何打理资产呢？该集权还是分权？花钱应以民主为宜还是独裁？一方"精打细算"，另一方却"大手大脚"时怎么办？这时候，夫妻AA制理财方式便新鲜出笼了。

所谓AA制并不是指夫妻双方各自为政，各行其道，而是在沟通、配合、体谅的情况下，根据各自理财经验、理财习惯与个性，制订理财方案。

夫妻理财AA制在国外极为普及。一位外国朋友说，我不能想象没有个人账户，没有个人独立会是个什么样子。我认为，把我的钱放进我丈夫的账户里，或者反过来，把我丈夫的钱放在我的账户里，那简直就是愚昧。在我的家里，我负责50％的开支，我要的是对我的尊重。

夫妻间管头管脚总是让人烦恼，这就使一定的个人资金调度空间显得十分重要。现实生活中青睐夫妻AA制的人确实还不少。一位主妇说，我同丈夫现在就是明算账。他是一家公司的经理，收入比较高。通常，家中重大开支如购房、孩子上学等我们都各出一半，各自的衣服各自负担。日常生活的开支由双方收入的30％组成，如有剩余便作为"夫妻生活基金"存起来，时间长了也相当可观，被视为一种意外收获。虽然我同丈夫的感情基础不错，但我们都有各自的社交圈，也许有一天，对方突然"撤股"，那么各自储备的资金将会弥补这种生活的尴尬。

夫妻理财能手的经验之谈

夫妻理财能手都能很好地处理婚后的财产。听听夫妻理财能手的经验，从中吸取能帮助我们改善目前财务状况的经验，不是很好吗？

1. 与配偶分享你对金钱的看法

把金钱问题公开化，了解对方的梦想、恐惧、风险承受度以及对储蓄、投资、贷款的偏好。人们对于金钱的观念，不是一朝一夕形成的，这些观念受到家庭因素、教育因素、个性特点和生活经验的长期影响而形成。因此，要想融合两种不同的金钱观，并不像人们想象的那样简单，值得注意的是，夫妻之间在理财方面意见的分歧，常常是婚姻危机的先兆。

2. 共享财产

把工资合在一起可使你们的境况变好，但假定你想有一些私房钱，可以维持小额的存款在自己独立的银行账户中，并保有某一限度的金额，不用向配偶报告每一分钱的用途。这种方法是这样运作的：开一个"他的"、"她的"、"我们的"账户，把你们大多数的工资存入"我们的账户"，以支付每月支付的款项；余下的部分存入个人的小账户以应付个人的花费。

3. 明智地对待意外收入

因中奖得到一笔奖金，你们不应该把所有的钱都用于让你们感兴趣的事情上，而应该当成正常的收入来合理使用。对自己的消费习惯要学会妥协与调整。绝大多数夫妇对待他们关于金钱的困惑的办法是什么也不做，而这是所犯的最严重的错误。这意味着你既没有让你的钱尽量为你服务也没有对未来有所计划。没有对或错的理财方式，只有适合不适合的问题。

4. 夫妇一起规划理财目标

夫妻双方按各自的收入，如70%提交生活支出，余下的供本人自由支配，这样做能够根据各人的收入状况来分担家庭开支。

第二篇

金融投资
——把握最有效的金融投资工具

第一章
储蓄：严守金库，做个会存钱的女人

如果你不会赚大钱，那至少要会存钱

我们都明白这样一个道理，存钱无疑就只是在积攒"小钱"。但只要努力地赚钱并储蓄，小钱也能变大钱，从而能投资更多的金融商品，赚更多的钱。在把小钱用在储蓄的期间，应该对"我也能存钱"有自信，慢慢了解金融方面的知识和技巧，这才是比赚钱还重要的，对自己的未来也会有基本的保障。

当然，"知己知彼，百战不殆"，要存钱还得先了解银行储蓄的相关知识。

一般来讲，储蓄的金额应为收入减去支出后的预留金额。在每个月发薪的时候，就应先算好下个月的固定开支，除了预留一部分"可能的支出"外，剩下的钱可以零存整取的方式存入银行。零存整取即每个月在银行存一个固定的金额，一年或两年后，银行会将本金及利息结算，这类储蓄的利率要高得多。将一笔钱定存一段时间后，再连本带利一起领回是整存整取。与零存整取一样，整存整取也是一种利率较高的储蓄方式。

也许有人会认为，银行的利率关系不大，其实不然。在财富积累的过程中，储蓄的利率高低也很重要。当我们放假时，银行也一样在算利息，

所以不要小看这些利息，一年下来也会令你有一笔可观的收入。

具体操作上，对于女性朋友而言，可以参考以下方案。

1. 少用活期存款储蓄

日常生活费用，需随存随取的，可选择活期储蓄，活期储蓄犹如你的钱包，可应付日常生活零星开支，适应性强，但利息很低。所以应尽量减少活期存款。由于活期存款利率低，所以当活期账户结余了较为大笔的存款，应及时转为定期存款。

2. 定期储蓄选长期，获利相对较高

50元起存，存期分为三个月、半年、一年、两年、三年和五年6个档次。本金一次存入，银行发给存单，凭存单支取利息。在开户或到期之前可向银行申请办理自动转存或约定转存业务。存单未到期提前支取的，按活期存款计息。

定期存款适用于生活节余的较长时间不需动用的款项。在高利率时期，存期要就"中"，即将五年期的存款分解为一年期和两年期，然后滚动轮番存储，如此则可以利生利，而收益效果最好。在如今的低利率时期，存期要就"长"，能存五年的就不要分段存取，因为低利率情况下的储蓄收益特征是"存期越长、利率越高、收益越多"。

3. 选择阶梯存储法

女性储蓄理财，要讲究搭配，如果把钱存成一笔存单，一旦利率上调，就会丧失获取高利息的机会，如果把存单存成一年期，利息又太少。为弥补这些做法的不足，不妨试试"阶梯储蓄法"，此种方法流动性强，又可获取高息。

例如，假定你手中持有5万元，你可分别用1万元开设1个一年期存单，用1万元开设1个两年期存单，用1万元开设1个三年期存单，用1万元开设1个四年期存单（即三年期加一年期），用1万元开设1个五年期存单。1年后，你就可以用到期的1万元，再去开设1个五年期存单，以后每年如此，5年后手中所持有的存单全部为五年期，只是每个1万元存单的到期年限不同，依次相差1年。这种储蓄方法使等量保持平衡，既可以跟上利率调整，又能获取五年期存款的高利息，也是一种中长期投资。

此外，还要注意巧用自动转存（约定转存）、部分提前支取（只限

一次）、存单质押贷款等理财手段，避免利息损失或亲自跑银行转存的麻烦。

4. 也可试试"利滚利"

所谓"利滚利"存储法又称"驴滚"存储法，即是存本取息储蓄和零存整取储蓄有机结合的一种储蓄方法。此种储蓄方法，只要长期坚持，便会带来丰厚的回报。假如你现在有5万元，你可以先考虑把它存成存本取息储蓄，在一个月后，取出存本取息储蓄的第一个月的利息，再用这第一个月的利息开设一个零存整取储蓄户，以后每月把利息取出来后，存入零存整取储蓄户，这样不仅存本取息储蓄得到了利息，而且利息在参加零存整取储蓄后又获得了利息。

让银行卡助"理"一臂之力

目前，我国银行卡品牌已达数十种，为女性理财者提供了更多便捷的理财途径，下面就如何使用银行卡进行理财做一个较为全面的介绍。

1. 巧用银行卡积分打折

现在，各家银行为了应对日趋激烈的市场竞争，纷纷推出一些吸引银行卡客户的优惠举措：免收年费、办卡抽奖、送小纪念品，等等。当然，最实惠、最吸引的还应当是积分奖励，因为卡内的积分按规定可以返还现金、获取超市购物券和手机充值卡等实惠馈赠。

一般情况下，持卡人刷卡消费，每消费1元积1个消费积分；每消费1次积1个消费次数积分，消费次数积分不计消费金额大小，只计算次数；银行卡项下的存款一般按月日均存款每100元每月积1个存款积分计算。各种积分积累到一定程度，就可以按照银行的规定兑换相应的奖品或减免业务手续费以及享受贷款利率优惠待遇。

银行卡的消费积分可兑换相应价值的奖品，消费积分的兑换，银行一

般不单独通知，这就要求持卡人关注发卡银行的积分兑换公告，或者通过登录银行网站、拨打银行服务热线等方式进行查询。

2. 巧用信用卡降低消费成本

在目前各家银行的"信用卡大战"中，礼品回馈和商户优惠仍是一大卖点，而巧妙利用这些优惠，可以省下不少消费成本。

不过，由于各家银行推出的信用卡都有不同的年费政策，用户手中持有的信用卡不应在多，以避免因为持有"休眠"卡而徒增年费，最好是根据自身的消费习惯和需求出发，选择适合自己的信用卡。

3. 让信用卡帮你"付息、生钱"

目前，很多银行先后开办此项业务，刚开始，可分期付款的产品主要集中在品牌电脑、家用电器等大件商品上。银行会定期公布分期付款商品名录，同时限定持卡人在一定时间内申请认购有关商品。

另外，信用卡长达50天的免息期对并非缺钱的持卡人，也可利用信用卡享受理财机会。比如，在免息还款期内先花银行的钱，自己的存款享受更多利息或做其他投资，比如购买一些银行以周或月为投资周期的短期理财产品。需要记住的是，在账单日的第二天消费能享受最长的免息期。

4. 银行卡助"理"有新招

（1）巧用异地无卡续存。为了吸收存款，部分银行对某些银行卡品种的异地存款免收手续费，比如工行的牡丹信用卡等，灵活利用好这一政策可以达到免费汇款的目的。如果有个人汇款、生意往来等资金转移需求，你可以和收款人都办一张这种异地存款免费的银行卡，使用频率不高也可以借用亲戚朋友的，你向对方汇款的时候，凭对方的卡号可以在当地同系统银行办理异地无卡续存业务，资金可以即时到账；如果对方给你汇款，对方也可以采用这一办法。这种"汇款"方式无论汇多少次、汇多大金额都是免费的，对那些经常给亲属汇款或生意资金往来频繁的人来说最适合不过。

（2）避免小额账户收费。很多人习惯将银行卡中的钱攒到一定金额后再转存定期存单，其实目前多数银行都开通了银行卡存款自动转存定期的功能，只要和银行签订自动理财协议，银行卡中的钱达到一定金额便可自动转存为定期，当你因取款或消费发生余额不足时，银行电脑会自动支取一笔损失最小的定期存款。这样不但能提高银行卡资金的收益，而且各家银行即将开始对小额账户收费，自动转存的定期存款也算在银行卡的项下，从而可以避免因银行卡日均余额达不到要求而被收取小额管理费。

（3）巧选银行也能省钱。各银行由于经营方式、规模等不同，对银行卡的相关收费标准也不尽相同，比如，银行卡年费有的银行收，有的则不收；异地取款有的银行按1％收费，有的则完全免费；另外用银行卡汇款的手续费标准也有很大差距，有的最高收50元，有的最高仅10元。所以，广大持卡人应根据自己的情况和银行网点的布局情况，综合衡量，从中选一家相对更方便实惠的银行卡。

（4）特惠商户享受打折。银行卡费除了刷卡消费，避免支付现金的好处外，各家银行还与众多商家达成了特惠商户协议，持有银行卡在指定的商户刷卡消费，大到购买家具家电，小到美容美发，都可以享受打折优惠，特别是目前银行推出的各种女人卡、联名卡等专用消费卡，更是可以享受较大幅度的折扣优惠。另外，中信银行等金融机构还规定，持贷记卡刷卡购买指定航空公司的机票，除享受机票折扣外还可以获赠40万元的航空意外险，这样又可省下购买保险的开支，可谓一举两得。

（5）网上银行节省挂失费。当前各家银行对银行卡和存折的挂失都要收费，利用网上银行可以省去挂失开支。首先办理银行卡后应尽量开通免费的网上银行，然后把自己的活期存折、定期存单以及其他银行卡全部挂到这张银行卡下，这样除了便于资金管理之外，此后无论是银行卡、活期存折还是定期存单丢失和忘记密码，都不用去银行挂失，在需要转出的时候，直接通过网上银行把相关账户上的钱全部转到自己的其他账户中就可以了，有点像三十六计中的"金蝉脱壳"。

（6）节省跨行取款费。目前，多数银行对跨行取款要收取一笔2元的手续费，为了节省此项开支，应尽量选择网点和ATM数量较多的银行，这样可以减少跨行取款的机会，节省开支。另外，部分股份制银行规定对每月的前三笔跨行取款是免费的，跨行取款次数如果不是很多的持卡人，也可以选择这种银行卡，不但能节省跨行取款的开支，还可以在所有加入银联组织的任何ATM上取款，增加选择性和方便性。

网上理财，网住你的财富

随着科技不断进步和人们金融理财意识的逐步增强，如今，网上银行、网上投保、网上炒股等"时尚"理财法也开始融入百姓的日常生活。不过，尽管网上理财方式繁多，但要真正做到足不出户、轻点鼠标就能理好财，亦得动点脑筋。

单位派梅梅到上海参加一个为期一个月的业务培训班。财务科给梅梅开出了2万元的学费、差旅费等费用。对于如何携带这笔不大不小的钱着实让她犯愁了，直接带现金肯定不安全，这时同事给她出主意，让她把钱存到银行卡上。梅梅说，这个办法地球人都知道——但异地取款要收1%的手续费，陆续取2万元要花掉200元，这笔费用总是感觉很浪费了。

后来，梅梅想起了前段时间开通的某银行网上银行。当时听银行工作人员介绍，其网上银行正处于推广期，网上自助汇款免费。于是，梅梅突发一个省钱的灵感：何不到上海后开个活期存折，然后自己通过网上银行把钱汇到这个存折里，岂不是既安全又省钱？

于是，她便将2万元全部存到了自己开设网上银行的存折里，然后就两手空空地上路了。到上海后她找到了一家和她网上银行属同系统的储蓄所。从填写凭条，到她拿到存折和配套的借记卡，只用了3分钟的时间。然后，她又一头扎进培训机构附近的一家网吧，登录网上银行，点击汇款业务，输入她在单位办理的存折账号和收款人，点击确认，电脑提示"汇款已成功"。她赶紧退出了网上银行，并将一些上网记录全部清除。

梅梅出来找到一台自动柜员机一查，2万元已经到了新银行卡中。

这回终于放心了，这样梅梅在上海的自动柜员机上取款就不用再考虑手续费的问题了。到了学习结束的时候，这2万元花完了，把那张上海的银行卡销户，还得了几块钱利息。

俗话说："吃不穷，穿不穷，算计不到要受穷。"通过网上汇款的功能，让梅梅省下了异地存取款的费用，由此看来网上银行对上班族真是一个不错的选择，既安全，又方便，还能为自己省钱，真可谓是网上理财，网住你的财富。

而且，时下网上理财已经成为年轻人的新宠，这主要是由于网上理财交易费用低、操作便利、可更全面地获得信息。但对日益庞大的网上银行用户来说，他们对网上银行缺乏必要的防范常识，风险意识相对较弱。在此提醒大家，网上银行的账号和密码就如同存折，账号密码泄露就等于存折丢失。所以，网上银行用户要注意防范，看牢自己的网上"存折"。

1. 选择具有安全数字证书的网上银行

在当前网上银行操作界面的设计上，有的银行优先考虑客户操作的方便性，有的则优先考虑网上银行的安全性。比如，有的网上银行登录时必须使用数字安全证书，这种证书采用了一些防止窃取账户信息的安全措施，虽然申请和使用网上银行时麻烦一些，但能较好地保证账户资金的安全，所以客户应尽量选择具备安全证书的网上银行。同时，要注意避免在公共场所下载、安装、使用个人证书，若需在他人电脑上安装和使用证书，应注意及时删除证书程序和相关信息。

2. 避免从不明网站下载软件

木马属于一种特殊的病毒，往往是在用户下载软件、打开邮件或浏览网页时侵入用户的电脑，因此，下载软件时应当到知名专业软件网站或比较规范的网站下载；使用网上银行的电脑要安装防火墙和杀毒软件，确保即时监控和随时杀毒；尽量不打开来路不明的电子邮件；更不要浏览一些带链接的不规范网站。

3. 密码要真正体现保密

设置网上银行的登录密码和交易密码应采用数字加字母或符号的方式，尽量不用完全是数字密码。登录密码和支付密码也不能相同，这样

万一登录密码被窃，因为不知道支付密码，登录人只能办理账户查询等一般业务，无法划转账户资金。另外，还要注意定期修改密码，一般情况下，每月更改一次密码会增加网上交易的安全系数；网上银行使用完毕后，一定要注意点击"退出交易"选项，从而清除计算机中暂存的会话密码，保障账户资金的安全。

4. 养成定期对账的习惯

有些人对自己的账户疏于管理，有时账户上少了钱，几个月以后才发现，有的甚至始终察觉不到。所以使用网上银行要养成定期对账的习惯，对于转账和支付业务要随时做好记录，定期查看各种交易明细。另外，现在许多银行开通了"短信银行"业务，客户申请此项服务后，银行会按照客户要求，定期将网上银行的账户资金情况，通过手机短信告知客户，以便及时发现各种账务问题。同时，每次登录网上银行后，都要留意"上一次登录时间"的提示，查看最近的登录时间，从而确定网上银行账户是否被非法登录过。如果发现账户被非法登录或资金被盗用，要及时通过银行服务电话对注册卡及注册卡下所挂账户进行临时挂失，并尽快到营业网点办理书面挂失手续或报案，以最大限度地挽回经济损失。

巧用银行卡

如今持卡族越来越多，如果仅仅把银行卡当作是存取款的工具，那简直是太"冤枉"它们了。其实从普通的借记卡到可以"先消费，后还款"的信用卡，都各具特色，若使用得当，不仅可以享受多多便捷，还可以帮持卡人省钱，实现个人理财的目的，充分享受现代"卡式"生活。

1. 缴费功能

也许您曾经有过这样的经历：烈日炎炎跑到银行或电信公司的营业大厅，却等了半个小时才交上手机费；为了给远方的亲人存些钱，跑到银行却发现拿号机已经排到了200多号。其实，如果您手中有一张银行卡，有很多业务通过自助银行或者网上银行就可以解决了。

随着各家银行的技术改善，自助缴费已经成为银行卡的基本功能之一。目前，各大银行均已开通了代缴费业务。招商银行、华夏银行等发行的银行卡，还可以登录银行的网站缴纳手机费、电话费以及电费；等等。持卡人只需登录后将自己的银行卡卡号和密码填入相应位置，然后正确输入身份证号码，就可以进行代缴费业务了。

此外，工行和招行的自助银行最近还新添了专门用来缴纳电费的转账机，您只需携带电卡和银行卡到自助银行，24小时随时都可以买电了。而农业银行的金穗卡更是包揽了北京市的缴纳车船使用税业务。

2. 消费、打折、中奖功能

随着16家发卡银行发卡数量的不断上升，越来越多的人开始习惯于刷卡消费了。刷卡消费不仅避免了现金被盗和银行卡取现的麻烦，而且还可以享受到更多的折扣和奖品。

目前，有些地方政府划出了专项补贴，在税收和手续费收取标准上予以优惠，用来刺激北京地区的刷卡消费，加速银行卡的应用和发展。例如北京就推出一项政策，在今后的两年，持银行卡消费的持卡人将有可能获得不同档次的奖金或奖品，最高奖品为索纳塔轿车的5年使用权。

此外，华夏银行即将推出的丽人卡、中国银行发行的SOGO消费信贷卡以及中信实业银行推出的中信一中友联名卡等还可以享受特约商户所提供的优惠折扣和积分奖励。

随着银行卡刷卡消费的普及，北京地区也会有越来越多的商户安装POS机，为持卡人带来便利。

3. 转账功能

中国民生银行、中信实业银行和北京市商业银行近日正式在北京地区开通了银行卡跨行转账业务。三家银行的持卡人可以实现不同户名或同一户名的不同账户之间的资金划转，省去了来回存现和取现的麻烦。持卡人到这三家银行的自助银行ATM机上即可享受24小时的转账服务。

另外，炒股或炒汇的持卡人还可以到银行开通资金划转业务，实现同一账户内资金的自由划转。

4. 纳税功能

在企业众多、分布分散的情况下，如何加强税收征管、提高征税准备效率，长期以来一直是银税部门共同关心的焦点。尤其是对布点多、金额小的个体工商户的税款征收更是银企一方最为头痛的难题。在一些城市，银行与当地税务部门联合开发了银行卡税务征管系统。税务机构将纳税人的纳税档案通过网络传至银行后，纳税人即可到银行指定网点领取银税卡并开立纳税账户，于每月纳税前在纳税账户存入足够的存款，在指定的银行网点办理申报和纳税手续，还可携带银税卡前往税务局征税大厅办理购领发票。

另外，有的银行还发行了有智能理财功能的银行卡。你持有了它就等于免费聘请了一位专业理财顾问，它可以根据你的资金使用规律，为你设计最优的多存期存款组合方案。根据你的资金使用情况，将资金在活期与各种定期之间合理分配，使你的活期存款保持最低：可以将多余的活期存款转存为定期，以获取更多的利息收入；也可以在必要时将定期存款进行部分提前支取，以满足您的资金使用需求。

5. 特殊功能

银行卡作为一种电子货币，已经渗入了人们生活的方方面面。除了以上几种银行卡的基本功能以外，银行卡还具有电子汇款、拨打长途电话、购买福利彩票以及个人自助贷款等各种各样的功能。有的银行卡还为开车的人带来了方便，咪表泊车自动刷卡、高速公路开车过站免停车自动收取路桥通行费、在特约加油站享受油价优惠、保险理赔、卫星定位、自驾车旅游等多种优惠服务，真是"一卡在手，开车无忧"。

信用卡透支技巧

贷记卡就是消费者可以在规定的信用限额内先消费、后还款的信用卡。贷记卡作为国际上普遍推行的银行卡，有其自身的优势和魅力，并且在使用上也有些小窍门。

不同类型的银行卡是为不同消费需求的客户设计的。一般来说，还未工作的学生适用借记卡，有一定经济基础且外出工作频繁的商务人士适用贷记卡。贷记卡作为国际上普遍推行的银行卡，有其自身的优势和无穷魅力，并且在使用上也有些小窍门，灵活使用这些窍门，就能使您获得最大的效益。

1. 用足免息期

免息期是指贷款日至到期还款日之间的时间。因为客户刷卡消费的时间有先后，所以所享有的免息期长短不同。以牡丹卡为例，其银行记账日为每月1日，实际免息期为25天，所以到期日为每月25日。也就是说，如果您是1月31日刷的卡，那么到2月25日为止，您享有25天免息期；但如果您是1月1日刷的卡，那么同样到2月25日，您将享有最长56天的免息期。

2. 使用好贷记卡的循环额度

当您透支了一定数额的款项，而又无法在免息期内全部还清时，您还可以先根据您所借的数额，缴付最低还款额，最后您又能够重新使用授信额度。不过，透支部分要缴纳透支利息，以每天万分之五计息，看起来是一个很小的数字，但累积起来也可能要比贷款的成本还要高，所以也请您合理使用您的透支权利。

3. 获取较高的授信额度

贷记卡的透支功能相当于信用消费贷款。授信额度大约相当于5个月的工资收入。但如果您想申请更高的授信额度，要提供有关的资产证明，如，房产证明、股票持有证明以及银行存款证明等，这可以提高您的信用额度。值得注意的是，银行对工作稳定、学历较高的客户似乎更为偏爱，授信额度也相对较高。

4. 假如你同时拥有借记卡和贷记卡

你可以先用银行的钱在国内和国外消费，而把自己的钱存在银行里继续生息，只要在免息内把银行的钱还上，就不用支付借款利息，自己的存款还可以"钱生钱"赚取银行的利息。现在很多银行发行的贷记卡都有积分返利活动，持有贷记卡的人在活动期间消费，当积分累计到一定量之

第二篇 金融投资——把握最有效的金融投资工具
第一章 储蓄：严守金库，做个会存钱的女人

后，就能获得各种奖励。

也有的人比较关心信用卡的还款方式及贷款的利息问题。以招商银行信用卡为例，有多达7种的还款方式选择：柜台网点、ATM、电话银行、"一网通"、自助存款机以及跨行同城转账和异地汇款、委托银行自动扣款，相信总有一款是适合你的。

许多人以为贷记卡可以很方便地在ATM机上取现金，其实这种想法是不正确的。贷记卡主要针对消费范围，如果你只是想支取现金实在很不划算，以招行为例，使用贷记卡支取现金要支付3%的手续费，过了免息期后再加上每天万分之五的利息，这的确是要付出很大代价，消费者还得慎重考虑。

储蓄风险，不得不防

把钱存入银行应该是最安全的，在很多人的心目中储蓄一直是最为稳健的理财方式。但理财专家认为安全不等于就没有风险，只不过储蓄风险和其他的投资风险有所不同。通常而言，投资风险是指不能获得预期的投资报酬以及投资的资本发生损失的可能性。而储蓄风险是指不能获得预期的储蓄利息收入，或由于通货膨胀而引起的储蓄本金的损失。

预期的利息收益发生损失主要是由于以下两种原因所引起。

1. 存款提前支取

根据目前的储蓄条例规定，存款若提前支取，利息只能按支取日挂牌的活期存款利率支付。这样，存款人若提前支取未到期的定期存款，就会损失一笔利息收入。存款额愈大，提前支取存款所导致的利息损失也就愈大。

2. 存款种类选错导致存款利息减少

储户在选择存款种类时应根据自己的具体情况作出正确的抉择。如选择不当，也会引起不必要的损失。例如有许多储户为图方便，将大量资金存入活期存款账户或信用卡账户，尤其是目前许多企业都委托银行代发工资，银行接受委托后会定期将工资从委托企业的存款账户转入该企业员工的信用卡账户，持卡人随用随取，既可以提现金，又可以持卡购物，非常方便。但活期存款和信用卡账户的存款都是按活期存款利率计息，利率很低。而很多储户把钱存在活期存折或信用卡里，一存就是几个月、半年，甚至更长时间，个中利息损失可见一斑。过去有许多储户喜欢存定活两便储蓄，认为其既有活期储蓄随时可取的便利，又可享受定期储蓄的较高利息。但根据现行规定，定活两便储蓄利率按同档次的整存整取定期储蓄存款利率打6折，所以从多获利息角度考虑，宜尽量选整存整取定期储蓄。

存款本金的损失，主要是在通货膨胀严重的情况下，如存款利率低于通货膨胀率，即会出现负利率，存款的实际收益≤0，此时若无保值贴补，存款的本金就会发生损失。

由此可见，其实储蓄也是存在风险的。人们之所以缺乏存款的风险意识，这与我国金融市场的长期稳定和繁荣密不可分，在现实生活中，人们遇到的存款风险是极为少见的。但是现在，为了保障你的收益和财产安全，你有必要做好储蓄风险的防范。

（1）如无特殊需要或有把握的高收益投资机会，不要轻易将已存入银行一段时间的定期存款随意取出。因为，即使在物价上涨较快、银行存款利率低于物价上涨率而出现负利率的时候，银行存款还是按票面利率计算利息的。如果不存银行，也不买国债或别的投资，现金放在家里，那么损失将更大。

（2）若存入定期存款一段时间后，遇到比定期存款收益更高的投资机会，如国债或其他债券的发行等，储户可将继续持有定期存款与取出存款改作其他投资两者之间的实际收益作一番计算比较，从中选取总体收益较高的投资方式。如果3年期凭证式国债发行时，因该国债的利率高于5年期银行存款的利率，我们就应该取出原已存入银行的3年或5年的定期存款，去购买3年期的国债。对于不足半年的储户来说，这样做的结果是收益大于损失。但对于那些定期存单即将到期的储户来说，用提前支取的存

款来购买国债，损失将大于收益，这一点很容易计算得出。

（3）在市场利率水平较低，或利率有可能调高的情况下，对于已到期的存款，可选择其他收益率较高的方式进行投资，也可选择期限较短的储蓄品种继续转存，以等待更好的投资机会，或等存款利率上调后，再将到期的短期定期存款，改为期限较长的储蓄品种。

（4）在利率水平较高或当期利率水平可能高于未来利率水平，即利率水平可能下调的情况下，对于不具备灵活投资时间的人来说，继续转存定期储蓄是较为理想的。因为，在利率水平较高、利率可能下调的情况下，存入较长期限的定期存款意味着可获得较高的利息收入，利息收入是按存入日的利率计算的，在利率调低前存入的定期存款，在整个存期内都是按原存入日的利率水平计付利息的，可获得的利息收入就较高。

在利率水平较高、利率有可能调低的情况下，金融市场上有价证券，如股票、国债、企业债券等往往处于价格较低、收益率相对较高的水平，如果利率下调，将会进一步推动股票、债券价格的上升。因此，在利率可能下调的条件下，对于具有一定投资经验，并能灵活掌握投资时间的投资者，也可将已到期的存款取出，有选择地购买一些债券和股票，待利率下调，股票和债券的价格上升后再抛出，可获得更高的投资收益。当然，利率下调并不意味着所有有价证券都会同步同幅地上升，其中有些证券升幅较大，有些升幅较小，甚至可能不升，我们应认真分析选择。

（5）对于已到期的定期存款，应对利率水平及利率走势、存款的利息收益率与其他投资方式收益率进行比较，还要把储蓄存款与其他投资方式在安全、便利、灵活性等各方面情况进行综合比较，结合每个人的实际情况进行重新选择。

第二章
债券：投资债券，让你风险无忧

债券，家庭投资的首选

顾名思义，债券是一种有价证券，是社会各类经济主体为筹集资金而向债券投资者出具的并且承诺按一定利率支付利息和到期偿还的债权债务凭证。其实，你可以将债券简单地理解为一种贷款协议，就是债券持有人将钱借给债券发行机构，除了到期后可以取回本金，其间持有人也将会得到利息。就像平时别人向我们借钱时必须要出示措据一样，上面要注明借款人、借款数量、还款数量、还款日期、计息方式等内容。只不过债券的借款人是国家、金融机构、企业等大型单位，而且它要比一般的借据要正规，是接受法律法规的制约的。

与股票投资相比，债券投资具有风险低、收益稳定、利息免税、回购方便等特点，使债券投资工具受到机构和个人投资者的喜爱。相应地，投资相对稳健的债券基金也成了投资者的投资首选。

2007年以来，股市的震荡给股民们上了一堂生动的风险教育课，不少人开始考虑将前期投到股市里的资金分流出来投入到更为安全的领域，于是国债销售又重温了久违的火暴场面。

国债的收益率一般高于银行存款，而且又有国家信用作担保，可以说

是零风险投资品种。如果是规避风险的稳健型投资者，购买国债是一个不错的选择。即使是积极型投资者，也应当考虑在理财篮子中适当配置类似的产品。

除了国债，企业债也是稳妥理财的优选品种。能在交易所交易的可转债，一直是机构投资者钟爱的品种。个人如果想要投资，不妨考虑通过购买可转债基金间接分享其中的收益，这样可以让专业机构代你去分析和把握瞬息万变的市场波动，又坐享其成地收获稳健回报。

当然，欲投资国债当然首先要对国债门类有所了解。现在，随着社会经济的发展，债券融资方式日益丰富，范围不断扩展。为满足不同的融资需要，并更好地吸引投资者，债券发行者在债券的形式上不断创新，新的债券品种层出不穷。如今，债券已经发展成为一个庞大的"家族"。

我们投资债券，首先必须深入了解债券，了解各种债券的类型、性质和特征，然后才能根据自己投资的金额和目的正确地选择债券。

（1）债券按是否有财产担保可以分为抵押债券和信用债券。抵押债券是以企业财产作为担保的债券，按抵押品的不同又可以分为一般抵押债券、不动产抵押债券、动产抵押债券和证券信用抵押债券。抵押债券可以分为封闭式和开放式两种。封闭式债券发行额会受到限制，即不能超过其抵押资产的价值；开放式债券发行额不受限制。抵押债券的价值取决于担保资产的价值。抵押品的价值一般超过它所提供担保债券价值的25％~35％。

信用债券是不以任何公司财产作为担保，完全凭信用发行的债券。其持有人只对公司的非抵押资产具有追索权，企业的赢利能力是这些债券投资人的主要担保。因为信用债券没有财产担保，所以在债券契约中都要加入保护性条款，如不能将资产抵押其他债权人、不能兼并其他企业、未经债权人同意不能出售资产、不能发行其他长期债券等。

（2）债券按是否能转换为公司股票，分为可转换债券和不可转换债券。可转换债券是在特定时期内可以按某一固定的比例转换成普通股的债券，由于可转换债券赋予债券持有人将来成为公司股东的权利，因此其利率通常低于不可转换债券。若将来转换成功，在转换前发行企业达到了低成本筹资的目的，转换后又可节省股票的发行成本。根据《公司法》的规定，发行可转换债券应由国务院证券管理部门批准，发行公司应同时具备发行公司债券和发行股票的条件。

不可转换债券是指不能转换为普通股的债券，又称为普通债券。由于其没有赋予债券持有人将来成为公司股东的权利，所以利率一般高于可转换债券。

（3）债券按利率是否固定，分为固定利率债券和浮动利率债券。固定利率债券是将利率印在票面上并按其向债券持有人支付利息的债券。该利率不随市场利率的变化而调整，因而固定利率债券可以较好地抵制通货紧缩风险。

浮动利率债券的利率是随市场利率变动而调整的利率。因为浮动利率债券的利率同当前市场利率挂钩，而当前市场利率又考虑到了通货膨胀率的影响，所以浮动利率债券可以较好地抵制通货膨胀风险。

（4）债券按是否能够提前偿还，分为可赎回债券和不可赎回债券。可赎回债券是指在债券到期前，发行人可以以事先约定的赎回价格收回的债券。公司发行可赎回债券主要是考虑到公司未来的投资机会和回避利率风险等问题，以增加公司资本结构调整的灵活性。发行可赎回债券最关键的问题是赎回期限和赎回价格的制定。

不可赎回债券是指不能在债券到期前收回的债券。

（5）债券按偿还方式不同，分为一次到期债券和分期到期债券。一次到期债券是发行公司于债券到期日一次偿还全部债券本金的债券，分期到期债券是指在债券发行的当时就规定有不同到期日的债券，即分批偿还本金的债券。分期到期债券可以减轻发行公司集中还本的财务负担。

（6）按债券可流通与否，分为可流通债券和不可流通债券，或者上市债券或非上市债券等。发行结束后可在深、沪证券交易所，即二级市场上上市流通转让的债券为上市债券，包括上市国债、上市企业债券和上市可转换债券等。上市债券的流通性好，变现容易，适合于需随时变现的闲置资金的投资需要。

（7）按债券发行主体不同，可分为国债、金融债和企业债等。国债也叫国债券，是中央政府根据信用原则，以承担还本付息责任为前提而筹

措资金的债务凭证。金融债券是由银行和非银行金融机构发行的债券，金融债券现在大多是政策性银行发行与承销，如国家开发银行，通常不是为个人投资的。企业债就是企业债券，是公司依照法定程序发行、约定在一定期限还本付息的有价证券，通常泛指企业发行的债券。

债券的特征和基本构成要素

1. 债券的特征

从投资者的角度看，作为一种重要的融资手段和金融工具，债券具有以下4个特征：偿还性、流动性、安全性、收益性。

（1）偿还性。债券一般都规定有偿还期限，发行人必须按约定条件偿还本金并支付利息。

（2）流动性。债券的流动性是指债券在偿还期限到来之前，可以在证券市场上自由流通和转让。一般来说，如果一种债券在持有期内不能够转化为货币，或者转化为货币需要较大的成本（如交易成本或者资本损失），这种债券的流动性就比较差。一般而言，债券的流动性与发行者的信誉和债券的期限紧密相关。

由于债券具有这一性质，保证了投资者持有债券与持有现款或将钱存入银行几乎没有什么区别。而且，目前几乎所有的证券营业部门或银行部门都开设债券买卖业务，且收取的各种费用都相应较低，方便债券的交易，增强了流动性。

（3）安全性。债券的安全性主要表现在以下两个方面：一是债券利息事先确定，即使是浮动利率债券，一般也有一个预定的最低利率界限，以保证投资者在市场利率波动时免受损失；二是投资的本金在债券到期后可以收回。

虽然如此，债券也有信用风险及市场风险。

信用风险或称不履行债务的风险，是指债券的发行人不能充分和按时支付利息或偿付本金的风险，这种风险主要取决于发行者的资信程度。信用等级高，信用风险就小。信用风险对于每一个投资者来说都是存在的。一般来说，政府的资信程度最高，其次为金融公司和企业。

市场风险是指债券的市场价格随资本市场的利率上涨而下跌。当利率下跌时，债券的市场价格便上涨；而当利率上升时，债券的市场价格就下跌。债券的有效期越长，债券价格受市场利率波动的影响就越大。随着债券到期日的临近，债券的价格便趋于债券的票面价值。

（4）收益性。债券的收益性主要体现在两个方面：一是投资债券可以给投资者定期或不定期地带来利息收入；二是投资者可以利用债券价格的变动，买卖债券赚取差额。但主要体现为利息。

因债券的风险比银行存款要大，所以债券的利率也比银行高。如果债券到期能按时偿付，购买债券就可以获得固定的、一般是高于同期银行存款利率的利息收入。

债券的偿还性、流动性、安全性与收益性之间存在着一定的矛盾。一般来讲，一种债券难以同时满足上述的4个特征。如果债券的流动性强，安全性就强，人们便会争相购买，于是该种债券的价格就上升，收益率下降；反之，如果某种债券的流动性差，安全性低，那么购买的人就少，债券的价格就低，其收益率就高。对于投资者来说，可以根据自己的财务状况和投资目的来对债券进行合理的选择与组合。

2. 债券的基本要素

（1）票面价值。债券的票面价值包括票面货币币种和票面金额两个因素。

债券票面价值的币种即债券以何种货币作为计量单位，要依据债券的发行对象和实际需要来确定。若发行对象是国内的有关经济实体，可以选择本币作为债券价值的计量单位；若发行对象是国外的有关经济实体，可以选择发行地国家的货币或者国际通用货币作为债券价值的计量单位。

债券的票面金额要依据债券的发行成本、发行数额和持有者的分布来确定。

（2）偿还期限。偿还期限是指债券发行之日起到偿还本息之日的时间。一般可以分为三类：偿还期限在一年以内的是短期债券；偿还期限在一年以内十年以下的是中期债券；偿还期限在十年以上的是长期债券。

债券期限的长短主要取决于债务人对资金的需求、利率变化趋势、证券交易市场的发达程度等因素。

（3）票面利率。票面利率是指债券的利息与债券票面的比率，它会直接影响发行人的筹资成本。

影响债券利率高低的因素主要有银行利率、发行者的资信状况、债券的偿还期限以及资本市场资金的供求状况。

（4）付息方式。付息方式分为一次性付息与分期付息两大类。一次性付息有三种形式：单利计息、复利计息、贴现计息。分期付息一般采取按年付息、半年付息和按季付息三种方式。

（5）债券价格。债券价格包括发行价格和交易价格两种。

债券的发行价格是指债券发行时确定的价格，可能不同于债券的票面金额。当债券的发行价格高于票面金额时，称为溢价发行；当债券的价格低于票面金额时，称为折价发行；当两者相等时，称为平价发行。选择何种方式取决于二级市场的交易价格以及市场的利率水平等。

债券的交易价格是指债券离开发行市场进入交易市场时采用的价格，由利率以及二级市场上的供求关系来决定，通常与票面价值是不同的。

（6）偿还方式。偿还方式分为期满后偿还和期中偿还两种。主要方式有：选择性购回，即有效期内，按约定价格将债券回售给发行人。定期偿还，即债券发行一段时间后，每隔半年或者一年，定期偿还一定金额，期满时还清剩余部分。

（7）信用评级。信用评级即测定因债券发行人不履约，而造成债券本息不能偿还的可能性。其目的是把债券的可靠程度公诸投资者，以保护投资者的利益。

三招把债券炒"活"

随着股市风险的不断积聚，债券投资在投资者眼里的位置显得重要起来。面对一个新债券品种，当初的选股经验已全派不上用场，那么投资者要考虑哪些方面呢？

1. 提高流通性

很多债券投资者认为，债券投资就是在债券发行的时候买进债券然后持有到期拿回本金和利息。这样就忽略了债券的流通性，而仅仅考虑了债券的收益性和安全性。

债券的流通性就是能否方便地变现，即提前拿回本金和一些利息，这是债券非常重要的一个特性。很多的债券由于没有良好的流通渠道，所以流通性极差。债券的流通性与安全性和收益性是紧密相关的。良好的流通性能够使得投资者有机会提前变现回避可能的风险，也可以使投资者能够把投资收益提前落袋为安。良好的流通性可以使得投资者能够不承担太高的机会成本，可以中途更换更理想的债券品种以获得更高的收益，如果能够成功地实现短期组合成长期的策略，中途能够拿回利息再购买债券就变相达到了复利效应。所以，债的流通性是与安全性和收益性一样值得考虑的特性。

要提高债券的流通性，就必须有相应的交易市场。目前国内的三大债券市场是银行柜台市场、银行间市场和交易所市场，前两者都是场外市场而后者是利用两大证券交易所系统的场内市场。银行柜台市场成交不活跃，而银行间债券市场是个人投资者几乎无法参与的，所以都跟老百姓的直接关联程度不大。交易所市场既可以开展债券大宗交易，同时也是普通投资者可以方便参与的债券市场，交易的安全性和成交效率都很高。所以，交易所市场是一般债券投资者应该重点关注的市场。

交易所债券市场可以交易记账式国债、企业债、可转债、公司债和债券回购。记账式国债实行的是净价交易全价结算，一般每年付息一次，也有贴现方式发行的零息债券，一般是一年期的国债。企业债、可转债和公司债都采取全价交易和结算，一般也是采取每年付息一次。债券的回购交易基于债券的融资融券交易，可以起到很好的短期资金拆借作用。

这些在交易所内交易的债券品种都实行T+1交易结算，一般还可以做T+0回转交易，即当天卖出债券所得的资金可以当天就买成其他债券品种，可以极大地提高资金的利用效率。在交易所债券市场里，不仅可以获得债券原本的利息收益，还有机会获得价差，也便于债券变现以应付不时之需和抓住中间的其他投资机会。

投资者只要在证券公司营业部开立A股账户或证券投资基金账户，就可参与交易所债券市场的债券发行和交易。其实，证券不等于股票和基金，还包括债券，证券营业部里还有一个债券交易平台。这需要投资者对于证券营业部要有一个平和的心态，才能更好地利用交易所的资源获得更多更稳的投资收益。随着公司债的试点和大量发行，交易所债券市场将会更加热闹。

顺便提一下，凭证式国债和电子储蓄国债也不是必须持有到期的，也是可以在银行柜台提前变现的，只是会有一些利息方面的损失，本金不会损失，需要交一笔千分之一的手续费而已。到底是否划算，就要看机会成本的高低了。

2. 注重关联性

债券和股票并非水火不容，可转换债就是两者的一个结合体。可转债既有债券的性质，发债人到期要支付债券持有者本金和利息，但可转债又有相当的股性，因为可转债一般发行半年后投资就可以择机行使转成股票的权利，债权就变成了股权，债券也就变身为股票。

普通的可转债相当于一张债券加若干份认股权证，也有债券和权证分开的可分离债，两者同时核准但分开发行和上市。普通可转债是债券市场的香饽饽，发行时会吸引大量资金认购，上市后一般也会出现明显溢价，特别是在牛市的背景下，普通可转债的价格会随着相应股票的上涨而不断攀升。普通可转债的转股是一条单行道，转成股票后就不能再转回债券了，所以转股时机的把握是很重要的。

分离型可转债的债券部分由于利息较低还要交纳20％的利息税，所以上市后在很长的时间里交易价格都会低于100元面值，而权证则会成为十分活跃的交易品种。

总的来说，投资可转换债券的投资风险有限，如果持有到期几乎就没有什么投资风险，但中间可能产生的收益却并不逊色于股票。所以，可转债是稳健投资者的绝佳投资对象。

3. 利用专业性

随着债券市场的发展，债券的品种和数量都会迅速增加，债券的条款会越来越复杂，债券的交易规则也会越来越多，这样债券投资就会越来越变成一个非常专业的事情。那么，依靠专业人士来打理债券投资就越来越有必要了，债券投资专业化会成为债券市场发展的一个必然趋势。

其实，货币基金、短债基金、债券基金、偏股混合基金和保本基金都是主要以债券为投资对象的基金。货币基金以组合平均剩余期限180天以内的债券和票据为主要投资对象，是一年期定期存款很好的替代品。短债基金以组合平均剩余期限不超过三年的债券为主要投资对象，理论上收益会比货币基金高一些。债券基金的债券投资比例不低于80％，可以持有可转债转换成的股票。混合基金中的偏债基金也主要以债券为主要投资对象，同时还可以灵活地配置一些股票，也是风险较低的保守型基金。保本基金由于有保本条款，也是配置以债券为主的保守型资产组合。由于股市的大涨，这些基金的收益与股票基金或偏股基金的收益相比要少得多，规模也出现比较大的萎缩。但是，公司债的试点会带来债券市场比较大的发展，股市风险的逐步堆积也会让这些基金成为投资者理想的避风港。

总的来说，通过基金来投资债券可以享受基金经理的专业服务，无须在债券的选择、买卖、结息、回售、回购、转股和收回本金等事宜上耗费精力，还可以间接投资个人投资者不能参与的债券品种，所以这种利用专业性投资服务的债券投资策略会随着债券市场的发展越来越受到一般投资者的青睐。

如何避免债券风险

目前，股票市场震荡，权衡风险和收益的平衡，很多投资者都把目光投向了相对稳定的债券。可是债券作为一种理财产品，它同样是有风险的，只是相对小一些。因此，正确评估债券投资风险，明确未来可能遭受的损失，是投资者在投资决策之前必须要做好的工作。具体来说，投资债券存在以下几方面的风险。

（1）购买力风险：是指由于通货膨胀而使货币购买力下降的风险。通货膨胀期间，投资者实际利率应该是票面利率扣除通货膨胀率。

（2）利率风险：利率是影响债券价格的重要因素之一，当利率提高时，债券的价格就降低，此时便存在风险。

（3）经营风险：经营风险是指发行债券的单位管理与决策人员在其经营管理过程中发生失误，导致资产减少而使债券投资者遭受损失。

（4）变现能力风险：是指投资者在短期内无法以合理的价格卖掉债券的风险。

（5）再投资风险：购买短期债券，而没有购买长期债券，会有再投资风险。例如，长期债券利率为14%，短期债券利率为13%，为减少利率风险而购买短期债券。但在短期债券到期收回现金时，如果利率降低到10%，就不容易找到高于10%的投资机会，还不如当期投资于长期债券，仍可以获得14%的收益，归根到底，再投资风险还是一个利率风险问题。

（6）违约风险：发行债券的公司不能按时支付债券利息或偿还本金，而给债券投资者带来的损失。

因此，债券投资存在的这些风险，会直接影响到我们的收益，为了能很好地增加收益，避免风险，上班族应该做到以下几点。

1. 记账式国债求收益

首先对于银行存款和国债的收益率做个比较：目前商业银行的储蓄利率5年期的为3.6%，扣除20%的利息税，实际为2.88%，同期限的记账式国债收益率为4.16%，刚发行的2011年记账式附息（二十一期）国债7年期票面年利率3.65%，记账式国债收益率的优势相当明显。即使未来升息，存款利率要加1.6%的幅度才可以赶上目前记账式国债收益率的水平，这还不包括由于加息，记账式国债收益率也会相应上浮的部分。未来几年加息达到1.6%的机会很小，所以比较之下，记账式国债即使持有到期也是一个很好的投资品种，而且记账式国债可以在交易所交易，投资者可以利用其价格的波动获利，所以对于收益要求较高的投资者，投资记账式国债比较合适。

2. 中短期券种避风险

尽管目前长期债券的收益率高于中短期债券，但如果自己不能持有长期债券到期，那种对于未来利率走高的补偿也就不能享有了，所以对于风险承受能力小的投资者，目前长期债券基本没有投资价值。

相对来说，短期债券由于存续期短，受以后加息的不确定因素的影响比较小，而且期限短，资金占用时间不长，再投资风险比较小。中期债券品种中，目前7年期国债与10年期、15年期国债的利率水平已经基本接近，但由于期限短，因此风险也相对较小，而且对于同期限的国债来说，当收益率变动相同幅度的时候，票面利率越高，价格波动越小。可以适当选择期限在7年期左右的票面利率比较高的券种。

3. 浮息债券也获利

顾名思义，浮息债券就是票面利率是浮动的，目前交易所的两只浮息债券都是以银行一年定期存款的利率作为基准利率再加上一个利差作为票面利率，而一旦银行一年期存款利率提高，浮息债券的票面利率就会在下一个起息日起相应地提高，这在一定程度上减少了加息带来的风险。在加息的周期中，这类品种应该值得关注。市场上出现升息预期的初期，浮息债券涨势比较好，但是一旦加息成为事实，浮息债券并不比固息债券有优势。投资者在投资浮息债券的时候，一定要注意时点的把握，特别要密切注意国家的宏观经济形势。

4. 可转债机会多

对于习惯炒股，能承受股票市场的大起大落的投资者，在目前股票市场持续低迷情况下，可转债将是很好的替代品种。可转债的价格由纯债券价值和转换期权价值组成，具有"进可攻，退可守"的特点。在大盘不好的时候，可转债由于有其债券价值作为支撑，跌幅小于对应的股票，而一旦对于股票上涨，可转债的价值也会跟着上涨。目前很多可转债的票面利率是浮动的，即使加息也不会对其债券价值有很大的影响。

总之，债券投资是一种风险投资，那么，投资者在进行投资时，必须对各类风险有比较全面的认识，并对其加以测算和衡量，同时，采取多种方式规避风险，力求在一定的风险水平下使投资收益最大化。

第三章
基金：一支好基金胜过十个好男人

买基金，赚大钱

现实生活中，很多女性可能都只知道股票投资，而对基金却不是十分了解。实际上，基金是比股票更为稳健的投资方式。我们这里所说的"基金"主要是指由基金公司通过基金单位，集中投资者的资金，由基金托管人托管，由基金管理人管理和运作资金，从事股票债券等金融工具投资，然后共担投资风险、分享收益的一种"间接"证券投资方式。所谓的"间接"则是指托专业人士帮你投资理财。一般情况下，基金的风险要比股票小得多，但又比银行储蓄的利润要大，因此很受女性们的欢迎。

著名的摩根富林明投顾公司对投资者的调查结果显示：大约有30%的投资者选择定额投资基金的方式，尤其是30~45岁的女性投资者，她们中有高达46%的比例从事这项投资。投资者对投资工具的满意度调查显示：买股票投资者的满意度为39.5%，单笔购买基金者满意度达56%，而定期定额投资基金者的满意度则高达54.2%。

这项调查说明：女性投资者对这种波动性比较低、追求中长线稳定增

值的投资方式是十分青睐的，虽然基金赚钱可能没有股票那么快，但是它也可以让你的小积累最终变成大财富。对女性朋友而言，在购买基金时，要懂得基金的投资应该在分类研究的基础上进行，对于不同类型的基金要有不同的投资策略。

1. 投资基金主要有以下的优点

（1）专业理财，解决投资者的时间、精力和专业知识不足的问题。基金都由专业基金管理人士操作，经过相关监管部门的严格考试和任职资格审查，这些专业人士在专业知识、信息、经验方面拥有优势。经过他们的专业运作，基金业绩一般会超过普通投资者的业绩。

（2）有效分散投资风险。投资的一个重要原则就是不要把所有的鸡蛋放在一个篮子里，投资者只有把资金分散在不同的投资对象上才能有效分散风险。但对于普通投资者来说，由于时间有限，资金规模有限，太分散的投资不好操作，也不划算，而基金规模较大，由专业人士构建投资组合，能较好地分散风险，有效地保障投资者的利益。

（3）变现性高，流动性强。一般情况下投资者可以随时将基金卖出或者赎回，基金的变现性和流动性优于银行定期存款和房地产。

（4）积少成多，发挥规模效应，降低成本。基金将小资金聚集成大资金，能够很好地建立投资组合，更好地抵御风险，而且成本也大大降低。

2. 股票型基金和偏股型基金

股票型基金和偏股型基金是当前基金市场上最大的一个类别。无论是从基础市场情况来看，还是从收益情况来看，股票型基金和偏股型基金都应该是投资的重点。

但是，在具体实施操作的时候，投资者一定要对股票市场的行情发展趋势有一个大致的判断，即当认为未来的股票市场赢利空间大于下跌空间的时候，才可以进行对于股票型基金和偏股型基金的投资，因为在股票市场的下跌行情中，股票型基金很难创造收益。

就股票市场情况来看，如果市场下跌已久，股票型基金、偏股型基金均存在着一定的投资机会，股票投资能力较强的基金可以在这样的市道中发挥出一定的专业理财水平。在具体投资品种的选择方面，建议二十几岁的女性要注重选择具有较好历史业绩表现的基金。

3. 指数型基金

有很多机构投资者都密切关注指数基金，按他们的话来说，投资指数基金可以较好地控制投资风险。而对于那些股票型基金、偏股型基金，他们不知道基金经理在干什么，做的是什么股票，很难控制风险。

另外，投资于指数基金还有一个好处就在于研究大势比研究个股简单，因为大量的上市公司包含着极为庞杂的信息，普通投资者根本无法过滤。由于指数基金的绩效表现基本上与标的指数代表的大势一致，对于二十几岁的女性投资者来说，看准了大势之后，就可以购买指数基金，保证指数上涨就可以赚钱。

指数基金可以细分为被动型指数基金、积极型指数基金。

4. 债券型基金和偏债型基金

一份与债券型基金和偏债型基金有关的报告统计数据显示，在11只债券型基金当中，机构投资者的持有比例是41.57％，个人投资者的持有比例是58.43％；在7只偏债型基金当中，机构投资者的持有比例是25.78％，个人投资者的持有比例是74.22％。机构投资者在这两类基金上的持有比例明显偏少。

机构投资者属于理性投资成分较多的投资者类型，既然他们都不重视这两类基金，二十几岁的女性投资者是否也可以从中得到一定的启发呢？尤其是在未来利率市场存在升息预期的背景之下，对于这两个类别的基金，建议女性投资者在可以控制风险的前提下适量参与即可。

对于女性来说，如果平时上班忙，对基金把握不准，一个最简便的办法就是，通过网络，采取基金定投的理财方式（网络会帮忙自动从你所设定的账户中扣款，投资于一些证券投资基金），养成长期投资的习惯。只要你的电脑具有基金网络交易的功能，就可以自行选择每月当中任一天作为你投资的日子。薪水入账日就是很好的时机。薪水一下来，就将部分金额转入基金投资，这样可以养成长期投资的习惯，不会因为有钱就乱花而成为"月光族"。如此贴心的设计，可以让当代年轻女性不必担心因为忙碌而忘记投资，耽误了理财大计，也能因此一步步成为聪明的理财专家。

基金赚钱的关键在选基

对于打算投资基金的女性朋友，当你面对着市场上品种繁多、概念复杂的开放式基金而眼花缭乱、不知如何从中选择的时候，是否也很希望拥有这样一份指南呢？我们到底应该选择什么样的基金呢？所有的专家都会告诉你：选择过往业绩好的。但是，什么叫做好？如何判断好与不好？这似乎就是一本糊涂账了。

事实上，一只基金的好坏在短时间内是很难看出来的，只有经过牛市、熊市的锤炼，在相当长的时间内都能保持较好的收益，这样才能具有说服力。而且作为投资者，将自己多年积攒的真金白银悉数拿出来，这就好比给自家如花似玉的乖女儿找个好人家一样，一定要找个值得信赖的人。那么，究竟符合什么样的定性抑或定量的指标呢？下面就谈谈如何选基金。

1. 投资策略是否合理

基金的投资策略应符合长期投资的理念。投资人应避免持有那些注重短线投机以及投资范围狭窄的基金，如大量投资于互联网概念股的基金。另外，基金经理应该有丰富的投资经验，这关系到基金管理人的过往业绩的持续性，必须重点考察。

此外，基金应设有赎回费以减少投资者短期操作的意愿，并采取比较客观公正的估值方法以保证基金资产净值准确地反映其持有资产的当前价值。

2. 费用是否适当

投资人应该把营运费用过高的基金排除在选择范围之外。营运费用指基金年度运作费用，包括管理费、托管费、证券交易费、其他费用等。一般地，规模较小的基金可能产生较高的营运费率，而规模相近的基金营运费率应大致在同一水平上。对于有申购费的基金而言，前端收费比后端收费长期来看对投资人有利。在境外，几只基金进行合并时有发生，但合并不应导致营运费用的上升。

3. 信息披露是否充分

基金信息披露是否充分，一方面体现了对投资人的尊重和坦诚，另一方面则关系到投资人能否充分了解其投资策略、投资管理和费用等关键信息。除了通常情况下披露投资策略、基金经理的名字及其背景之外，当投资策略有重大调整、基金经理的职权甚至人员发生变更时，基金应当及时地、完整地公告。投资人还应注意，基金经理是否坦诚地陈述与评价其投资定位和业绩表现，具体可关注年度报告中基金经理工作报告。

境外基金在合并时还应说明基金经理、投资策略和费用水平是否发生变化；并披露基金经理合并时签订的合同期限，包括其中的离职条款。

4. 管理人是否与投资人利益一致

如果有可能，投资人还应当了解基金经理及高层管理人员的报酬机制，尤其是与业绩挂钩的奖金的发放制度。因为基金公司的激励机制应建立在投资者利益最大化的基础上，而不是基金公司股东利益最大化。另外，还可以关注基金公司是否有一定的淘汰机制更换业绩差的基金经理。

5. 明确自己应该购买哪一类基金产品

基金的类型之分来自于其投资对象不同，比如60％以上资产投资于股票的就称之为股票型基金。由于不同类型的基金其风险和收益比重也各不相同，因此，投资者在投资基金时要明确自己应该购买哪一类基金产品。

风险承受能力和投资期间的市场表现情况是主要应该考虑的因素。股票型、混合型、债券型和货币型，按风险和收益排序从高到低，一定要根据自己的投资偏好选择。比如，处于退休期间的投资者最好不要太多涉及风险偏高的基金产品，应转而以投资货币市场基金等安全稳定型产品为宜。

此外，投资期间的市场表现如何也要适当考虑。比如，看好未来行情的话，就可以考虑增加对股票型等风险收益偏高的基金的购买。

6. 基金公司是否值得信赖

选定了基金类型，如何再从中选择一只具有投资价值的优质基金呢？一个值得信赖的基金公司是最先需要考虑的标准。

值得投资者信赖的基金公司一定会以客户的利益最大化为目标，其内部控制良好，管理体系比较完善，与此同时，基金经理人的素质和稳定性

也很重要。变动不断的人事很难传承企业文化，对于基金操作的稳定性也有负面的影响。

有了公司作保障之后，就要细细研究一下这只基金的表现如何了，其以往业绩是值得参考的一方面内容。不过，在比较基金以往业绩时，不能单纯地看基金的回报率，还必须有相应的背景参照，如相关指数和投资于同类型证券的其他基金。这样比较基金业绩是在考虑了风险的前提之下的公允比较，更有助于你挑选出优秀的基金。

7. 基金的投资期限是否与你的需求相符

一般来说，投资期限越长，投资者越不用担心基金价格的短期波动，从而可以选择投资更为积极的基金品种。如果投资者的投资期限较短，则应该尽量考虑一些风险较低的基金。

8. 投资者所能承受的风险大小

一般来讲，高风险投资的回报潜力也较高。然而，如果投资者对市场的短期波动较为敏感，便应该考虑投资一些风险较低、收益较为稳定的基金，假使投资者的投资取向较为进取，并不介意市场的短期波动，同时希望赚取较高的回报，那么一些较高风险的基金或许更加符合投资者的需要。

恰当把握购买和赎回基金的时机

基金作为一种中长期的投资工具，追求的是长期投资收益和效果。盲目地对基金产品进行追涨杀跌的波段操作，只会降低自己的收益。

巴菲特就曾经这样说过："市场对短期投资行为充满敌意，对长期滞留的人却很友好。世界上成功的投资大师，没有做短线交易的。"由此可见，对投资而言，宁可期盼可靠的结果，也切莫期盼伟大的结果。因为实践早已证明了，基金在短期内是很难战胜股票的，但其却能在长期中为你绽放绚烂的财富之花。

而在实际生活中，很多投资者买基金往往抱着急功近利的心态，恨不得这个月买的基金，在下个月就能有20％的收益。这样的投资者完全是用炒股票的心态来买基金，是很不可取的。因为，不同类型基金的收益高低在一定程度上往往取决于正确的买卖时机。因此，对于投资者来说，就必须准确把握基金购买和赎回的时机。

1. 适度选择时机

毋庸置疑，交易时机的选择是基金投资的一个重要影响因素。如果每次交易的节奏正好能吻合股市的波动，自然可以使投资收益最大化。但时机的选择对投资收益的影响只是一个方面，国外早有大批学者做过这方面的研究，资产配置的情况、基金的选择等因素也对收益产生重大影响。

首先，时机的把握是很难的。当我们谈市场时机选择的问题时，因为是回头看，所以我们看得清市场的波动，也因此可以讲，应该在这个时点买进，那个时点卖出。而在具体的投资操作时，面对的是未来的市场，对于上涨和下跌很难准确把握，事实上经常出现的情况是买入不久后股市下跌了，或者急急忙忙地赎回了，股市却一路疯涨。当然，确实有人可以利用波段操作取得超额收益，但选时和做波段除了运气，更需要超强的专业。对于大部分平时要忙于日常工作的普通投资者来说，不要去艳羡别人的超额收益，而应该把精力更多地放在投资工具的选择和资产的配置上。

其次，投资基金也不必像投资股票一样，对时机问题那么敏感。基金净值虽然会随着股市的波动起伏，但基金有专业的研究团队，基金经理自然会根据市场波动去调整，放宽时间段来看，只要选择了优质的基金，还是可以获得不错的收益的。而且，基金本身也不是短线投资的产品，从各类投资工具比较来看，基金是一个中间产品，收益和风险都处于中等水平，适合于中长期投资者。

所以，对基金交易时机的选择要适度。选择一个相对低的时点买进，然后坚定投资信念，做中长期投资。投资者应该将更多的精力用于选择优质的基金，做好投资组合。

2. 学会用基金转换

相对于股票来说，基金买卖的手续费比较高，所以，如果每次市场行情下跌时，投资者都选择赎回基金，等市场行情上涨的时候再申购的方

式，这无疑会增大投资的成本。其实，完全没必要这样操作，现在很多基金公司都为投资者提供了基金转换的业务，即在同一家基金公司旗下的不同基金之间进行转换，一般的做法是在高风险的股票型基金与低风险的债券型基金、货币市场基金之间进行相互转换。

投资者利用基金转换业务，可以用比较低的投资成本，规避股市波动带来的风险。通常来说，当股市行情不好时，将手中持有的股票型基金等风险高的投资品种，转换为货币市场基金等风险低的品种，避免因股市下跌造成的损失；当市场行情转好时，再将手中持有的货币市场基金等低风险低收益品种转换成股票型基金或配置型基金，以便充分享受市场上扬带来的收益。

所以，投资者在最初选择基金时，也应该考虑该基金公司旗下的产品线是否齐全，是否可供市场波动时进行基金转换。另外，投资者需注意的是，不同基金公司的基金转换业务收费方式不同，具体进行基金转换操作时，需咨询基金公司。

投资基金不可忽视风险

现在，投资者选取基金的比重越来越多，但有些投资者对基金产品的风险和收益没有一个正确的认识，认为投资基金会稳赚不赔。对此，理财专家提醒投资者不可对基金抱有不切实际的期望，更不可把基金当作无风险投资。投资者应当清楚，只赚不赔那只是人们期望中的神话而已，现实的存在则绝对是有赔有赚。基金作为投资的一种方式，必然也是存在风险的。

历史告诉我们，没有只涨不跌的股票市场，也没有只赚不赔的金融产品。认识到基金的风险，投资者就要采取必要的措施以减少风险。因此，投资者应根据基金的风险大小以及投资者自身的风险承受能力不同，把基金的业绩和风险与投资者的风险收益偏好特征相匹配。了解了基金投资的风险，就要想方设法防范这种风险，避免给自己造成投资的损失。

对于投资者来说，可以运用下面的几种方法来规避基金投资的风险。

1．进行试探性投资

"投石问路"是投资者降低投资风险的好办法。新入市的投资者在基金投资中，常常把握不住最适当的买进时机。如果在没有太大的获利把握时将全部资金都投入基市，就有可能遭受惨重损失。如果投资者先将少量资金作为购买基金的投资试探，以此作为是否大量购买的依据，可以减少基金买进中的盲目性和失误率，从而减少投资者买进基金后被套牢的风险。

对于很多没有基金投资经历的人来说，不妨采取"试探性投资"方法，可以从小额单笔投资基金或每月几百元定期定额投资基金开始。

那么，投资者如何进行试探性的投资呢？

（1）根据风险接受程度选择。如较积极或风险承受力较高，以偏股型为佳，反之则以混合型为好。

（2）选择2~3家基金公司的3~5只基金，以分散投资风险。

（3）选出好公司中表现优秀的基金。如果过去3~12个月的基金业绩表现比指数好，应该不会太差。但不论资金多寡，同时追踪的基金不应超过5个，否则就不易深入了解每只基金。何况基金本身持股就很分散，已在很大程度上降低了风险。

（4）买基金后还要坚持做功课，关注基金的涨跌，并与指数变动做比较，由此提高对基金业绩的研判能力。此外还可登录基金公司网站，收集基金持股资料及基金经理的观点，提升对基金业的认识，几个月后你对投资基金就会有一定的了解。

2．进行分散投资

投资者宜进行基金的组合投资。开放式基金组合投资的好处首先在于可以分散市场风险，避免因单只基金选择不当而造成较大的投资损失。其次在于可以较好地控制流动性风险，即开放式基金的赎回风险，如果投资过分集中于某一只开放式基金，就有可能在需要赎回时因为流动性问题无法及时变现。一般来说，大规模的机构投资者适宜投资的基金数量应在10只左右。资金规模较小的个人投资者适宜投资的基金数量应在2~3只。如果数量太多则会增加投资成本，降低预期收益。而太少则无法分散风险，

赎回变现时会遇到困难。

（1）分散投资标的，建立投资组合。降低风险最有效同时也是最广泛地被采用的方法，就是分散投资，即马克·吐温所说的："不要将所有的鸡蛋放在同一个篮子里。"这种方法之所以具有降低风险的效果，是由于各投资标的间具有不会齐涨共跌的特性，即使齐涨共跌，其幅度也不会相同。所以，当几种投资组成一个投资组合时，其组合的投资报酬是个别投资的加权平均，其中涨跌的作用会相互抵消，从而降低风险。

如果投资者对大部分的基金投资技巧都不是很精通，同时对大多数基金都不是十分熟悉，分散投资将是一个不错的选择。只要投资者能长期持有，靠平均报酬便足以获得丰厚的回报。

（2）选择分散投资时机。分散投资时机也是降低投资风险的好方法。在时机的选择上，通常采用的方法是：预期市场反转走强或基金基本面优秀时，进行申购；预期市场持续好转或基金基本面改善时，进一步增持；预期市场维持现状或基金基本面维持现状，可继续持有；预期市场持续下跌或基金基本面弱化时进行减持；预期市场大幅下跌或基金基本面持续弱化时赎回。

3. 长期持有

基金是长期理财的有效工具。长期持有也可以降低基金投资的风险，因为市场的大势是走高的，有位证券分析师说："根据统计，股市有55％的日子是上涨的，有45％的日子是下跌的。糟糕的是，我们不知道哪些天会上涨。"

因此，若你不知道明天是涨还是跌，最聪明的办法就是猜明天会涨。因为猜的次数越多，猜对的概率就越高。既然每天都猜股市会涨，那么最佳的投资策略就是：有钱就买，买了就不要卖。这种办法看起来非常笨，却是最管用的投资方法。

有人通过对股市的长期跟踪发现，过去投资股市，以持有一个完全分散风险的投资组合而言，持有时间越长，发生损失的概率就越小：持有一天下跌的可能性是45％，持有一个月下跌的可能性是40％，持有一年下跌的可能性是34％，持有五年下跌的可能性已降为1％，若持有十年以上，则完全没有发生损失的可能性。因此，长期持有是降低选错卖出时机之风险的重要手段。

4. 基金定投，平摊成本

基金定投也是降低投资风险的有效方法。目前，很多基金都开通了基金定投业务。投资者只需选择一只基金，向代销该基金的银行或券商提出申请，选择设定每月投资金额和扣款时间以及投资期限，办理完手续后就可以坐等基金公司自动划账。目前，好多基金都可以通过网上银行和基金公司的网上直销系统设置基金定投，投资者是足不出户，轻点鼠标，就可以完成所有操作。

基金定投的最主要优点是起点低，成本平摊，风险降低。不少基金一次性申购的起点金额为5000元，如果做基金定投，每月只需几百元。工行的基金定投业务的每月最低申购额仅为200元人民币，投资金额差为100元人民币。招行的最低门槛也只有500元。

此外，基金定投不必筹措大笔资金，每月运用生活必要支出外的闲置金钱来投资即可，不会造成经济上额外的负担，长期坚持会积少成多使小钱变大钱，以应付未来对大额资金的需求。而且长期的获利将远超过定存利息所得。并且投资期间愈长，相应的风险就越低。一项以台湾地区加权股价指数模拟的统计显示，定期定额只要投资超过10年，亏损的概率则接近零。

这种"每个月扣款买基金"的方式也兼具强迫储蓄的功能，比起自己投资股票或整笔购买基金的投资方式，更能让花钱如流水的人在不知不觉中每月存下一笔固定的资金。让你在三五年之后，发现自己竟然还有一笔不小的"外快"。

需要注意的是，投资者必须要指定一个资金账户作为每月固定扣款账户，并且这个账户是进行基金交易时的指定资金账户。如果到了扣款日因投资者账户内资金余额不足则会导致该月扣款不成功，因此投资者需要在每月扣款日前在账户内按约定存足资金。

每个人都想在最低点买入基金，但低点买入是可遇不可求的。定额投资，基金净值下降时，所申购的份额就会较多；基金净值上升，所购买到的份额就变少，但长期下来，会产生平摊投资成本的结果，也降低了投资风险。

第四章
保险：用保险守护你的一生

保险，让风险最小化

身为女性的你，保险也是有自己的特殊需要的，有些保险是根据女性的生理特点与社会特性而为女性量身定做的，更有针对性，如果选对了，你的后半生不仅有了保障，而且它也可以转化为你的个人财富。

"别人都说我很富有，拥有很多财富。其实真正属于我个人的财富是给自己和亲人买了足够的保险。"

听到大"财女"张欣说出这样的话，朋友们都睁大眼睛问："什么？保险能等于财富？"没错！保险能够在你的生命、财产、健康等受到危害时给予你一定的赔偿与帮助，它不也是一种投资吗？在后半生等到你的生命、财产、健康出了问题时，你就知道它是一项多么有益的投资方式了。所以说，保险也是一种十分稳健的投资方式，它能为你带来十分不错的经济回报。

在现代社会中，某些女性在社会中扮演的角色，毫不逊色于男性，随之而来的长期工作和生活的双重压力，使女性在生活中要承受更高的风险。处在社会的竞争当中，对于女性朋友而言要根据自己的具体情况为自己做一份最合理的保险方案也显得越来越重要。

众所周知，人生在世难免会有风险。人不能永远交好运，幸运一时，谁也不能担保幸运一世。对于现代女性而言，既然我们不知风险何时降临，除了担心外，更应该为自己做好准备，拥有充分保障。因为面对多变的人生，每个人都渴望安全和稳定的生活，但是，一次意外可能就使你负债累累，一次事故也可能会拖垮你全家。因此，给自己的人生加一道保险就显得十分重要。它使你在最需要的时候，不必靠运气，不会有遗憾。

保险人人都知道，但对保险的认识未必人人都正确。以下给你提供一些保险方面的知识，使你在购买保险时做到心中有数。

1. 了解保险公司

保险公司是经营风险的金融企业，《保险法》规定保险公司可以采取股份有限公司和国有独资公司两种形式，除了分立、合并外，都不允许解散，所以，大可放下门第之见入保险，但重点要看公司的条款是否适合自己，售后服务是否值得信赖。

2. 量入为出买保险

作为一个理智的现代女性，应该根据自身的年龄、职业、收入等实际情况，力所能及地适当购买人身保险，既要使经济上有能力长时期负担，又能得到应有的保障。有的女性为自己投保了数份保险，其年缴保费常常在几千元甚至万元以上。而生活经验告诉我们，一个人的经济收入受到很多因素的影响，很难维持一成不变的水平。对于年轻女性而言，其收入多半不稳定，一旦将来经济收入情况变差，就很难继续缴纳高额的保险费，到时如果退保就会造成损失，不退保又实在难以维持，处于两难的境地。

此外，大多数女性也不会希望以发生意外来领取赔偿金致富，因此我们有保险的需求，但是并不需要花太多的钱买保险。

3. 不是每个女性都需要寿险

投保寿险是为了保障家人的生活，可是不是每个人都需要买寿险，因为寿险是保障依赖他人收入而生活的人，如果没有人依赖你而生活，基本

上不用买寿险，应买医疗险或意外险。

4. 选择合适的保险公司的保险产品

保险是一种特殊商品。一件衣服或一套家具买来了，如不喜欢可以不穿、不用，也可以送人，而保险不能转送。有些人买保险，是因为营销员是朋友或亲戚，本不想买，但碍于情面，只好硬着头皮买下。或是不看条款，光听介绍，盲目轻信，买后才发现并不适合自己，结果是不退难受，退了经济受损也难受，出了险更难受。

保险种类很多，应根据自己的实际情况选择自己最需要的。比如同是养老保险，有的是在交费时就确定领取年龄，有的是在领养老金时才确定；有的是月领取，有的是年领取，有的是一次性领取，有的是定额领取，有的是增额领取。同是防重大疾病保险，有的观察期是180天，有的是1年，有的是3年，如果仅凭一时冲动投保而没有相互进行比较分析，往往不能买到合适的保险。

对大多数女性来说，生活中遇到危险是难免的，常常有些意外，毫无征兆，不期而至，并因此造成各种程度不等的经济损失。如果我们事先购买了适当的保险，那无异于筑起了一道坚固的防线，有些不幸就只会成为一种经历而已，犹如大海的一次退潮，不会影响生活质量。

毋庸置疑，人生有太多的等待，但有些事是不能等的，比如保险，因为我们无法预知未来，不知道哪一天会发生意外。在买保险的时候觉得多余，意外发生时，后悔买得太迟、买得太少。与其将来后悔，不如现在立即行动！

保险是理财，不是消费

"我现在要攒钱买房，等我买了房、车以后再买保险。"这是很多上班族对保险代理人常说的一句话，类似的说法还有"我现在没有闲钱买保险"，在他们看来，保险是一种奢侈的消费品，现在并不紧急，或者说保险是有钱人消费的。这都是一些人对保险的错误理财。

其实，保险的本质就是理财。理财可以分为消费理财、工作理财、保障理财和投资理财。而保险的本质，就是保障理财。要建立保险社会文化，就是使保险生活化，而保险的生活化，就是保险的理财化，就是要复原保险与理财的血肉联系。理财是人们的生活方式，而保险就是理财中占有重要位置的保障理财。

因此，很多上班族理财的时候，由于对保险的不了解，以为买保险都是消费掉了，因而觉得不合适，亏了。其实如果你买过保险，就会知道这个认识是很片面的。保险是生活的必需品，并不是要等到你的生活达到小康甚至更好以后才需要的，保险是转移风险的一种很好的手段，而风险并不是在你生活好了以后才出现，是随时会出现的。

生活中，每个人都不希望意外发生在自己身上，但"不怕一万，就怕万一"，事先做好保障才不至于意外发生时措手不及。其实人人都需要一份保险，为什么总是当你需要它的时候才会想到它呢？

1. 理财请别丢下保险

很多人理财初期成功，拥有很多财富，但是一场大变故之后就变得一无所有。我们先看下面的案例。

有一个北大毕业的学生到英国留学，读完博士在英国就业，后来把夫人也接到了英国，并养育了三个家人。他爱他的孩子，给孩子们都买了保险，给自己的夫人也买了，唯独没有给自己买。

有一天他上街，遇到了车祸，这位年轻的父亲，英年早逝。由于他没有给自己上保险，就没有得到任何的补偿。这个时候，他的太太已经在英国的家里做了一个全职太太，他的三个孩子正在上高中。

家庭突然失去收入来源，不仅无法再进行教育投资，连日常生活都出现困难。这个年轻的母亲，一直记得他的丈夫死的时候说的一句话，一定要让三个孩子上到大学。为了实现丈夫的遗愿，她每天打工给人做保姆，就这样苦熬了五年，供着自己的三个孩子上了英国数一数二的名校。

现在，中国人仍处于理财的初级阶段，如果买保险，肯定大多数人希望把保险买给自己的孩子，之后是自己的配偶，唯独忘记了他自己。这个就是买保险的误区。

在上面的例子中，那个年轻的父亲就犯了严重的错误，没有给自己买保险。其实，他是家庭收入的主要来源，他的夫人不上班，他有三个孩子上学，家庭所有的收入都是靠他来取得。依照他当时的条件，他应该完全有能力先给自己上一份保险，这样即使出现意外，这份保险足可以供他的孩子和他的夫人生活20年以上，这样他的夫人也就不用在他出现意外后每天起早贪黑地去打工来维持家计了。

2. 买保险是一种风险管理

很多人没有买保险，是觉得保险没有意义。近代国学大师胡适先生这样诠释保险："保险的意义，只是今天作明天的准备，生时作死时的准备，父母作儿女的准备，儿女幼小时作儿女长大时的准备，如此而已。今天预备明天，这是真稳健；生时预备死时，这是真旷达；父母预备儿女，这是真慈爱。能做到这三步的人，才能算是现代的人。"所以保险是表现准备、责任和承诺的一种方式。

每个人都梦想拥有很多财富，然而只有当你做好了充足的准备、履行了责任、实践了诺言，你才能真正地拥有财富，而这些财富才是你永久且无可限量的。正如香港首富李嘉诚先生所说："别人都说我很富有，拥有很多的财富。其实真正属于我个人的财富是给自己和亲人买了充足的人寿保险。"

由此可见，保险不是一种普通的投资，而是一种风险转移的方式，即由保险公司承担一部分风险，所需代价就是支付保险费。如何选择应对方式，可以因人而异。

生活中，还有很多人认为，富人是不会买保险的，因为他的钱花不完。这种思想是错误的。富人都买有保险，保费对他们来说相当于零花钱。一位买保险的富人说："我考虑更多的是风险投资，一旦发生风险，家人、事业怎么安排？还包括一些未了的事情，我必须有一大笔钱做安排。不出意外一定可以赚钱，这是一种自信；但是一旦出了人身风险，必须把风险变成收益。所以我实际上把买保险当成一种被动的风险投资，用风险来赚钱。"

保险可以规避未来不可预测之风险。当他一旦有债务而被迫偿的时候，他的钱将被拿走，并不能起到为家庭保全财产的作用。而你用这些钱去买保险，即使你家的房产、汽车都被迫偿，这张保单是可以保留的。因为在法律上规定，保险单是以人的生命、器官和寿命为代价换来的将来收益的期权，不作为追偿对象。

3. 保险是很好的理财工具

首先，保险是一种资产保全工具。什么叫资产保全工具？黄金、房地产等。黄金十年后能增值多少，谁也不敢说，但有黄金在手，心里就会比较踏实。再比如房地产，有房子也让人心里踏实，尽管现在不是一笔钱，但那是一项资产。保险也一样，是资产保全的工具。有了这些东西，面对未来的不可预测，就不会感到惶惑不安，心里就会踏实一些。

其次，保险是应对风险的投资。对于保险而言，要对我们自己不愿意承担的风险去投资，这类风险一旦来临，首先，不能让风险对自己形成沉重的打击，然后，不能让财富损失，而最好还要能将风险变成赚钱的事情。

王永庆很有钱，李嘉诚很有钱，但为什么他们都买了大量的人寿保险呢？他们不需要用保险来解决医疗、养老之类的事情，他们完全可以通过别的方式做出安排，因为他们需要风险转移、资产保全。

风险转移需要技巧。双亲已经退休，不再是家中的经济支柱，子女有必要为他们投保吗？如果你替双亲买人身保险，投保人是你，受保人是你的双亲，受益人是你的话，其实是得不偿失的。因为他们既然已经不是经济支柱，加上年纪大、保险费昂贵，你另付这笔保险费，是没有必要的。最好的选择就是给父母买医疗保险，这样一来在他们有重大疾病时可以由保险公司来承担一定的费用。

你收入的大部分用于供房贷，因此害怕失业，可以投保确保自己失业时能继续供楼吗？保险市场上有这种保险，但保险费很高，所以没有流行。对于一般人来说，这种"失业保险"接受的可能性不大。因此，供楼应该考虑得更周到一些。

如此看来，买保险是必需的，保险理财是必须学习的。

选择投保的基本原则

当你决定投保后，不要过于仓促，也不要和第一家为你推荐服务的保险公司签合同。你应该多联系几家保险公司，对比它们的业绩和所能提供的服务。查看这些公司可以为你的财产带来的保障，核实它们所叙述的服务均已包括在合同的条款中。如果你有一个或者几个地方不太明白的话，不要犹豫，赶紧咨询清楚，做到心中有数，不要只听保险公司的一面之词，一定要亲自核实你所需要的服务都已经在合同中注明。因为保险推销员所说的话是空口无凭的，只有书面的东西才具有效力。

保险多，保障也多，但是保险也不是越多越好。投保是需要成本的，投保的根本原则是以尽可能小的代价获得较全面的保险。所以在买保险的时候，还要遵循一定的基本原则。

1. "三三制"原则

现代家庭理财应推行"三三制"原则，即三分之一的流动资金用于应急；三分之一通过投资，获取较高收益；三分之一用于保险，获得家庭人身财产保障。而在投资类型上，股票、期货解决收益性，属于理财金字塔顶端；基金、储蓄解决流动性，属于金字塔中间；各类保险解决安全性，在家庭理财规划中是必不可少的塔基。

2. 按需选择

按需选择原则就是根据目前所面临的风险种类选择相应险种。市面上针对家庭和个人的商业险种非常多，并不是每个都适合自己。必须识别目前所面临的风险，根据风险种类和发生的可能性来选择险种。

在一个家庭的保障计划中，应首先考虑家庭的经济支柱，优先为其投保，投保的顺序为先大人后小孩。据理财专家统计，目前重大疾病保险的理赔案件中，50％以上的发病率在40~45岁之间。因此，保险专家建议对于家庭经济支柱而言应优先考虑购买保障型寿险和大病险，并附加价高比例的意外险和医疗险。对于小孩而言，投保越早越划算，父母给子女在婴幼儿阶段投保，如果获得的保障相同，那么缴纳的保费会少得多。

3. 合理组合，"混搭"更划算

合理组合即把保险项目进行合理组合，并注意利用各附加险。

许多保险品种除了主险外，还带了各种附加险。如果购买了主险种，有需要的话，可也购买附加险。这样的好处是：其一，避免重复购买多项保险。例如，购买人寿险时附加意外伤害险，就不需要再购买单独的意外伤害险了；其二，附加险的保费相对单独保险的保费较低，可节省保费。所以综合考虑各保险项目的合理组合，既可得到全面保障，又可有效利用资金。

另外，如在商业保险中，能为消费者生病花销提供补偿的健康险一般包括重大疾病保险、医疗报销型保险及医疗补贴型保险三类险种。这三类健康险的保障侧重和保险金给付特点各有不同，每个人视情况不同所需要的健康险不同，而根据自己的特点将不同的健康险作不同方式的"混搭"，可让健康保障更全面。实际操作过程中，首先，考虑是否已参加社会基本医疗保险。如果有社保，那么投保商业健康险就是一个补充，使医疗保障更加全面。如果没有参加社保，则需要商业医疗保险来提供全部的医疗保障。其次，考虑保费预算。一般原则是，每年的医疗保险费是年收入的7%~12%，如果没有社会医疗保障的话，这个比例可以适当提高。最后，可以根据自己的社保和预算情况来确定"混搭"的险种。

4. 先保障后投资原则

投资者在选择保险时要注意分清主次，先保障后投资，让有限的保费预算用在"刀刃"上。具体说来，应该是先考虑寿险、健康险方面的保障，然后考虑养老险、教育险方面的保障，最后才应考虑注重投资功能的保险。

5. 优先有序

优先有序就是要重视高额损失，自留低额损失。确定保险需求要考虑两点：一是风险损害程度，二是发生频率。损害大、频率高的优先考虑保险。对较小的损失，自己能承受得了的，一般不用投保。而且保险一般都

有一个免赔额，低于免赔额的损失，保险公司是不会赔偿的，所以建议放弃低于免赔额的保险。

6. 诚实填写合同，及时合理变更内容

在填写保险合同之前，要看合同保障是不是很全面，有没有说明除外责任，如各保险公司的重大疾病保险条款规定的重大疾病包括哪些，什么才算意外保险等。通常情况下，我们应选择保障范围广的产品，比如看看常见的烧伤、烫伤等意外是否被列入保险责任等。在填写合同时，要本着诚实的原则，比如不隐瞒病史，以免在具体理赔时麻烦，又得不偿失。

7. 保险买得越早越好

年轻时买些保险，不仅能更早地得到保障，而且费率相对低，缴费的压力也相对较轻。因为年龄越小，所需支付的保险费用也越少。而随着岁数增大，不仅保障晚，费用高，更糟的是还可能被保险公司拒保。一般情况下27岁以上，职业相对稳定的年轻人，可以开始考虑自己的养老计划。这时候保费相对不高，又不会给个人经济造成过重压力，不失为明智之举。

8. 不要轻易退保

退保后将遭受较严重的损失：一是没有了保障。二是退保时往往拿回的钱少，会有损失。三是万一以后要投保新保单，则要按新年龄计算保费，年龄越大，保费越高，同时还需考虑身体状况，有时还要加费处理。

如果实在急需用钱，下面介绍两种方法可以减少损失：第一是投保人可以书面形式向保险公司申请贷款。第二就是变更为减额缴清保费。按照一般规定，投保人未能在保费到期日后60天之内交纳保险费，保险合同效力将中止，保险公司暂不承担保险责任，但投保人仍有两年的时间可以申请恢复合同效力。因此，经济状况好转时还可以申请合同复效，复效的保单仍以投保时的费率为基础计算保费。这种做法与重新投保相比，保费不会因年龄增长而增加。

9. 量力而行原则

购买保险理财要量力而行，根据自己的能力进行灵活的自主规划。应根据年龄、职业和收入等实际情况，适当购买人身保险，既要使自己的经济能长时期负担，又能得到应有的保障。一般而言，投资者可利用商

业保险投资理财、保障养老，并配以房地产、基金、股票和储蓄等多种投资工具。

理财专家认为，一般情况下，个人投资的合理配置应为：银行储蓄在个人货币资产中应占据30%的比例，股票等高风险产品约30%，投资类保险理财产品约30%，余下10%的资金做应急使用。投保者可根据这种比例，大致确定投资类保险的购买额度。

跳出保险理财的常见误区

很多人都会把保险当成收益性金融产品，在购买保险之前，都喜欢算算是否划算。如果自己没有出现意外，没得到理赔，就认为自己赔了，买保险就不划算了。

事实上，从保险生效那一刻开始到保险责任终止，这期间，作为被保险人一直在使用着保险，只是因为保险是一种无形商品，被保险人没有感受到。

产生这样的误区的根本原因，是人们还没有真正树立正确的风险观念，或者说对风险的认识还不够。有些错误还是非常普遍的、有代表性的。对于这些典型的认识误区，我们要学会甄别并尽量避免。

1. 买保险不如储蓄和投资

郑女士是一家外企的行政总监，年薪20多万元，还房贷、养车、养孩子……月支出近万元。据郑女士说，她现在有点存款，都用来投资了，没有为家人办保险，"我主要是觉得保险没有太大的实际意义，纯消费型的，出事的概率毕竟很小，应该不会发生在我们身上；养老的、教育的，觉得就类似储蓄，又没多大意思。我的原则就是年轻时拼命赚钱存钱，到老那就是我的'保险'。"

郑女士的想法代表了很多人的看法，但这是一个很典型的错误认识。其实，保险最重要的作用是保障功能，对于经济不很宽裕的人来说，保险解决万一发生不幸，收入突然中断时的经济来源问题；而对于有钱的人，保险的作用主要是保全其已拥有的财产。假如一次重病花掉你10万元，就算你的财力没有问题，但是如果你投保了重疾险，可能只需花费几千元就可以解决这个问题了，这无疑就帮你解决了非常重大的经济问题。

特别是一些纯保障的险种，如意外险和定期寿险等，都是"花小钱，办大事"，每年几百或是千元左右的保费投入，就能换来几十万元的保障额度。而且，现在不少储蓄型的险种，都设有保费豁免条款，也就是说，当投保人因意外伤害事故身故或全残时，可以不再继续交纳保费，仍可享受保障，如各保险公司的少儿教育保险等，一旦投保的父母发生意外事故，无力缴纳保费，但孩子的那份保险可以继续有效，这就体现了保险独一无二的保障作用，其他的教育储蓄、基金投资都无法达到这样一种功能。

记住一点，相对储蓄而言，保险能以较小的费用换取较大的保障，一旦保险事故发生时，保险可提供的保障，是远远超过你的保费投入的。

2. 有了社保就不需要商业保险

宋女士是一位典型的年轻白领，收入不错，公司提供的福利也不错，生活看起来很有保障了。她对朋友说："我们单位已经给我交了'四险一金'，保障很全面的，我自己就不用再掏钱买商业保险了。"

宋女士其实踏入了一个认识上的误区。商业保险与各类国家强制的社会保险功能是不一样的，商业保险可以作为国家社保的一种补充保障，两者之间不存在互相替代的作用。

商业保险的保障范围由投保人、被保险人与保险公司协商确定，不同的保险合同项下，不同的险种，被保险人所受的保障范围和水平是不同的，而社会保险的保障范围一般由国家事先规定，风险保障范围比较窄，保障的水平也比较低。这是由它的社会保障性质所决定的。通过二者之间的比较可以发现，社保通常是保障一个人的最低生活水平和医疗保障要求，而不同种类的商业保险可以保证一个人在遭遇不同的困境时，都可以得到相应的、额度较高的赔偿。比如商业的重大疾病保险，就可以弥补基本社保中大病医疗保障方面对于用药、额度等保障力度的不足。

3. 买保险不为保障为投资

王女士最近刚刚买了一份保险，她向理财专家说："这份保险我感觉很划算了，交20年，一年交7080元，每三年就返款8200元……"王女士说，她以前也没买过什么保险，但现在条件好了，手里有余钱了，就也想买点保险，就当投资了。

暂且不论这个保险产品的好坏，王女士的这种观念是不对的。虽然，目前很多保险产品具有储蓄和保障双重功能，但更重要的、最独特的还是保障功能。百姓投保也应更重视保障方面的作用。如果只注重保险的投资功能，必然偏重于储蓄投资类险种，而忽略人身意外险、健康险等的投入，这是保险市场不成熟的表现。

但很多人都像王女士一样，不愿意投保消费型的纯保障类保险，更愿意投保一些返还型的产品。其实消费型保险一般保费都不高，但保障作用却很强，当然由于保险事故只是可能发生而不是肯定发生，因此让许多人认为是白搭，不愿意投保。但要知道，保险预防的就是意外，一旦发生保险事故，保险才真正发挥保障、救急和弥补损失的作用。在安排家庭保险时，一定要先安排基础保障类的保险，然后考虑投资理财型的保险。

4. 买得多就一定会赔得多

郑女士最近发生事故，在路上被车子刮倒，导致骨折，花去4000多元医疗费用。虽然行动不便，但她想到自己曾经投保过三份住院医疗费用保险，额度都在5000元左右，心中颇有几分"窃喜"之意，心想通过保险理赔报销医疗费用，这次意外事故反而可以令自己"赚笔小钱"，倒也是个意外的收获。

不过，郑女士的"小算盘"却失算了，因为在办理理赔的时候，三家保险公司都要求她出具医疗费用凭证原件。其实，出现这种情况的根源在于郑女士没有了解清楚各类保险的理赔原则是有差异的。如果发生意外残疾或死亡，如果有多份相应的保险，保险理赔上是不会冲突的。但医疗费用保险作为一种补偿型保险，适用补偿原则，即在保险金额的限度内，保险公司按被保险人实际支出的医疗费给付保险金。换言之，不论你在多少家保险公司投保了多少份医疗费用保险，最终的保险金总额不能超过实际支出的医疗费用。

但投保者总是存在一种误解，认为如果在多家保险公司投保医疗费用保险，出险后，各家保险公司均应在其保险额度内给付保险金。

若果真如此，势必就会出现这样的情况：被保险人因为拥有多家保险而更热衷于过度治疗，住院时间愈长，医疗费花费愈多，意味着获利将愈多。事实上，也的确存在这种道德风险，因此，在各家保险公司条款中，均明确要求提供医疗费原始凭证作为获取医疗费赔偿的先决条件，复印件或其他收费凭证均不被受理。

同时，像家财险投保也是如此，保额并非越大越好，因为真正理赔时，保险公司是按财产的实际价值和损失程度确定赔偿金额。所以在投保时，如果超过财产实际价值确定保险金额，只是浪费保费。

5. 只给孩子保而不保大人

小王在事业单位上班，一个月收入不到2000元，怀孕后不久就把工作辞了在家。在初为人母不久的喜悦之后，小王便兴冲冲地给儿子办了两份保险，一份是健康医疗险，一份是教育储蓄险，一年共需交保费4000多元钱。但由于小王夫妇的家庭经济情况比较拮据，这笔保费对夫妻二人来说是个不小的数目。但小王认为，自己和丈夫都没办保险，但日子再苦不能委屈了孩子，所以要先给孩子把保险买上。

其实，孩子当然重要，但小王的做法并不科学，这实际上是个误区。现在每家就一个宝贝，很怕委屈了孩子，所以孩子刚一出生，就急着给孩子办这个保险那个保险。给孩子办保险当然是好事，但据了解，因为经济条件或观念原因，现在很多家长自己都没有保险，心里却想着先给孩子办好保险，这就走进误区了。

因为，每个家庭的支柱是父母，一旦他们因意外、疾病等丧失工作能力或失去收入的时候，整个家庭就将陷入困境。因此，家庭保险有个原则就是：先大人后孩子，先经济支柱后其他成员。

如果是先给孩子上保险，那么万一家长发生不幸，孩子的保费就无人缴纳了，孩子的保单到时候很可能就只能自然失效了，还谈何保障？所以，只有作为经济支柱的家长平安健康，才能给家庭和孩子一份保障，父母才是孩子的最大保障来源。

第五章
股票：高风险高回报的投资工具

做个会炒股的女人

投资股票与做生意是一样的道理，既要选择好产品，也要选择好介入的时机，这样才能让自己稳赚不赔。否则，如果你乱买，就很有可能会掉进股票的陷阱之中，将自己的血本钱全部赔进去，张曼就有这样的经历。

刚开始只是听朋友说买股票能赚钱，所以，后来就开始尝试买股票，朋友对我说买股票与赌博差不多，运气很重要。于是，我也想凭运气赌一把。那时候不太懂，只是凭直觉去买，三个月下来，我的炒股记录可用"操作频繁，屡战屡败"来描述。那段时间我买卖股票70次，最多的一个月相连的6个交易日就交易了14次。三个月下来损失两万多，因为不懂，所以乱买，到最后几乎把我的家当全部输光了……

张曼刚开始只是认为买股票是要凭运气的，所以，带着凭运气的心理，她就开始乱买，到最后却将自己的家当几乎全部赔光。很多初涉股市的人可能都会有张曼的心理，只是想赌一下运气而已，殊不知，股票并不是完全没有规律可循的，只要方法正确，也是可以达到稳赚不赔的目的的。

下面，我们将为大家介绍几种股票投资的策略，希望能对你的股票交易有所帮助。

1. 顺势投资

顺势投资是灵活地跟"风"、反"零股交易"的投资股票技巧，即当股市走势良好时，宜做多头交易，反之做空头交易。但顺势投资需要注意的一点是：时刻注意股价上升或下降是否已达顶峰或低谷，如果确信真的已达此点，那么做法就应与"顺势"的做法相反，这样，投资者便可以出其不意而获先见之"利"。

2. "拔档子"

采用"拔档子"投资法是多头降低成本，保存实力的操作方法之一。也就是投资者在股价上涨时先卖出自己持有的股票，等价位有所下降后再补回来的一种投机技巧。"拔档子"的好处在于可以在短时间内挣得差价，使投资者的资金实现一个小小的积累。

"拔档子"的目的有两个：一是行情看涨卖出，回落后补进；二是行情看跌卖出，再跌后买进。前者是多头推进股价上升时转为空头，希望股价下降再做多头；后者是被套的多头或败阵的多头趁股价尚未太低抛出，待再降后买进。

3. 保本投资

保本投资主要用于经济下滑、通货膨胀、行情不明时。保本即投资者不想亏掉最后可获得的利益。这个"本"比投资者的预期报酬要低得多，但最重要的是没有"伤"到最根本的资金。

4. "反气势"投资

在股市中，首先应确认大势环境无特别事件影响时，可采用"反气势"的操作法，即当人气正旺、舆论一致看好时果断出售；反之果断买进，且越涨越卖，越跌越买。

"反气势"方法在运用时必须结合基本条件。例如，当股市长期低迷、刚开始放量高涨时，你只能追涨；而长期高涨，则开始放量下跌时，你只能杀跌。否则，运用"反气势"不仅不赢利，反而会增加亏损。

5. 摊平投资与上档加码

摊平投资就是投资者买进某只股票后发现该股票在持续下跌，那么，在降到一定程度后再买进一批，这样总平均买价就比第一次购买时的买价低。上档加码指在买进股票后，股价上升了，可再加码买进一些，以便股数增加，从而增加利润。

上档加码与摊平投资的一个共同特点是：不把资金一次投入，而是将资金分批投入，稳扎稳打。

摊平投资一般有以下几种方法：

（1）逐次平均买进摊平。即投资者将资金平均分为几份，一般至少是三份，第一次买进股票只用总资金的1/3。若行情上涨，投资者可以获利；若行情下跌，第二次再买，仍是只用资金的1/3，如果行情升到第一次的水平，便可获利。若第二次买后仍下跌，第三次再买，用去最后的1/3资金。一般来说，第三次买进后股价很可能上升，因而投资者应耐心等待股价回升。

（2）加倍买进摊平。即投资者第一次买进后行情下降，则第二次加倍买进，若第二次买进后行情仍旧下跌，则第三次再加倍买进。因为股价不可能总是下跌，所以加倍再买一次到两次后，通常情况下股票价格会上升的，这样投资者即可获得收益。

股票投资的关键在于选股

股神巴菲特以100美元起家，通过投资而成为拥有数亿美元财富的世界级大富豪。综观巴菲特40多年的股坛生涯，其选股共有22只，投资61亿美元，赢利318亿美元，平均每只股票的投资收益率高达5.2倍以上，创造了有史以来最为惊人的股坛神话。其实，事实上巴菲特发迹的秘密就在于：选择好股票，然后长期拥有。

由此可以看出，从某种意义上来讲，股票投资的关键就在于选择股票上，在于会挑选好企业的股票。如果我们想选择可以赢利的股票，首先要学会选择有赢利的上市公司，然后持有其股票。

巴菲特曾说过，优秀企业的标准：业务清晰易懂，业绩持续优异，由能力非凡并且为股东着想的管理层来经营的大公司。凡事遵循以上所说的标准去选股，就一定能够找到好的股票。

1. 企业管理者的素质

企业的竞争其实就是人才的竞争，企业的发展，管理水平十分重要，特别是在企业迅速增长的时候，企业规模的急剧扩张，需要有高素质的管理者和良好的管理制度来掌好企业发展的舵。管理者素质不够，企业管理水平跟不上企业发展的需要时，企业经营很容易偏离发展的轨道而陷入泥潭。

同样条件下，同样的企业，有一个优秀的管理团队的企业可以使企业发展更快，利润增长更多。优秀的管理者和管理团队不仅让企业眼前发展迅速，也会创造企业文化，提高企业的竞争力，并且从战略高度为企业未来发展指引方向，我们买股票，就是买上市公司的未来。一个优秀的管理团队势必带出一个高成长性的上市公司。

投资者可以从网络、报纸和一些财经周刊上了解某公司的管理者的情况，定期参加一些企业的访谈节目，或者从电视等媒体收看企业老总访谈。从对他们的访谈中了解这个企业的经营、领导者的素质。有能力最好实地考察这个企业的人事制度、决策机构。

2. 企业产品周期和新产品情况

了解一个企业产品的销售情况，研发支出和投入的比例，和同行业的销售比较，新产品的开发程度和核心竞争力，日后产品的价格，这个产品的市场垄断程度。

还要关注行业的生存分析。因为一项新的技术发明所推出的新产品可能成为现有产品的替代品，淘汰现有产品，进而使生产这类产品的行业或其中企业的生存受到威胁。例如，当市场引入CD机后，这一新的产品会使愈来愈多的人放弃使用录音机，而使录音机行业逐步萎缩。又例如，无线通信技术的快速发展和移动电话的普及，使传呼机生产和经营

及无线传呼行业日益萎缩。

技术因素的另一面就是它能增强某一行业的竞争力和扩展发展空间。例如生物技术领域的一些成果在农作物育种方面的应用，就可以直接提高农作物的产量和加工的增值幅度，进而提高整个农业的产出效率。民用航空技术就可促进运输业的繁荣，进而带动旅游业收入的增加。

3. 企业的财务报表分析

企业的财务报表是我们得到上市公司信息的主要来源，很多股票投资者喜欢听一些小道消息，或者专家推荐的股票，而不去自己研究上市公司，其实我们读懂上市公司的财务报表，其中的利润、资产、负债表是投资者决策的重要依据。我们看企业财务表，其实只需要了解几个关键的分析数据就可以了。

上市公司的财务报表是公司的财务状况、经营业绩和发展趋势的综合反映，是投资者了解公司、决定投资行为的最全面、最可靠的第一手资料。

在对一个公司进行投资之前，首先要了解该公司的下列情况：公司所属行业及所处的位置、经营范围、产品及市场前景；公司股本结构和流通股的数量；公司的经营状况，尤其是每股的市赢率和净资产；公司股票的历史及目前价格的横向、纵向比较情况等。财务报表各项指标如下：

（1）赢利能力比率指标分析。赢利是公司经营的主要目的，赢利比率是对投资者最为重要的指标。检验赢利能力的指标主要有：

资产报酬率：也叫投资赢利率，表明公司资产总额中平均每百元所能获得的纯利润，可用以衡量投资资源所获得的经营成效，原则上比率越大越好。

资产报酬率＝税后利润÷平均资产总额×100％

平均资产总额＝（期初资产总额＋期末资产总额）÷2

股本报酬率：指公司税后利润与其股本的比率，表明公司股本总额中平均每百元股本所获得的纯利润。

股本报酬率＝税后利润÷股本×100％

公式中股本指公司股票面值计算的总金额，股本报酬率能够体现公司股本赢利能力的大小，原则上数值越大越好。

股东权益报酬率：又称为净值报酬率，指普通股投资者获得的投资报酬率。

股东权益报酬率＝（税后利润－优先股股息）÷股东权益×100％

股东权益或股票净值、资本净值，是公司股本、公积金、留存收益等的总和。股东权益报酬率表明普通股投资者委托公司管理人员应用其资金所获得的投资报酬，所以数值越大越好。

每股赢利：指扣除优先股股息后的税后利润与普通股股数的比率。

每股赢利＝（税后利润－优先股股息）÷普通股总股数

这个指标表明公司获利能力和每股普通股投资的回报水平，数值当然越大越好。

每股净资产额：也称为每股账面价值。

每股净资产额＝股东权益÷股本总数

这个指标反映每一普通股所含的资产价值，即股票市价中有实物作为支持部分。一般经营业绩较好的公司的股票，每股净资产额必然高于其票面价值。

营业利润率：指公司税后利润与营业收入的比值，表明每百元营业收入获得的收益。

营业利润率＝税后利润÷营业收入×100％

数值越大，说明公司获利的能力越强。

（2）偿还能力比率指标分析。对于投资者来说，公司的偿还能力指标是判定投资安全性的重要依据。

短期债务清偿能力比率，又称为流动性比率，主要有下面几种：

流动比率＝流动资产总额÷流动负债总额

流动比率表明公司每一元流动负债有多少流动资产作为偿付保证，比率较大，说明公司对短期债务的偿付能力越强。

速动比率＝速度资产÷流动负债

速动比率也是衡量公司短期债务清偿能力的数据。速动资产是指那些可以立即转换为现金来偿付流动负债的流动资产，所以这个数字比流动比率更能够表明公司的短期负债偿付能力。

流动资产构成比率＝每一项流动资产额÷流动资产总额

流动资产由多种部分组成，只有变现能力强的流动资产占有较大比例时企业的偿债能力才更强，否则即使流动比率较高也未必有较强的偿债能力。

长期债务清偿能力比率：长期债务是指一年期以上的债务。长期偿债能力不仅关系到投资者的安全，还反映公司扩展经营能力的强弱。

股东权益对负债比率＝股东权益总额÷负债总额×100％

股东权益对负债比率表明每百元负债中，有多少自有资本作为偿付保证。数值大，表明公有足够的资本以保证偿还债务。

负债比率＝负债总额÷总资产净额×100％

负债比率又叫做举债经营比率，显示债权人的权益占总资产的比例，数值较大，说明公司扩展经营的能力较强，股东权益的运用越充分，但债务太多，会影响债务的偿还能力。

（3）比率效率指标分析。比率效率是用来考察公司运用其资产的有效性及经营效率的指标。

存货周转率＝营业成本÷平均存货额

存货周转率越高，说明存货周转快，公司控制存货的能力强，存货成本低，经营效率高。

应收账款周转率＝营业收入÷应收账款平均余额

应收账款周转率表明公司收账款效率。数值大，说明资金运用和管理效率高。

4. 财务报表简要阅读法

按规定，上市公司必须把中期上半年财务报表和年度财务报表公开发表，投资者可从有关报刊上获得上市公司的中期和年度财务报表。

阅读和分析财务报表虽然是了解上市公司业绩和前景最可靠的手段，但对于一般投资者来说，又是一件非常枯燥繁杂的工作。比较实用的分析法，是查阅和比较下列几项指标。

（1）主要财务数据。

主营业务同比指标：主营业务是公司的支柱，是一项重要指标。上升幅度超过20％的，表明成长性良好，下降幅度超过20％的，说明主营业务滑坡。

净利润同比指标：这项指标也是重点查看对象。此项指标超过20％，一般是成长性好的公司，可作为重点观察对象。

查看合并利润及利润分配表：凡是净利润与主赢利润同步增长的，可视为好公司。如果净利润同比增长20％，而主营业务收入出现滑坡，说明利润增长主要依靠主营业务以外的收入，应查明收入来源，确认其是否形成了新的利润增长点，以判断公司未来的发展前景。

主营业务利润率：主营业务利润÷主营业务收入×100％，主要反映公司在该主营业务领域的获利能力，必要时可用这项指标作同行业中不同公司间获利能力的比较。

以上指标可以在同行业、同类型企业间进行对比，选择实力更强的作为投资对象。

（2）"重大事件说明"和"业务回顾"。这些栏目中经常有一些信息，预示公司在建项目及其利润估算的利润增长潜力，值得分析验证。

（3）股东分布情况。从公司公布的十大股东所持股份数，可以粗略判断股票有没有大户操作。如果股东中有不少个人大户，这只股票的炒作气氛将会较浓。

（4）董事会的持股数量。董事长和总经理持股较多的股票，股价直接牵扯他们的个人利益，公司的业绩一般都比较好；相反，如果董事长和总经理几乎没有持股，很可能是行政指派上任，就应慎重考虑是否投资这家公司，以免造成损失。

（5）投资收益和营业外收入。一般来说，投资利润来源单一的公司比较可信，多元化经营未必产生多元化的利润。

掌握股票买入的最佳时机

股市是高风险高收益的投资场所，可以说股市中风险无处不在，无时不有，而且也没有任何方法可以使这种风险完全避免。当然，作为投资

者买股票主要是买未来,希望买到的股票未来会涨。炒股有几个重要因素——量、价、时,时即为介入的时间,这是最为重要的。介入时间选得好,就算股票选得差一些,也会有钱赚,相反介入时机不好,即便选对了股也不会涨,而且还会被套牢。所谓好的开始即成功了一半,选择"买卖"点非常重要,在好的买进点介入,不仅不会套牢,而且可坐享被抬轿之乐。而如果在错误的时机买入股票,一定会惨遭损失。那么,投资者该如何把握股票的买入点呢?具体来说,可以根据以下几个方面来确定股票的最佳买入点。

1. 根据消息面判断短线买入时机

当大市处于上升趋势初期出现利好消息,应及早介入;当大市处于上升趋势中期出现利好消息,应逢低买入;当大市处于上升趋势末期出现利好消息,就逢高出货;当大市处于跌势中期出现利好消息,短线可少量介入抢反弹。

2. 根据基本面判断买入时机

股市是国民经济的"晴雨表"。在国民经济持续增长的大好环境作用下,股市长期向好,大盘有决定性的反转行情,坚决择股介入。

长期投资一只个股,要看它的基本面情况,根据基本面,业绩属于持续稳定增长的态势,那完全可以大胆介入;如果个股有突发实质性的重大利好,也可择机介入,等待别人来抬轿。

3. 根据行业政策判断买入时机

根据国家对某行业的政策,以及行业特点、行业公司等情况,买入看好的上市公司,比如国家重点扶持的农业领域,在政策的影响下,农业类的具有代表性的上市公司就是买入的群体。

4. 根据趋势线判断短线买入时机

中期上升趋势中,股价回调不破上升趋势线又止跌回升时是买入时机;股价向上突破下降趋势线后回调至该趋势线上是买入时机;股价向上突破上升通道的上轨线是买入时机;股价向上突破水平趋势线时是买入时机。

5. 根据成交量判断短线买入时机

(1)股价上升且成交量稳步放大时。底部量增,价格稳步盘升,主力吸足筹码后,配合大势稍加拉抬,投资者即会加入追涨行列,放量突破后即是一段飙涨期，所以第一根巨量长阳宜大胆买进，可有收获。

（2）缩量整理时。久跌后价稳量缩。在空头市场，媒体上都非常看坏后市，但一旦价格企稳，量也缩小时，可买入。

6. 根据K线形态确定买入时机

（1）底部明显突破时为买入时机。比如，W底、头肩底等，在股价突破颈线点，为买点；在相对高位的时候，无论什么形态，也要小心为妙；另外，当确定为弧形底，形成10％的突破，为大胆买入时机。

（2）低价区小十字星连续出现时。底部连续出现小十字星，表示股价已经止跌企稳，有主力介入痕迹，若有较长的下影线更好，说明多头位居有利地位，是买入的较好时机。重要的是：价格波动要趋于收敛，形态必须面临向上突破。

7. 根据移动平均线判断买入时机

（1）上升趋势中股价回档不破10日均线是短线买入时机。上升趋势中，股价回档至10日均线附近时成交量应明显萎缩，而再度上涨时成交量应放大，这样后市上涨的空间才会更大。

（2）股价有效突破60日平均线时是中线买入时机。当股价突破60日均线前，该股下跌的幅度越大、时间越长越好，一旦突破之后其反转的可能性也将越大。

当股价突破60日均线后，需满足其均线拐头上行的条件才可买入。若该股突破均线后其60日均线未能拐头上行，而是继续走下行趋势时，则表明此次突破只是反弹行情，投资者宜买入。

如果换手率高，30日均线就是股价中期强弱的分界线。

8. 根据周线与日线的共振、二次金叉等几个现象寻找买点

（1）周线与日线共振。周线反映的是股价的中期趋势，而日线反映的是股价的日常波动，若周线指标与日线指标同时发出买入信号，信号的可靠性便会大增。如周线KDJ与日线KDJ共振，常是一个较佳的买点。日线KDJ是一个敏感指标，变化快，随机性强，经常发生虚假的买、卖信号，使投资者无所适从。运用周线KDJ与日线KDJ共同金叉（从而出现"共振"），就可以过滤掉虚假的买入信号，找到高质量的买入信号。不过，在实际操作时往往会碰到这样的问题：由于日线KDJ的变化速度比周

线KDJ快，当周线KDJ金叉时，日线KDJ已提前金叉几天，股价也上升了一段，买入成本已抬高。为此，激进型的投资者可在周线K、J两线勾头、将要形成金叉时提前买入，以求降低成本。

（2）周线二次金叉。当股价经历了一段下跌后反弹起来突破30周线位时，我们称为"周线一次金叉"。不过，此时往往只是庄家在建仓而已，我们不应参与，而应保持观望。当股价再次突破30周线时，我们称为"周线二次金叉"，这意味着庄家洗盘结束，即将进入拉升期，后市将有较大的升幅。此时可密切注意该股的动向，一旦其日线系统发出买入信号，即可大胆跟进。

什么时候该卖出股票

买股票虽然不容易，但卖股票同样也是一门大学问，许多股民都很会买股票，但却不懂得如何卖股票。事实上，一个真正成功的股民在懂得买股票的基础上，也要懂得在最适当的时机卖出股票。

投资者的目的如果是既定的利润率，在市场给予的利润率达到一定的程度，而这个利润率在短期内进一步上升的可能性较小时，就是投资者卖出股票的时机。"只有傻瓜才会等着股价到达最高位"，一定要学会见好就收。

在股市上，专业散户的标准有很多：会看、会瞄、会买、会跟、会思、会卖、会逃、会分析、会判断……总而言之，会赚钱。但最基础的一点就是要会出逃，会卖掉自己手中的股票。因为唯有此才能保障自己的收益。如果你的股票赚了钱，只要这一分钟没有卖掉，在下一分钟就有亏本的可能。所以，会卖、会跑才是真本事，才是优秀散户的起码标准。

2006年夏，夏雨抱着对股市的良好愿望，提着自己的全部积蓄5万元开了户。并且由于夏雨是学财经出身，具备一定的证券市场知识，同时也从事证券信息编辑工作，接触股市的机会也较多，因此自信满满。刚开始尝试着买几只股票，借着当时牛市东风，股票也是水涨船高，股票涨停有时也变成可预期的事情。这让夏雨开始沾沾自喜。

然而，之后购买一只股票的经历让夏雨懂得了及时获利了结是多么的重要。夏雨在周围朋友的大力推荐下于2007年5月15日以19元的价格买入大唐发电（601991），之后大唐发电一路走高，最高2007年6月20日达到45.24元。在这期间，有好几次朋友对她说该获利出局了。可夏雨认为基于良好的分红预期，大唐发电还将继续往上涨，她要等到最高点再卖出股票。然而，她的预想落空了，之后大唐发电一路走低。虽然后来大唐发电在分红之前又一次达到39元的高点。但夏雨还梦想着它能涨到40多元，并没有趁着这次反弹卖出，结果到9月15日的时候，实在受不了它的不断下跌，20元清仓了结。

夏雨感觉自己好像坐了一趟过山车，从哪儿来又回到了哪里。在这次博弈中，她抓住了飙升的大黑马，可是她并没有获得相应的回报，原因就在于她没有把握住卖出股票的时机。其实，在新股民中犯这种错误的人不在少数，他们没有经过熊市的洗礼，风险意识淡薄，对股票的期望值太高，总想短期内在一只股票上大赚特赚。结果到嘴的肥肉没有吃到，甚至还亏了本。

可见，把握股票卖出时机如此重要，那么对投资者来说，该如何找到卖出股票的关键时机呢？

1. 大盘行情形成大头部时，坚决清仓全部卖出

上证指数或深综合指数大幅上扬后，形成中期大头部时，是卖出股票的关键时刻。不少市场评论认为抛开指数炒个股，这种提法不科学。只关注个股走势是只见树木不见森林。根据历史统计资料显示：大盘形成大头部下跌，竟有90％~95％以上的个股形成大头部下跌。大盘形成大底部时，有80％~90％以上的个股形成大底部。大盘与个股的联动性相当强，少数个股在主力介入操控下逆市上扬，这仅仅是少数、个别现象。要逮到这种逆市上扬的"庄股"概率极低。因此，大盘一旦形成大头部区，是果

断分批卖出股票的关键时刻。

2. 大幅上升后，成交量大幅放大，是卖出股票的时候

当股价大幅上扬之后，持股者普遍获利，一旦某天该股大幅上扬过程中出现卖单很大、很多，特别是主动性抛盘很大，反映主力、大户纷纷抛售，这是卖出的强烈信号。尽管此时买入的投资者仍多，买入仍踊跃，迷惑了不少看盘经验差的投资者，有时甚至做出换庄的误判，其实主力是把筹码集中抛出，没有大主力愿在高价区来收集筹码，来实现少数投资者期盼的"换庄"目的。

成交量创下近数个月甚至数年的最大值，是主力卖出的有力信号，是持股者卖出的关键，没有主力拉抬的股票难以上扬，仅靠广大中小散户很难推高股价的。上扬末期成交量创下天量，90％以上形成大头部区。

3. 股价大幅上扬后，除权日前后是卖股票的关键时机

上市公司年终或中期实施送配方案，股价大幅上扬后，股权登记日前后或除权日前后，往往形成冲高出货的行情，一旦该日抛售股票连续出现十几万股的市况，应果断卖出，反映主力出货，不宜久持该股。

4. 上升较大空间后，日K线出现十字星或长上影线的倒锤形阳线或阴线时，是卖出股票的时候

上升一段时间后，日K线出现十字星，反映买方与卖方力量相当，局面将由买方市场转为卖方市场，高位出现十字星犹如开车遇到十字路口的红灯，反映市场将发生转折。股价大幅上升后，出现带长上影线的倒锤形阴线，反映当日抛售者多，若当日成交量很大，更是见顶信号。许多个股形成高位十字星或倒锤形长上影阴线时，80％～90％的机会形成大头部，应果断卖出股票。

5. 该股票周K线上6周RSI值进入80以上时，应逢高分批卖出

买入某只股票，若该股票周K线6周RSI值进入80以上时，几乎90％构成大头部区，可逢高分批卖出，规避下跌风险为上策。

当然，在这里需要提醒投资者注意的是，以上所提及的每种方法都有一定程度的不完善之处，因此在使用时不可过于机械。此外，投资者需要特别注意的是期望在最高点卖出只是一种奢望，唯有保持平和的心态，见好就收才是正确的股票投资方法。

妥善控制股市风险

"股市有风险，入市须慎重。"对于股票投资者来讲，风险控制永远比获取利润更为重要。而对于某些投资者来讲，却没有任何风险控制的意识，尤其是很多新股民（包括不少老股民），大都是抱着"到股市里面捡钱"的想法而入市的，对投资股票的风险几乎没有任何认识。他们永远关心的只是"该股能涨多少"，却从来不关心"该股会跌多少"。可见，这种没有任何风险控制的投资，往往最终使得自己损失惨重。

这里不再啰唆什么市场风险（又称系统风险）、非市场风险（又称非系统风险）之类的话。只是简单说一句"收益有多高，风险就有多大"绝对是投资中的至理名言。希望大家能够引起重视，在真正投资之前，认清风险，正视风险树立风险意识，做好规避股票交易风险的准备工作。

2007年5月30日，狂跌的股市给那些充满着期待的股民们上了一堂精彩的风险课。由于政策的变动，证券交易印花税税率由0.1%上调至0.3%，这使得沪深股指一泻千里。在这种背景下，那些心中毫无风险意识的股民在还没有来得及分享牛市的成长，就惨遭了狠狠的一记闷棍，只能默默地流着泪自己承受。

可见，作为投资者股民必须要对股票的投资有一定的风险控制策略，也只有这样才可能避免股市的残酷和无情。对于个体投资者而言，成功的风险控制主要分为以下几点。

1. 掌握必要的证券专业知识

炒股不是一门科学，而是一门艺术。但艺术同样需要扎实的专业知识和基本技能。你能想象一位音乐大师不懂五线谱吗？所以，花些时间和精

力学习一些基本的证券知识和股票交易策略，才有可能成长为一名稳健而成功的股票投资人。否则，只想靠运气赚大钱，即使运气好误打误撞捞上一笔，也不可能期望着好运气永远伴随着你。

2. 认清投资环境，把握投资时机

在股市中常听到这样一句格言："选择买卖时机比选择股票更重要。"所以，在投资股市之前，应该首先认清投资的环境，避免逆势买卖。否则，在没有做空机制的前提下，你选择熊市的时候大举进攻，而在牛市的时候却鸣金收兵，休养生息，不能不说是一种遗憾。

（1）宏观环境。股市与经济环境、政治环境息息相关。

当经济衰退时，股市萎缩，股价下跌；反之，当经济复苏时，股市繁荣，股价上涨。

政治环境亦是如此。当政治安定、社会进步、外交顺畅、人心踏实时，股市繁荣，股价上涨；反之，当人心慌乱时，股市萧条，股价下跌。

（2）微观环境。假设宏观环境非常乐观，股市进入牛市行情，那是否意味着随便建仓就可以赚钱了呢？也不尽然。尽管牛市中确实可能会出现鸡犬升天的局面，但是牛市也有波动。如果你入场时机把握不好，为利益引诱盲目进入建仓，却不知正好赶上了一波涨势的尾部，那么牛市你也会亏钱，甚至亏损得十分严重。

所以，在研究宏观环境的同时，还要仔细研究市场的微观环境。

3. 确定合适的投资方式

股票投资采用何种方式因人而异。一般而言，不以赚取差价为主要目的，而是想获得公司股利的多采用长线交易方式。平日有工作，没有太多时间关注股票市场，但有相当的积蓄及投资经验，多适合采用中线交易方式。空闲时间较多，有丰富的股票交易经验，反应灵活，采用长中短线交易均可。如果喜欢刺激，经验丰富，时间充裕，反应快，则可以进行日内交易。

理论上，短线交易利润最高，中线交易次之，长期交易再次。

4. 制订周详的资金管理方案

俗语说："巧妇难为无米之炊。"股票交易中的资金，就如同我们赖以生存、解决温饱的大米一样。"大米"有限，不可以任意浪费和挥霍。

因此，"巧妇"如何将有限的"米"用于"炒"一锅好饭，便成为极重要的课题。

股票投资人一般都将注意力集中在市场价格的涨跌之上，愿意花很多时间去打探各种利多利空消息，研究基本因素对价格的影响，研究技术指标作技术分析，希望能作出最标准的价格预测，但却常常忽略了本身资金的调度和计划。

其实，在弱肉强食的股市中，必须首先制订周详的资金管理方案，对自己的资金进行最妥善的安排，并切实实施，才能确保资金的风险最小。只有保证了资金风险最小，才能使投资者进退自如，轻松面对股市的涨跌变化。

5. 正确选择股票

选择适当的股票亦为投资前应考虑的重要工作。股票选择正确，则可能会在短期内获得赢利；而如果选择错误，则可能天天看着其他股票节节攀升，而自己的股票却如老牛拖车，甚至狂跌不止。

6. 要控制资金投入比例

在行情初期，不宜重仓操作。在涨势初期，最适合的资金投入比例为30%。这种资金投入比例适合于空仓或者浅套的投资者采用，对于重仓套牢的投资者而言，应该放弃短线机会，将有限的剩余资金用于长远规划。

7. 要懂得适可而止

股市风险不仅存在于熊市中，在牛市行情中也一样有风险。在股市脱离其内在价值时，股民应执行投资纪律，坚决离开。

第六章
外汇：让钱生出更多钱

外汇及汇率

　　外汇就是外国货币或以外国货币表示的能用于国际结算的支付手段。根据规定，外汇是指：（1）外国货币，包括纸币、铸币；（2）外币支付凭证，包括票据、银行的付款凭证、邮政储蓄凭证；（3）外币有价证券，包括政府债券、公司债券、股票等；（4）特别提款权、欧洲货币单位；（5）其他外币计值的资产。

　　"在外汇中，日元是最为刺激的币种，我的经验是，只要买进日元，即使被套牢，不管是在3个月，还是9个月后，总是会有机会将之解套出来，也就是这个判断让我有了全仓压入的信心……"

　　在向朋友讲到买外汇的经验时，赵婷滔滔不绝，因为这几年通过炒外汇确实让她的财富有了大规模的上升，周围的朋友很是羡慕，经常向她来取经。在这里，提到外汇，许多女性可能并不太熟悉，也没有尝试过，但是，它确实是一种不错的投资方式，在了解之后，你可能就要跃跃欲试了。

　　外汇是伴随着国际贸易产生的，外汇交易是国际间结算债权债务关系的工具，而且随着国际经济贸易的逐渐发展，外汇交易不仅在数量上成倍增长，而且在实质上也发生了重大的变化。外汇交易不仅是国际贸易的一种工具，而且已经成为国际上最重要的金融商品。

1. 外汇：外汇有动态和静态两种含义

动态意义上的外汇，是指人们将一种货币兑换成另一种货币，清偿国际间债权债务关系的行为。这个意义上的外汇概念等同于国际结算。

静态意义上的外汇又有广义和狭义之分。

广义的静态外汇是指一切用外币表示的资产。中国以及其他各国的外汇管理法令中一般沿用这一概念。根据《中华人民共和国外汇管理条例》规定，外汇包括外国货币，包括钞票、铸币等；外币支付凭证，包括票据、银行存款凭证、邮政储蓄凭证等；外币有价证券，包括政府债券、公司债券、股票等；特别提款权、欧洲货币单位；其他外汇资产。从这个意义上说外汇就是外币资产。

狭义的静态外汇是指以外币表示的可用于国际之间结算的支付手段。从这个意义上讲，只有存放在国外银行的外币资金，以及将对银行存款的索取权具体化了的外币票据才构成外汇，主要包括银行汇票、支票、银行存款等。这就是通常意义上的外汇概念。

2. 汇率

汇率，又称汇价、外汇牌价或外汇行市，即外汇的买卖价格。它是两国货币的相对比价，也就是用一国货币表示另一国货币的价格。

在外汇市场上，汇率是以五位数字来显示的，如，欧元（EUR）0.9705、日元（JPY）119.95、英镑（GBP）1.5237。

汇率的最小变化单位为一点，即最后一位数的一个数字变化，如，欧元（EUR）0.0001、日元（JPY）0.01、英镑（GBP）0.0001。

按国际惯例，通常用三个英文字母来表示货币的名称，以上中文名称后的英文即为该货币的英文代码。

3. 汇率的标价方式

汇率的标价方式分为两种：直接标价法和间接标价法。外汇市场上的报价一般为双向报价，即由报价方同时报出自己的买入价和卖出价，由客户自行决定买卖方向。买入价和卖出价的价差越小，对于投资者来说意

味着成本越小。

（1）直接标价法。直接标价法，又叫应付标价法，是以一定单位的外国货币为标准来计算应付出多少单位本国货币。这相当于计算购买一定单位外币应付多少本币，所以叫应付标价法。在国际外汇市场上，日元、瑞士法郎、加元等均为直接标价法。比如，日元119.05表示1美元兑换119.05日元。

在直接标价法下，若一定单位的外币折合的本币数额多于前期，则说明外币币值上升或本币币值下跌，叫做外汇汇率上升；反之，如果用比原来较少的本币即能兑换到同一数额的外币，这说明外币币值下跌或本币币值上升，叫做外汇汇率下跌。

（2）间接标价法。间接标价法，又称应收标价法。它是以一定单位的本国货币为标准，来计算应收若干单位的外国货币。在国际外汇市场上，欧元、英镑、澳元等均为间接标价法。如欧元0.9705即1欧元兑换0.9705美元。

在间接标价法中，本国货币的数额保持不变，外国货币的数额随着本国货币币值的对比变化而变动。如果一定数额的本币能兑换的外币数额比前期少，这表明外币币值上升或本币币值下降，即外汇汇率上升；反之，如果一定数额的本币能兑换的外币数额比前期多，则说明外币币值下降或本币币值上升，即外汇汇率下跌。

4. 汇率分析

汇率分析的方法主要有两种：基础分析和技术分析。基础分析是对影响外汇汇率的基本因素进行分析，基本因素主要包括各国经济发展水平与状况，世界、地区与各国政治情况，市场预期等。技术分析是借助心理学、统计学等学科的研究方法和手段，通过对以往汇率的研究，预测出汇率的未来走势。

在外汇分析中，基本不考虑成交量的影响，即没有价量配合，这是外汇汇率技术分析与股票价格技术分析的显著区别之一。因为，国际外汇市场是开放和无形的市场，先进的通信工具使全球的外汇市场联成一体，市场的参与者可以在世界各地进行交易（除了外汇期货外），某一时段的外汇交易量无法精确统计。

外汇理财并非难事

在我们的身边要说某人炒股，人们会感到非常平常，但要说某人炒汇就会让人多少感到有些新鲜了。但是进入21世纪以来，特别是借助着互联网技术的快速发展，使得个人投资者进入外汇市场成为可能，这也进一步推动外汇交易成为全球投资的新热点。

在外汇交易中，一般存在着即期外汇交易、远期外汇交易、外汇期货交易以及外汇期权交易等4种交易方式。

1. 即期外汇交易

即期外汇交易又称为现货交易或现期交易，是指外汇买卖成交后，交易双方于当天或两个交易日内办理交割手续的一种交易行为。即期外汇交易是外汇市场上最常用的一种交易方式，即期外汇交易占外汇交易总额的大部分，主要是因为即期外汇买卖不但可以满足买方临时性的付款需要，也可以帮助买卖双方调整外汇头寸的货币比例，以避免外汇汇率风险。

2. 远期外汇交易

远期外汇交易跟即期外汇交易相区别，是指市场交易主体在成交后，按照远期合同规定，在未来（一般在成交日后的3个营业日之后）按规定的日期交易的外汇交易。远期外汇交易是有效的外汇市场中必不可少的组成部分。20世纪70年代初期，国际范围内的汇率体制从固定汇率为主导向转以浮动汇率为主，汇率波动加剧，金融市场蓬勃发展，从而推动了远期外汇市场的发展。

3. 外汇期货交易

随着期货交易市场的发展，原来作为商品交易媒体的货币（外汇）也成为期货交易的对象。外汇期货交易就是指外汇买卖双方于将来时间（未来某日），以在有组织的交易所内公开叫价（类似于拍卖）确定的价格，

买入或卖出某一标准数量的特定货币的交易活动。其中标准数量指特定货币（如英镑）的每份期货交易合同的数量是相同的。特定货币指在合同条款中规定的交易货币的具体类型，如3个月的日元。

4. 外汇期权交易

外汇期权是指交易的一方（期权的持有者）拥有合约的权利，并可以决定是否执行（交割）合约。如果愿意的话，合约的买方（持有者）可以听任期权到期而不进行交割。卖方毫无权利决定合同是否交割。

另外，随着外汇市场的发展，进行外汇交易的门槛也越来越低，一些引领行业的外汇交易平台只需要250美元就可开始交易，也有一些交易商需要500美元就可以开始交易，这便在某种程度上大大方便了普通投资者的进入。对于一些想投资外汇市场的朋友来说，一般可以通过以下3个交易途径进行外汇交易。

1. 通过银行进行交易

通过中国银行、交通银行、建设银行或招商银行等国内有外汇交易柜台的银行进行交易。这种交易途径的时间是周一至周五。交易方式为实盘买卖和电话交易，也可挂单买卖。

2. 通过境外金融机构在境外银行交易

这种交易途径的时间为周一至周六上午，每天24小时。交易方式为保证金制交易，通过电话进行交易（免费国际长途），可挂单买卖。

3. 通过互联网交易

这种交易途径的时间为周一至周六上午，每天24小时。交易方式为保证金制交易，通过互联网进行交易，可挂单买卖。

需要注意的是，网上外汇交易平台上的交易都是利用外汇保证金的制度进行投资的，也是绝大多数汇民采取的交易途径。在外汇保证金交易中，集团或是交易商会提供一定程度的信贷额给客户进行投资。如客户要买一手10万欧元，他只要给1万欧元的押金就可以进行这项交易了。当然客户愿意多投入资金也可以，集团和交易商只是要求客户做这项投资时把账户内的资金维持在1万欧元这个下限之上，这个最少的维持交易的押金就是保证金。在保证金的制度下，相同的资金可以比传统投资获得相对多的投资机会，获利和亏损的金额也相对扩大。如果利用这种杠杆式的操作，更灵活地运用各种投资策略，可以以小搏大、四两拨千斤。

在保证金制度下，因为资金少于投资总值，所以不会积压资金、不怕套牢、可买升或跌双向获利。除了周六日外，外汇市场一个时区接着另一个时区，全天候24小时运作。另外手续费低，少于五千分之一的手续费使获利机会更高。

如何判别外汇走势

汇民做外汇买卖的最大的心理企盼就是准确地预测汇率，以保证自己获利。而基本面分析可以令我们把握外汇市场的国家的经济基本面，从而决定汇价的长期趋势。

炒汇的难点，一是分辨行情是多头、空头或盘整形态；二是克服逆市操作的人性弱点，为此既要不断积累经验增加认知，又要对基本面、技术面勤加研判，舍此并无捷径可走。

1. 经济增长速度

各国经济的增长速度，是影响汇价的最基本因素。一个国家的经济加速增长会形成利好，这个国家的货币就会升值。在汇市中，美元占据主导地位。美国的经济增长速度影响着汇市，起着举足轻重的作用，一定要关心美国的经济数据。如果美国公布的经济数据普遍不好，会造成美元大幅下挫。

如，2002年11月6日周四凌晨，因失业率上升、制造业萎缩以及消费者信心下降，美联储调低利率50个基点，使利率降至1961年7月以来的最低水平。在此之前多数经济学家预测此次美联储将降息25个基点。美联储此次调低利率50个基点，令市场吃惊。其后，美元兑主要货币跌至短期支撑位下方。

2. 国际收支

国际收支也是影响汇市的基本因素之一。国际收支是指商品和劳务的

第二篇 金融投资——把握最有效的金融投资工具 第六章 外汇：让钱生出更多钱

进出口和资本的输出和输入。一个国家的对外贸易在国际的收支中，如果收入大于支出，则对外贸易有盈余，也叫顺差；相反，这个国家的对外贸易中收入小于支出，就是贸易赤字，也叫逆差。

一个国家的贸易出现顺差，说明这个国家的经济基本面好，市场对这个国家货币的需求增加，会使这个国家的货币升值。如果一个国家的贸易出现逆差，市场对这个国家货币的需求就会减少，会使这个国家的货币贬值。

例如，2007年美国为了保持国内的物价稳定，采取了两个政策：一是主动让美元贬值；二是保持巨额外贸逆差。美国的贸易逆差呈现下降趋势，对本国经济增长会发挥积极的作用。但是，长期大量的贸易逆差会使外国持有美元者信心受到动摇，从而加大美元贬值。这带来的后果是国际市场以美元计价的商品价格猛涨，如石油、铁矿石等。这种上涨趋势会传递到其他国家，直接造成以进口原材料生产的产品成本上升，销售价格随之水涨船高。

3. 货币的供应量

货币的供应量是指一个国家的央行或发行货币的银行发行货币的数量，这对汇率的影响也很大。如果发行的纸币过多，就会造成纸币大幅贬值，以致整个金融市场崩溃的情况。

如果一个国家的经济增长速度缓慢，或者经济在衰退，那么这个国家的央行就要考虑增加货币的供应量来刺激经济，它会奉行调低利率等宽松的货币政策，这个国家减息的可能性就会加大。反之，如果在采取了这种政策之后，经济好转，货币发行过多，会造成货币增长过快。那么这个国家的央行就要采取紧缩的货币政策。它要减少货币供应量，以避免通货膨胀。

4. 利率水平

利率和汇价是紧密联系的。如果一个国家的利率过低，就有可能造成货币从一个低利率的国家流出，流向一个高利率的国家，大家以此获取息差。在国际上有一种"抛补套利"的做法就是根据这个原理操作的。

2005年，国际外汇市场完全陷入利率旋涡之中，美元的走势受利率影响最大。2004年6月美联储开始了它的加息之旅，进入2005年后，美联储加息带来的利好效应开始呈现，而此后美联储继续一系列加息举措使美元成为市场焦点，美元的霸主地位凸显。美联储利率与美元汇率节节攀升，取得了双赢效果。然而，好景不长，在经历了利率风波后，美元疲态尽现。

2006年美元进入调整年份，而2007年，美元更是步入了空前的下跌之中。美联储连续降息后，美元的利率水平已经很低，于是它对其他的主要货币连续地贬值。

造成美元2007年下跌还有一个重要因素就是次级抵押贷款问题的暴发，以及次贷问题所遗留的后遗症。美元在受到这一重大挫折后走势犹如滑铁卢，一发而不可收。

2007年12月4日，加拿大央行出人意料地宣布自2004年4月以来首次降息。加拿大的此次降息造成加元汇率的大幅下挫，兑美元的汇率重新上升到1:1之上。

汇市风云变化无常，三十年河东，三十年河西。2007年影响汇市变动的因素也变得更为复杂，次级抵押贷款、利率等都在不断影响着汇率的发展，但其中利率的影响仍不容小觑。

5. 生产者物价指数

生产者物价指数表明生产原料价格的情况，可以用来衡量各种不同的商品在不同生产阶段的价格变化。各国通过统计局向各大生产商搜集各种商品的报价，并通过自己的计算方法计算出百进位形态以便比较。

如，现在美国公布的PPI数据以1967年的指数当作100来计算，这个指数由美国劳工部公布，每月一次。大家看到如果公布的这个指数比预期高，说明有通货膨胀的可能，有关方面会就此进行研究，考虑是否实行紧缩的货币政策，这个国家的货币因而会升值，产生利好。如果这个指数比预期的差，那么该货币会下跌。

6. 消费者物价指数

消费者物价指数反映消费者支付商品和劳务价格的变化情况，这个指数也是美国联邦储备委员会经常参考的指标。美联储主席格林斯潘就用它来衡量美国国内的通货膨胀已经到了什么程度，是否以加息或减息来控制美国的经济。

这个指数在美国由劳工部每月统计一次后公布，我们应该引起重视。这个指数上升，显示这个地区的通货膨胀率上升了，说明货币的购买力减少了，理论上对该货币不好，可能会引起这个货币的贬值。目前欧洲央行

把控制通货膨胀摆在首要位置。低通货膨胀率有利于这个货币，假如通货膨胀受到控制，利率同时回落，欧元的汇率反而会上涨。

7. 失业率

失业率是由国家的劳工部门统计，每月公布一次的国家人口就业状况的数据。各国的政府通过对本国的家庭抽样调查，来判断这个月该国全部劳动人口的就业情况。有工作意愿，却未能就业的人数比例，就是失业率。这个指标是很重要的经济指标。

以欧元区为例：当欧元启动时，欧盟各国的失业率在10％以上，高于美国，于是导致欧元一路下跌。在11月初，日本的失业率由5.5％下降为5.4％，日元因此一举突破了121的关口，直至119价位。

8. 综合领先指标

综合领先指标是用来预测经济活动的指标。以美国为例，美国商务部负责收集资料，其中包括股价，消费品新订单，平均每周的失业救济金，消费者的预期，制造商的未交货订单的变动，货币供应量，销售额，原材料的生产销售，厂房设备以及平均的工作周。

经济学家可以通过这个指标来判断这个国家未来的经济走向。如果领先指标上升，显示该国经济增长，有利于该国货币的升值。如果这个指标下降，则说明该国经济有衰退迹象，对这个国家的货币是不利的。

如何规避外汇投资的风险

投资者决定投资外汇市场，应该仔细考虑投资目标、经验水平和承担风险的能力。在外汇市场上遭受一部分或全部初始投资的损失的可能性是存在的，因此不应该以不能全部损失的资金来投资，并且还应该留意所有与外汇投资相关的风险。否则，不控制风险，随意操作，要想从外汇市场上赚钱简直就是天方夜谭。要控制风险就要做好投资计划，设好止损点，坚持操作纪律，顺势而为，巧妙解套。

1. 制订投资计划

这是投资者最重要最经常性的工作之一。在外汇投资过程中，没有投资计划，盲目行动，最终的结果只有一个——亏。

投资大师巴菲特曾说过，他可以大谈他的投资哲学，有时候也会谈他的投资策略，但他绝不会谈他的投资计划。因为，那是重要的商业秘密，是核心竞争力的集中体现。每个投资者水平如何，业绩差异多大，最终要落脚在投资计划上。由此可见投资计划的重要性了。

2. 顺势交易是外汇市场制胜的秘诀

人们在买卖外汇时，常常片面地着眼于价格的浮动而忽视汇价的上升和下跌趋势。当汇率上升时，价格越来越贵，越贵越不敢买；在汇率下跌时，价格越来越低，越低越觉得便宜。因此，实际交易时往往忘记了"顺势而为"的格言，成为逆市而为的错误交易者。

缺乏经验的投资者，在开盘买入或卖出某种货币之后，一见有赢利，就立刻想到平仓收钱。获利平仓做起来似乎很容易，但是捕捉获利的时机却是一门学问。有经验的投资者，会根据自己对汇率走势的判断，决定平盘的时间。如果认为市场走势会进一步朝着对他有利的方向发展，他会耐着性子，明知有利而不赚，任由汇率尽量向着自己更有利的方向发展，从而使利润延续。一见小利就平盘不等于见好即收，到头来，搞不好会赢少亏多。

3. 市场不明朗绝不介入

在外汇市场上，没有必要每天都入市炒作，特别是市况不明朗的时候，一定要学会等待。初入行者往往热衷于入市买卖，但成功的投资者则会等机会，当他们入市后感到疑惑时亦会先行离市。他们在外汇交易的时候，一般都秉持"谨慎"的策略。外汇交易切忌赌博的心态，如果用搏的心态，十有八九都要输。孤注一掷的交易方式往往会伴随着亏损，做外汇交易，也需要稳扎稳打，只有看准机会，才可以大笔投入。而且，外汇保证金的交易方式，具有杠杆放大的效果，赢利当然可以放大，但是亏损也同样会被放大。如果投资者盲目入市，遭遇巨大亏损的可能性非常大。

4. 止损是炒汇赚钱的第一招

波动性和不可预测性是市场最根本的特征，这是市场存在的基础，也

是交易中风险产生的原因，这是一个市场本身固有的特征。交易中永远没有确定性，所有的分析预测仅仅是一种可能性，根据这种可能性而进行的交易自然是不确定的，不确定的行为必须得有措施来控制风险的扩大，而止损就是最得力的措施。

止损是人类在交易过程中自然产生的，并非刻意制作，是投资者保护自己的一种本能反应，市场的不确定性造就了止损存在的必要性和重要性。成功的投资者可能有各自不同的交易方式，但止损却是保障他们获取成功的共同特征。

5. 建仓资金需留有余地

外汇投资，特别是外汇保证金交易的投资，由于采用杠杆式的交易，资金放大了很多倍，资金管理就显得非常重要了。满仓交易和重仓交易者实际上都是赌博，最终必将被市场淘汰。所以，外汇建仓资金一定要留有余地。

6. 交叉盘不是解套的"万能钥匙"

做交叉盘是外汇市场上实盘投资者经常使用的一种解套方法，在直盘交易被套牢的情况下，很多投资者不愿意止损，而选择交叉盘进行解套操作。

交叉盘，也就是不含美元报价的货币对，比如欧元/英镑、英镑/日元等都是交叉盘，平时多数投资者都喜欢看直盘，其实交叉盘上机会也有很多，尤其是在套牢时，转做交叉盘会更灵活一些。如果投资者做多欧元/美元被套，那他可以考虑做交叉盘来解套，方法是将头寸转换到比欧元强势的货币上，比如在欧元/英镑中，欧元在跌，英镑在涨，那么就可以转换为英镑，以此类推，可以转换为日元、澳元等，待获利后再转向欧元，持有欧元数量增加，则视为成功的交易。

通常情况下，交叉盘的波动幅度都要大于直盘，走势相对也比较简单明快，转做交叉盘常常会有出人意料的收获。当然，交叉盘尽管波幅大，机会多，但风险同样很大。

7. 自律是炒汇成功的保证

自律就是以一定的标准和行为规范指导自己的言行，严格要求自己和约束自己，因而在种种诱惑面前，能守得住规矩。说得简单一点，自律就是自己监督自己，自己制约自己，自己控制自己，自己规范自己，自己严格要求自己。

第三篇

实物投资

——财富增值保值的好选择

第一章
黄金：永不过时的发财路

通货膨胀的克星——黄金

在通货膨胀到来的时候，买什么最好？答案是黄金。现在，世界范围内的通货膨胀都在抬头，作为一种增值保值的理财工具，黄金又到了大显身手的时候了。目前，黄金价格仍处在上升周期中，投资者把握好机会，无疑将会有很大获利空间。

在通货膨胀苗头日益显现的时候，黄金确实是非常不错的保值工具，值得中长期持有。

王英开户的时候存入资金3万元，当时的黄金价格为465.2美元/盎司，王英下多单一手（100盎司），两天后黄金上涨至476.2，她立即平仓，两天赢利为：（476.2−465.2）×100×8.15−537（佣金）−62.2（利息）=8365.8元；一星期后黄金涨至480.6，她又在479.5下空单，四天后黄金跌至466，她立即平仓，赢利为：（479.5−466）×100×8.15−539（佣金）−90.7（利息）=10372.8元；仅仅用了不到半个月的时间，她足足赚取了18738.6元，王英真是觉得这种投资方法比股票更稳健，比债券赚得更多，为了更好地了解黄金市场，她天天都要去关注黄金市场。

半个月就能够赚取近两万元，投资收益确实不错，而且投资也比较灵活。看到王英在黄金市场的得利过程，相信很多女性朋友都想参与进去吧。但是呢，对于那些不明白黄金投资的女性朋友们来说，在进入投资之前，一定要先了解一下黄金投资的相关知识，以此来增加对黄金投资市场的认识，这对女性投资者在黄金投资市场上获得利润将大有裨益。

我们都知道，黄金本身就是一种商品，国际黄金的价格是以美元定价的，在黄金产量增长稳定的情况下，停留于黄金市场中的美元越多，每单位黄金所对应的美元数量将越大，即金价将越高。而且，现在美元的泛滥也不是什么秘密，部分资金流向商品市场，这正是国际金价持续上涨的真实背景，并且在相当长的一段时间内这种趋势还是不会得到逆转的。

1. 保值增值的最佳理财工具

理财，首先是保值，然后才是增值。在物价上涨，通货膨胀风险上升的情势下，我们如何回避风险，保护住自己的财产呢？

储蓄，已经不是很合算了，因为我国人民币存款长期存在实际负利率的倒挂现象。国家征储蓄税，受通货膨胀影响，有时名义利息高，而实际利息可能低。

炒股票，也有很大风险。股票赢利波动较大，容易发生变化，种类多，受政治和宏观经济影响较大。没有很高的能力，很难赢利，亏损的概率还是很大的。

在世界性的超长周期的通货膨胀时代，对大多数普通投资者来讲，投资黄金是最好的抵御方法。黄金的抗风险能力和抵御通货膨胀的功能是吸引大家投资的一个重要原因，投资黄金，不仅保值还增值，于是老百姓越来越青睐黄金投资。黄金资源不可再生，金矿勘探开发周期也要7~10年，作为稀有金属，近年来，黄金价格不断攀升，黄金投资市场正值牛市。

投资黄金，是一种理智的选择。黄金相对其他资产或者投资的优势在于黄金内在的价值始终较高，保值和变现能力强，从长期看，具有抵御通货膨胀的作用。

（1）黄金是永恒的储值和支付手段；

（2）黄金是投资实现多元化的有效手段；

（3）黄金可变现性强。

黄金作为国际市场唯一的硬通货，势必成为投资者资金保值的最佳方案之一。由于黄金本身的固有特性，不论年代有多久远，质地根本不会发生变化，价值恒久。黄金的投资价值在于其具有对抗通货膨胀、无时间限制的公平交易、实物交收便利等方面的独特优势。但黄金同时也存在价格变化比较慢、本身不能生息、不具备增值能力，它的保值增值能力更多地体现在价格变动和价差上。

即便现在黄金的流动性不是很好，但仍可以拿黄金去兑换人民币，或者作为普通商品在商场里买卖。支持黄金价格上涨一个很重要的因素在于黄金的稀有性，未来将会是一个超级大牛市。

从国内来看，目前中国黄金的储量是4000~5000吨，内地范围内人均拥有量仅为3.5克。在这样的市场上，一定会有更多人买黄金进行保值和增值。

2. 迎接黄金投资时代

中国现在几乎是全民炒股，股市很狂热，经历过股市牛熊市的投资者都清楚一个规律：当大多数人拥有股票的时候（满仓），往往是顶部；当大多数人没有股票的时候（空仓），股票一定是在底部。

黄金市场也是一样道理。很明显，目前中国几乎所有的投资者根本就没有注意到黄金，他们没有持有黄金，他们在黄金上是空仓的，当中国的投资者要增加黄金储备的时候，必然要引起整个市场的波动，也是因为这个原因，黄金会有一个很大的上涨空间。

黄金在中国人的印象当中似乎总是在每克100多元上下波动，很多人认为黄金是不太会上涨的。但只要投资者看看黄金的40年历史走势图，就会发现黄金是"不涨则已，一涨惊人"的类似超级小盘绩优股的投资品种。现在黄金处于一个20年熊市调整完成的状态，也就是说，黄金处在一个超级大牛市中，这是一个非常完整的黄金40年的走势图。

历史上黄金从1971年的35美元/盎司一口气暴涨到了1980年的850美元/盎司，这段暴涨只用了9年多的时间，价格涨幅达到了23倍，这是黄金价格走势的第一个牛市。

经历了20世纪70年代的黄金大幅暴涨后，黄金价格出现了一个20年的熊市调整，直到2001年黄金的大熊市才结束。2001年，黄金开始了第

二个大牛市的征程，这次牛市的规模要比上次牛市（1970~1980年）的规模还要庞大，至少还将持续10年以上，黄金价格还有两到三倍的涨幅。

任何一个市场开放得越晚，它的投资机会就越大。我国的黄金市场是在2003年的时候才可以自由地买卖黄金，可以自由地拥有黄金，所以黄金的投资机会在中国才刚刚开始。

3. 黄金投资正当时

从2005年下半年开始，黄金逐渐成为吸引人们眼球的新热点，但这多半还是源于金价大幅上涨的刺激，市场中真正意识到黄金具有投资意义的投资者还很缺乏。

在人类历史上，唯一横跨三个领域的特殊物品就是黄金，黄金是货币，黄金是金融工具，黄金是商品。

黄金具有货币属性，至今黄金是除美元、欧元、英镑、日元之外的第五大国际结算货币。虽然自20世纪70年代国际货币布雷顿森林体系崩溃以来，黄金走向了非货币化，但至今谁也无法取消黄金的货币属性。在1998年亚洲金融危机时，韩国、泰国政府用民间捐助的黄金支付债务渡过金融危机的经历，更让人们无法忘怀黄金的货币功能。

黄金具备金融工具属性，由黄金演变而来的金融投资工具，在世界范围内已经有百余种，各种黄金衍生投资工具层出不穷。

此外黄金还具有普通商品功能，可以制作成各种黄金制品，如首饰、摆件、金章、医疗器械、工业原料等，与普通商品一样可以自由买卖。

近年来，黄金价格持续上扬，不断创新高。在股市持续动荡的前提下，黄金产品凭借独特的保值性和安全性，又成为人们投资关注的热点。

随着国际原油价格的不断攀升，我国CPI的逐渐走高，特别是近日A股的大幅震荡，黄金作为一种中长期投资，保值功能在国内投资中逐渐升温。

2007年10月，上证指数一举突破6000点大关，并一路向上。可好景不长便掉头向下，开始了两周的震荡回调。回顾2007年下半年频频出现的指数涨个股跌现象，众多投资者一时不敢贸然进入。

反观黄金市场，2007年国际黄金震荡上行，从年初的601.5美元/盎司上升到如今的900美元/盎司，涨幅达50％。黄金的投资价值凸显，从股票、基金市场撤出的投资者，不妨转战黄金市场。

投资黄金不但能增值更能保值，是对抗通货膨胀的最理想工具。此外，黄金价格不易受操控，比较真实有效地反映了市场中多空双方的实力对比。

2007年以来，国际金价连创新高，投资者对金融市场及经济的担忧、美元的疲软、高通货膨胀率、上市交易基金需求的增长，以及黄金生产商减少对冲等各种因素，均对黄金价格构成支撑，黄金价格还将继续看涨。

综合来看，黄金价格仍处在一个持续上涨周期，是一个现阶段可介入的、非常适宜普通投资者的投资品种。

找到适合自己的黄金投资方式

时下，黄金价格节节攀升，许多投资者对此心动不已。且随着各家银行相继推出各类黄金业务，越来越多的市民也开始对"炒金"投资跃跃欲试。但乍一接触黄金市场，不仅会产生这样的疑问：现在市场上究竟有多少黄金产品可以购买？要不要买？买什么样的产品呢？投资者又怎样在令人眼花缭乱的市场中看得清楚、想得明白、自己做主呢？

目前，市场上的黄金交易品种中，纸黄金投资风险较低，适合普通投资者；黄金期货和黄金期权属于高风险品种，适合专业人士；实物黄金适合收藏，需要坚持长期投资策略。

1. 实物黄金

实物黄金买卖包括黄金、金币和金饰等交易，以持有黄金作为投资，只有在金价上升之时才可以获利。

从权威性来看，人民银行发行的金银币最权威（币类标有"元"），是国家法定货币。市民目前对金条比较热衷，仍未完全注意到金银币的升值潜力。热门金银币主要有奥运题材的金银币和纪念币、生肖金银币、熊猫金银币，以及红楼梦系列、京剧艺术系列和西游记系列金银币。

题材好的实物金升值潜力更大。去年上市的奥运金第三组已由发售价188元/克涨到了260元/克。而已连续发行6年的贺岁金条升值仍主要取决于金价上涨，6年前的原料金价是每克95元，羊年贺岁金条发行价为110元左右，如今原料金价临近200元，羊年贺岁金条的回购价不到190元。不过，题材好的实物黄金的发行溢价也较多，不适合短线投资。

实物金也是不错的选择。目前兴业银行和工行推出了个人实物黄金交易业务，这是一种全新的炒金模式，个人买卖的是上海黄金交易所（简称"金交所"）的黄金，金交所过去只针对企业会员提供黄金买卖业务。实物金的购买起点是100克，投资门槛将近两万元，比纸黄金更高，但手续费较低。投资者在兴业银行可提取实物黄金，如果不提取，个人实物黄金交易业务就可以像纸黄金那样操作。

投资者要区分两种实物金条：投资型的实物金条和工艺品式的金条。

实物金条报价是以国际黄金现货价格为基准的，加的手续费、加工费很少。投资型金条在同一时间报出的买入价和卖出价越接近，则黄金投资者所投资的投资型金条的交易成本就越低。只有投资型金条才是投资实物黄金的最好选择。

工艺品式的金条，溢价很高，比如说同是四条九的黄金投资型黄金报价是50多元，它可能要报80多元甚至100元（有加工费在里面）。如有点金条报280元/克，比一般的价格高很多，这已经不是纯黄金了，而是工艺品了。

真正投资黄金，要买投资型的黄金制品，比如说含金量是AU9999的，不能是3个9的。目前国内很多厂家都推出了AU9999的黄金，投资黄金应该投资这个。

2．纸黄金

"纸黄金"交易没有实金介入，是一种由银行提供的服务。投资者无须通过实物的买卖及交收而采用记账方式来投资黄金，由于不涉及实金的交收，交易成本可以更低；但值得注意的是，虽然它可以等同持有黄金，但是户口内的"黄金"一般不可以换回实物，如想提取实物只有补足足额资金后才可换取。

中行、建行和工行都已推出"纸黄金"业务。纸黄金是仅通过账面记录黄金买卖状况的一种买卖方式，就像炒股一样。本币金用"人民币/克"

标价，以人民币资金投资。中行和工行还推出"外币金"，以"美元/盎司"标价，投资者只能用美元购买。

交易纸黄金也不需向银行交纳管理费用，更适合普通投资者。纸黄金的交易门槛是10克，投资者可先用两三千元试盘。

买卖纸黄金只需到银行柜台开立活期账户，并开通电话银行和网上银行，存入资金，低买高卖赚取差价。开户成本是办理银行卡的成本费5元。纸黄金的交易渠道包括柜台交易、自助银行交易、电话银行交易和网上银行交易4种。

与股票不同的是，纸黄金一天之内可交易多次（T+0交易），卖出即可提现。兴业银行一天内可交易多次，实行T+0交易，T+1清算。

此外，纸黄金的交易时段是周一7时30分至周六凌晨4时（其中每天4时至7时30分，交易系统关闭）。兴业银行个人实物黄金的交易时间较少，为每周一至周五的上午10时到11时30分，下午1时30分到3时30分，同时，周一至周四增加晚上9时到凌晨2时30分的交易时间。

纸黄金的手续费体现在买卖差价上，比如单边手续费是0.5元/克，金价是190元/克，投资10克需要1900元，但是如果当场卖掉，只能按189元卖，被减掉的一元就是手续费，银行不再收别的费用。

虽然手续费不高，但如果投资者还习惯于投资股票的快进快出的方式，想通过频繁操作来赚取买卖价差是不可取的，投资黄金应着眼于资产的稳定性和保值增值功能。

3. 黄金期货

作为期货的一种，黄金期货出现得比较晚，期货是人类商品发达的必然产物，黄金期货，跟其他的农产品期货一样，按照成交价格，在指定的时间交割，是一个非常标准的合约。

黄金期货具有杠杆作用，能做多做空双向交易，金价下跌也能赚钱，满足市场参与主体对黄金保值、套利及投机等方面的需求。

从目前测试的黄金期货合约来看，交易单位从原来的每手300克提高到了1000克，最小变动价位为0.01元/克，最小交割单位为3000克。期货公司认为，这可能是黄金期货合约最后的交易模式。

以国内现货金价200元/克粗略估算，黄金期货每手合约价值约从6万

元上升到了20万元，按照最低交易保证金为合约价值的7％来计算，每手合约至少需要缴纳保证金1.4万元，合约即将到期，黄金期货保证金率提高到20％，每手的保证金将增至4万元。如果从仓位管理的角度计算，以后做一手黄金差不多需要5万元左右。

如果投资者看多黄金，某一月份合约价格对应的是每克190元，此时买入需要缴纳的保证金是1.33万元，如果金价涨到了210元，投资者获利退出，可获利2万元［1000克×（210-190）元/克］，投资收益为150％（2÷1.33）；但是如果金价下跌，投资者需要不断追加保证金，一旦没有资金追加，投资就会被强制平仓，比如金价跌到了180元/克，投资损失为1万元［1000克×（190~180）元/克］，亏损率高达75.188％。黄金期货风险较大，普通投资者参与要谨慎。

黄金期货推出后，投资者可到期货公司买卖。期货开户只需要带上身份证和银行卡就可以办理，与证券开户类似，只是将"银证对应"换成了"银期对应"，一个期货账户还可以同时对应多个银行账户。

4. 黄金期权

期权是指在未来一定时期可以买卖的权利，是买方向卖方支付一定数量的金额（指权利金）后拥有的在未来一段时间内（指美式期权）或未来某一特定日期（指欧式期权）以事先规定好的价格（指履约价格）向卖方购买（指看涨期权）或出售（指看跌期权）一定数量的特定标的物的权利，但不负有必须买进或卖出的义务。黄金期权就是以黄金为载体做这种期权。在国内，中行首家推出了黄金期权交易，其他的银行也会陆续开办。国内居民投资理财又多了一个交易工具。

黄金期权也有杠杆作用，金价下跌，投资者也有赚钱机会，期权期限有一周、两周、一个月、三个月和六个月5种，每份期权最少交易量为10盎司。客户需先到中行网点签订黄金期权交易协议后才可投资，目前该业务只能在工作日期间在柜台进行交易。

据了解，支付相应的期权费（根据期权时间长短和金价变动情况而不同）后，投资者就能得到一个权利，即有权在期权到期日执行该期权（买入或卖出对应数量的黄金）或放弃执行（放弃买入或卖出）。

如何用黄金期权来获利或避险？例如：李先生预计国际金价会下跌，他花1200美元买入100盎司面值一月的A款黄金看跌期权（执行价650美元/盎司，假设期权费1盎司12美元）。假设国际金价像李先生预期的一样持续下跌至615美元/盎司时平仓，则李先生的收益为（650－615）×100＝3500美元，扣掉1200美元的期权费，净收益为2300美元。如果金价不跌反涨至700美元，投资者可放弃行权，损失1200美元期权费。

这就是期权的好处。风险可以锁定，而名义上获利可以无限。期权投资是以小博大，可以用很少的钱，只要看对了远期的方向，就可以获利，如果看错了方向，无非就是不执行，损失期权费。

在国内投资黄金中，如果纸黄金投资和期权做一个双保险挂钩的投资，就可以避免纸黄金单边下跌被套牢。因为纸黄金只能是买多，不能买空。如果在行情下跌的时候，买入纸黄金被套，又不愿意割肉，可以做一笔看跌的期权。

例如，320美元买入纸黄金，同时做一笔看跌期权，当黄金价格跌到260美元，纸黄金价格就亏损，但是在看跌期权补回来，整体可能是平衡，或者还略有赢利。

这个就是把纸黄金和黄金期权联合在一起进行交易的好处。

5. 量身定做

最后，也是最为重要的一点，投资理财应密切结合自身的财务状况和理财风格。也就是说，要明确个人炒金的目的，你投资黄金，意图是在短期内赚取价差呢？还是作为个人综合理财中风险较低的组成部分，意在对冲风险并长期保值增值呢？对于大多数非专业投资者而言，基本以长期保值增值目的为主，所以用中长线眼光去炒作黄金可能更为合适。他们应看准金价趋势，选择一个合适的买入点介入金市，做中长线投资。

黄金的价格基本上从几年前约250美元/盎司，持续涨到现在的900美元/盎司。国际的金融投资大师罗杰斯、索罗斯一直看好黄金的走势，他们认为，黄金处于一个上涨阶段。我们在做投资的时候，黄金是可以中长期持有的品种，中长期投资，收益会大一些。如果在黄金大牛市的时候做短线，可能会得不偿失的。

根据上海黄金交易所网站统计，国内投资者所选的黄金投资品种中，纸黄金超过四成，实物黄金接近四成。投资黄金市场，操作很方便，和其

他投资方式比较，赢利见效比较快。黄金投资和股票最大的区别是黄金不受庄家操控。像纸黄金这种账户型投资品种，没有实物提取，所以成本低一些，流动性比较好。黄金期货风险相对较大，需要很高的技术，投资者参与时务必谨慎。

巧妙应对黄金投资的风险

任何一种投资都会有其风险性，黄金也不例外，黄金投资在市场、信用、流动性、结算、操作等上面都存在有风险。与任何一种投资方式一样，黄金投资也不可能"包赚不赔"。衡量一项投资的可能性，在看到利润的同时，分析清楚风险也是很必要的。要规避黄金投资的风险，首先要了解其风险特征，主要有以下几个方面。

1. 投资风险的广泛性

在黄金投资市场中，从行情分析、投资研究、投资方案、投资决策，到风险控制、账户安全、资金管理、不可抗拒因素导致的风险等，几乎存在黄金投资的各个环节。

2. 投资风险的可预见性

投资风险虽然不受投资者的主观控制，但却具有一定的可预见性。

只要投资者对影响黄金价格的因素进行详细而有效地分析即可。

黄金市场价格是由黄金现货供求关系、美元汇率、国际政局、全球通胀压力、全球油价、全球经济增长、各国央行黄金储备增减、黄金交易商买卖等多种力量平衡的结果。形象点说，这是一个有着无数巨人相互对抗、碰撞和博弈的市场，投资者在这里面所要考虑的因素，远远超过股市。

3. 投资风险存在的客观性

投资风险是由不确定的因素作用而形成的，而这些不确定因素是客观存在的，之所以说其具有客观性，是因为它不受主观的控制，不会因为投资者的主观意愿而消失。单独投资者不控制所有投资环节，更无法预期到未来影响黄金价格因素的变化，因此投资的风险性客观存在。

4. 投资风险的可变性

投资风险具有很强的可变性。由于影响黄金价格的因素在发生变化的过程中，会对投资者的资金造成赢利或亏损的影响，并且有可能出现赢利和亏损的反复变化。投资风险会根据客户资金的赢亏增大、减小，但这种风险不会完全消失。和其他投资市场一样，在黄金投资市场，如果没有风险管理意识，就会使资金处于危险的境地，甚至失去赢利的机会。合理的风险管理方式，可以合理有效地调配资金，把损失降到最低限度，将风险最小化，创造更多的获利机会。

5. 投资风险的相对性

黄金投资的风险是相对于投资者选择的投资品种而言的，投资黄金现货和期货的结果是截然不同的。前者风险小，但收益低；而后者风险大，但收益很高。所以风险不可一概而论，它有很强的相对性。

黄金价格的剧烈波动，也使一些投资者开始考虑如何能既不承担亏损的风险，又能分享黄金市场的高收益。最低限度地说，投资者投资与黄金挂钩的理财产品，不失为一种较理想的选择。这些产品一般都有保本承诺，投资者购买这样的理财产品，既可实现保本，又可根据自己对黄金市场的判断进行选择，获得预期收益。

6. 要有投资风险的意识

对于收益和风险并存这一点，多数人首先是从一种负面的角度来考虑风险，甚至认为有风险就会发生亏损。正是由于风险具有消极的、负面的不确定因素，使得许多人不敢正视，无法客观地看待和面对投资市场，所以裹足不前。

投资者在交易中要知道自己愿意承担多少风险，能够承担多少风险，以及每笔交易应有的回报。

投资者参与黄金市场的过程，就是正确认识风险，学会承担风险，然后对风险进行规避的过程。在投资市场如果没有规避风险的意识，就会使资金出现危机，失去赢利的机会。那么，怎样做才能真正地降低黄金投资的风险？以下几种方式非常值得借鉴。

1. 多元化投资

从市场的角度来看，任何资产或者投资者的风险都由两部分组成，一是系统性风险，指宏观的、外部的、不可控制的风险，如利率、现行汇率、通货膨胀、战争冲突等这些是投资者无法回避的因素，是所用投资者共同面临的风险。这是单个主体无法通过分散化投资消除的。另外一个是非系统风险，是投资者自身产生的风险，有个体差异。多元化投资可以在一定程度上降低非系统化风险，从而降低组合的整体风险水平。新手炒金由于缺乏经验，刚开始时投入资金不宜全仓进入，因为市场是变幻莫测的，这样做风险往往很大，即使有再准确的判断力也容易出错。炒"纸黄金"的话，投资专家建议采取短期小额交易的方式分批介入，每次买进10克，只要有一点利差就出手，这种方法虽然有些保守，却很适合新手操作。

一般在黄金投资市场，如果投资者对未来金价走势抱有信心，可以随着金价的下跌而采用越跌越买的方法，不断降低黄金的买入成本，等金价上升后再获利卖出。

2. 采用套期保值进行对冲

套期保值是指购买两种收益率波动的相关系数为负的资产的投资行为。

例如，投资者买入（或卖出）与现货市场交易方向相反、数量相等的同种商品的期货合约，进而无论现货供应市场价格怎么波动，最终都能取得在一个市场上亏损的同时在另一个市场赢利的目的。而且，套期保值可以规避包括系统风险在内的全部风险。

3. 建立风险控制制度和流程

投资者自身因素产生的如经营风险、内部控制风险、财务风险等往往是由于人员和制度管理不完善引起的，建立系统的风险控制制度和完善管理流程，对于防范人为的道德风险和操作风险有着重要的意义。

4. 树立良好的投资心态

理性操作是投资中的关键。做任何事情都必须拥有一个良好的心态，投资也不例外。心态平和，思路才会比较清晰，面对行情的波动才能够客观地看待和分析，减少情绪慌乱中的盲目操作，降低投资的风险率。并且由于黄金价格波动较小，投资者在投资黄金产品时切忌急功近利，建议培养长期投资的理念。

第二章
房地产：房子比香奈儿包更值得拥有

房地产吸引人们投资的因素

近几年房地产市场急剧升温，引发人们对经济利益的深刻反思，买房还是租房，究竟哪个才是对自己和家人最好的选择。这取决于你的财力、你的期望以及你的目标。你会发现并非一定要拥有自己的房产，尽管这不是一个坏主意。

人家买房几年后就可以翻身为百万富翁，而我们在房产上投资了几次，也没有得到那么大的收益呀？人家是怎么做到的呢？

李馨近来一直向丈夫这样抱怨，人家投资房产就能成为百万富翁，而自己投资了几次，也没有得到那样的收益，心中十分不快。说到做房产投资，许多女性可能都会觉得这是个稳赚的投资方式，因为房价最近几年确实涨得吓人。

"当你手中有钱却不知投向哪里时，房地产是不二之选，地主永远是最赚钱的。"这是近几年非常流行的广告语，于是，许多手中稍有些钱财的人都将之投入到房产领域，张婷就是其中一位。

在五年前，毕业三年的张婷手中有了些积蓄，想投资，但又不知做什么投资好，就听从父母的安排为自己买了一套60多平方米的小房子，当时买的时候价格是43万元。她买过后，就将房子出租了出去，租金每月600元；后来，她结婚后又有了自己的大房子，她就打算将那套属于自己的房子卖掉，最终以52万元的高价卖出，她还了银行的房款后，加上开始的房租收入，她自己足足赚了十几万元……

看了张婷的事例后，想必你不会感到吃惊了，因为这是大家都不可争论的事实，房产投资所带给她的财富利益一点都不夸张。她仅仅用了5年的时间，在不费任何力气的情况下就轻松赚到了10万元，可见房产投资是一个多么有前途的投资方式。

房子，不仅可以自己居住，还可以作为一种家庭财产保值增值的有效方式。如果你有一定的闲置资金，投资房产是个不错的选择。而且伴随着中国人口的高速增长，户籍制度的建立，使得大城市的人口越来越集中，而土地有限。中国的城镇化进程正是热火朝天的时候，城镇的有限土地资源就显得更值钱了。房产能够抵消通货膨胀带来的负面影响，在通货膨胀发生时，房产也会随着其他有形资产的建设成本不断上升，房产价格的上涨也比其他一般商品价格上涨的幅度大。

今天百亿身价的超级富翁，90％是大片地产的拥有者。无论是在美洲、欧洲，还是在日本、中国香港，他们是拥有大量财富、土地的家族，无论是社会动荡还是政府更替，甚至战争，他们的财富似乎都照样不变。名列港澳十大首富榜首的李嘉诚，是长江实业及和记黄埔有限公司主席。李嘉诚是名副其实的地产大王，他从地产业发迹，最终成为压倒群雄的"地产界巨子"。有"中国电影大王"之称的邵逸夫爵士，财产遍及美国、加拿大及东南亚。他这样谈及自己的致富之道："我的财产主要来自购入的地皮升值，我买戏院时，总会买下附近的地皮，戏院带旺附近区域后，买入的地皮便会大幅升值。"靠黄金珠宝业起家的郑裕彤，成为超级巨富，仍是离不开地产。他对投资珠宝和地产津津乐道："凡与民生有密切关系的生意都有可为，女人喜爱珠宝，举世皆然；人要住屋，年轻人成家后喜欢自辟小天地，对楼宇便有大量需求，做这些生意不会错到哪里。"

房产投资让许许多多的人着迷，最突出的一点就是可以用别人的钱来赚钱。我们大部分的人，在今天要购买房屋时，都会向银行贷款，越是有钱人，越是如此。同时，银行乐意贷款给你，是因为房产投资的安全性和可靠性。房地产投资在个人理财中的优势，集中体现在3个方面。

1. 规避通货膨胀的风险

在家庭资产中，视家庭的经济状况将资产进行有效组合，以规避风险和获取较高的收益，是家庭理财的主要目标。一般来讲，在宏观经济面趋好时，会带动房产升温和价格上涨，投资者可以从中获利。宏观经济面恶化时，只要前一个时期房产价格的泡沫不太多，那么相对其他市场而言，则要稳定得多，抗通货膨胀的能力也强得多。

2. 利用房产的时间价值获利

房产投资是一项长期的投资，它的投资价值是逐步凸显的。综观世界经济的发展趋势，城市房产的供求关系必将受到一定程度的影响。从长远角度上看，城镇特别是经济活跃的大中型城市，房产价格必将会一步步上涨。

3. 利用房产的使用价值获利

其主要渠道就是出租，即将投资的商品房或门店通过出租的方式获取收益。通过这种方式获利，其核心就是要明晰所投资的房产有没有发展的潜力和价值。如商品房，一定要看社区的规模、配套设施、环境、交通、治安和人文环境等因素，以及将来是将房产租给打工族住，租给白领住，抑或租给其他人群住？现在出租，在使用价值上能不能获利，能获利多少？将来在时间价值上，房子能不能增值，能增值多少？

总之，房产投资不是盲目地买房卖房，必须要充分了解市场，因此表现出来的投资方式、投资结果也不尽相同，这就需要投资者在具体的操作中加以分辨了。

房地产投资的6种方式

住房投资是不少人目前正在采用的一种理财方式，除了采取直接购房方式外，人们还可以选择另外6种形式。

1. 合建分成

合建分成就是寻找旧房，拆旧建新，共售分成。目前不少房地产开发公司都采用这种方式开发房地产。

2. 以旧翻新

把旧楼买来或租来，投入一笔钱进行装修，以提高该楼的附加值，然后将装修一新的楼宇出售或转租，从中赚取利润。

3. 以租养租

即长期租赁低价楼宇，然后以不断提升租金标准的方式转租，从中赚取租金养租。如果投资者刚开始做房地产生意，资金严重不足，这种投资方式比较合适。

4. 以房换房

以洞察先机为前提，看准一处极具升值潜力的房产，在别人尚未意识到之前，以优厚条件采取以房换房的方式获取房产，待时机成熟再予以转售或出租从中谋利。

5. 以租代购

开发商将空置待售的商品房出租并与租户签订购租合同。若租户在合同约定的期限内购买该房，开发商即以出租时所定的房价将该房出售给租住户，所付租金可充抵部分购房款，待租户交足余额后，即可获得该房的完全产权。

6. 到拍卖会上淘房

目前，许多拍卖公司都拍卖各类房产。这类房产一般由法院、资产公司或银行等委托拍卖，基于变现的需要，其价格往往只有市场价格的70％左右，且权属一般都比较清晰。

考虑周全，精挑细选买房子

拥有物美价廉的房子无疑是现实很多人的最大理想，但是对于购房者而言，挑选房子不是寻找最好的楼盘、最好的户型，而是在自己的承受能力范围之内寻找最具有性价比和投资价值的房子。那么，在越来越多的新推出的楼盘中，如何寻觅自己如意的栖身之所呢？根据理财专家的经验，可以从下面几个方面着手予以考察。

1. 位置要有升值潜力

房产作为不可动的资产，所处位置对其使用和保值、增值起着决定性的作用。房产作为一种最实用的财产形式，即使买房的首要目的是为了居住，购买房产仍然还是一种较经济的、具有较高预期潜力的投资。房产能否升值，所在的区位是一个非常重要的因素。

看一个区位的潜力不仅要看现状，还要看发展，如果购房者在一个区域各项市政、交通设施不完善的时候以低价位购房，待规划中的各项设施完善之后，则房产大幅升值很有希望。区域环境的改善会提高房产的价值。

2. 配套要方便合理

居住区内配套公建是否方便合理，是衡量居住区质量的重要标准之一。稍大的居住小区内应设有小学，以排除城市交通对小学生上学路上的威胁，且住宅离小学校的距离应在300米左右（近则扰民，远则不便）。菜店、食品店、小型超市等居民每天都要光顾的基层商店配套，服务半径最好不要超过150米。

目前在售楼书上经常见到的会所，指的就是住区居民的公共活动空

间。大多包括小区餐厅、茶馆、游泳池、健身房等体育设施。由于经济条件所限，普通老百姓购买的房子面积不会很大，购房者买的是80平方米的住宅，有了会所，他所享受的生活空间就会远远大于80平方米。

随着居住意识越来越偏重私密性，休闲、社交的需求越来越大，会所将成为居住区不可缺少的配套设施。会所都有哪些设施，收费标准如何，是否对外营业，预计今后能否维持正常运转和持续发展等问题，也是购房者应当了解的内容。

3. 环境要优美

现在住宅项目的园林设计风格多样，有的异国风光可能是真正翻版移植，有的欧陆风情不过是虚晃几招，这就需要购房者自己用心观察、琢磨了。但是，居住环境有一个重要的硬性指标——绿地率，是居住区用地范围内各类绿地的总和占居住区总用地面积的百分比。

值得注意的是，"绿地率"与"绿化覆盖率"是两个不同的概念，绿地不包括阳台和屋顶绿化，有些开发商会故意混淆这两个概念。由于居住区绿地在遮阳、防风防尘、杀菌消毒等方面起着重要作用，所以有关规范规定，新建居住区绿地率不应低于30％。

4. 容积率要适宜

建筑容积率是居住区规划设计方案中主要的技术经济指标之一。这个指标在商品房销售广告中经常见到，购房者应该了解。

一般来讲，规划建设用地范围内的总建筑面积乘以建筑容积率就等于规划建设用地面积。规划建设用地面积指允许建筑的用地范围，住区外围的城市道路、公共绿地、城市停车场等均不包括在内。建筑容积率和居住建筑容积率的概念不同，前者包括了用地范围内的建筑面积，而总用地一样，因此在指标中，前者高于后者。

容积率高，说明居住区用地内房子建得多，人口密度大。一般来说，居住区内的楼层越高，容积率也越高。以多层住宅（6层以下）为主的住区容积率一般在1.2~1.5，高层高密度的住区容积率往往大于2。

在房地产开发中为了取得更高的经济效益，一些开发商千方百计地要求提高建筑高度，争取更高的容积率。但容积率过高，会出现楼房高、道路窄、绿地少的情形，将极大地影响居住区的生活环境。

5. 区内交通要安全通畅

居住区内的交通分为人车分流和人车混行两类。目前作为楼盘卖点的人车分流，是指汽车在小区外直接进入小区地下车库，车行与步行互不干扰。小区内没有汽车穿行、停放、噪声的干扰，小区内的步行道兼有休闲功能，可大大提高小区环境质量，但这种方式造价较高。

人车混行的小区要考察区内主路是否设计得通而不畅，以防过境车流对小区的干扰。是否留够了汽车的泊位，停车位的位置是否合理，停车场若不得不靠近住宅，应尽量靠近山墙而不是住宅正面。

另外，汽车泊位还分为租赁和购买两种情况，购房者有必要搞清楚，车位的月租金是多少；如果购买，今后月管理费是多少，然后仔细算一笔账再决定是租还是买。

6. 价格要弄清楚

看价格时，首先要弄清每个项目报的价格到底是什么价，有的是开盘价，即最底价，有的是均价，有的是最高限价，有的是整套价格，有的是套内建筑面积价格。

最主要的是应弄清（或换算）所选房屋的实际价格，因为这几个房价出入很大，不弄明白会影响你的判断力。交房时是毛坯房、初装修还是精装修，也会对房屋的价格有影响，比较房价时应考虑这一因素。

7. 通风效果要好

在炎热的夏季，良好的通风往往同寒冷季节的日照一样重要。一般来说，板楼的通风效果好于塔楼。目前楼市中还有塔联板和更紧密结合的塔混板出现，在选择时，购房者要仔细区别哪些户型是板楼的，哪些户型是塔楼的。

此外还要注意，住宅楼是否处在宽敞的空间，住宅区的楼房布局是否有利于在夏季引进主导风，保证风路畅通。一些多层或板楼，从户型设计上看通风情况良好，但由于围合过紧，或是背倚高大建筑物，致使实际上无风光顾。

8. 户型要合理舒适

平面布局合理是居住舒适的根本，好的户型设计应做到以下几点。

入口有过渡空间，即"玄关"，便于换衣、换鞋，避免一览无遗。

平面布局中应做到动静分区。动区包括起居厅、厨房、餐厅，其中餐厅和厨房应联系紧密并靠近住宅入口。静区包括主卧室、书房、儿童卧室等。若为双卫，带洗浴设备的卫生间应靠近主卧室，另一个则应在动区。

起居厅的设计应宽敞、明亮，有较好的视野，厅内不能开门过多，应有一个相对完整的空间摆放家具，便于家人休闲、娱乐、团聚。

房间的开间与进深之比不宜超过1∶2。

厨房、卫生间应为整体设计，厨房不宜过于狭长，应有配套的厨具、吊柜，应有放置冰箱的空间。卫生间应有独立可靠的排气系统。下水道和存水弯管不得在室内外露。

9. 设备要精良到位

住宅设备包括管道、抽水马桶、洗浴设备、燃气设备、暖气设备等。主要应注意选择这些设备质量是否精良、安装是否到位，是否有方便、实用、高科技的趋势。

以暖气为例，一些新建的小区，有绿色、环保、节能优点的壁挂式采暖炉温度可调，特别是家里有老人和儿童时，可将温度适当调高，达到最佳的舒适状态。

10. 节能效果要好

住宅应采取冬季保温和夏季隔热、防热及节约采暖和空调能耗的措施，屋顶和西向外窗应采取隔热措施。寒冷地区北向窗户也不宜过大，并应尽量提高窗户的密封性。住宅外墙应有保温、隔热性能，如外围护墙较薄时，应加保温构造。

11. 隔音效果要好

噪声对人的危害是多方面的，它不仅干扰人们的生活、休息，还会引起多种疾病。购房者虽然大多无法准确测量，但是应当注意住宅应与居住区中的噪声源如学校、农贸市场等保持一定的距离；临街的住宅为了尽量减少交通噪声应有绿化屏障、分户墙；楼板应有合乎标准的隔声性能，一般情况下，住宅内的居室、卧室不能紧邻电梯布置以防噪声干扰。

12. 面积要适宜

随着小户型热潮的兴起，商品房的套内面积稍稍降了一些，但是许多购房者仍然认为住房面积越大越好，似乎小于100平方米的住宅就只能是梯级消费的临时过渡产品。甚至一些经济适用房也名不副实，大户型、复式户型盖了不少，致使消费者也被误导，觉得大面积、超豪华的住宅才好用。其实尺度过大的住宅，人在里面并不一定感觉舒服。从经济上考虑，不仅购房支出大，而且今后在物业、取暖等方面的支出也会增加。

住宅档次的高低其实不在于面积的大小，三口之家面积有70~90平方米就基本能够满足日常生活需要，关键的问题在于住宅是否经过了精心设计、是否合理地配置了起居室、卧室、餐厅等功能，是否把有限的空间充分利用了起来。

13. 公摊面积要合理

购房者买房时，一定要注意公摊面积是否合理，一般多层住宅的公摊面积较少，高层住宅由于公共交通面积大，公摊面积较多。同样使用面积的住宅，公摊面积小，说明设计经济合理，购房者能得到较大的私有空间。但值得注意的是，公摊面积也并不是越小越好，比如楼道过于狭窄，肯定会减少居住者的舒适度。

14. 物业收费合理，服务到位

买房时购房者一定要问问，物业公司是否进入了项目，何时进入项目。一般来说，物业公司介入项目越早，买房者受益越大。

若在住宅销售阶段物业公司还没有介入，开发商在物业管理方面做出许多不现实、不合理的承诺，如物业费如何低、服务如何多等，待物业公司一核算，成本根本达不到，承诺化为泡影，购房者就会有吃亏上当的感觉。

其实，一些开发商将低物业收费作为卖点实在没有什么可信度，因为物业收费与开发商根本没有什么太大关系。项目开发、销售完毕，开发商就拔营起寨、拍拍屁股走人了，住户将来长期面对的是物业管理公司，物业管理是一种长期的经营行为，如果物业收费无法维持日常开销，或是没有利润，物业公司也不肯干。

15. 雨后看楼

倘若你买的是现房，不但要在晴天去看采光等方面，有条件的话，在雨天也要去看看房子，查看屋里有没有渗漏的痕迹，否则一旦住进去就会后悔莫及了。

精打细算，巧买二手房

现如今，股市、保险、期货等理财渠道可以说越来越多，但是真正适合工薪族的投资方式却少得可怜。随着房地产发展的扩大，二手房交易也越来越火暴。因二手房交易引发的纠纷较多，所以交易二手房有很多细节需要注意。

1. 对中介全面审查

根据统计资料显示，全国二手房交易中经过中介成交的已经占到80％。然而如果在交易过程中，遇到资质差或者根本没有资质的中介公司，则后果不堪设想。所以下面先教给大家如何辨别中介公司的等级和真伪。

一看中介公司是否有明确的公司名称、长期经营的地址。这可以通过看中介公司的招牌、询问周围邻人该公司成立情况及经营情况来确定，以防皮包公司诈骗。

二看中介公司营业执照以确定该公司的营业资质。看是否可以进行二手房中介业务，办理经营二手房中介的中介公司的营业执照需要众多的条件，包括相关的有中介资质从业人员等条件。

三看中介公司营业执照确定它的注册资金。中介公司注册资金不能低于买卖一套房子的价格。客户通过中介来交易房屋最主要原因就是不希望直接交接房款，希望在整个交易过程中有一个第三方来维护双方的利益，所以一定要找到一家公司的风险承受能力即该公司的注册资金能大于该房屋的总价或该中介公司为品牌公司，拥有良好的诚信，一旦发生纠纷，作为消费者的客户能得到妥善解决。

四看该中介公司是否拥有合法的房地产经纪人资质的从业人员，是否有房地产经纪人资格的业务员在为你提供中介服务。拥有资质的从业人员在从事二手房交易过程中如有任何违法或对客户不利的情况发生，有关部门将通过相关政府行政措施会对其进行相应惩戒。

五看该中介公司与你签订的居间合同是否经过备案。由于二手房交易中有很多专业术语和一些行规惯例，对于合同的使用要求就是格式合同应在使用区的工商局进行备案，而凡是在工商局备案的格式合同在备案时工商局已经就相关的条款进行审核了，就有关消费者的权益进行了相关的调控，基本能保障消费者的权益。

六看该中介公司是否有专业的从业人员负责签约并办理相关的后续服务。大公司和小公司之间的区别也比较明显，小中介公司一般由业务员全权处理所有事项，大的品牌公司一般分工较细，会将房产交易的前端和后续分开，由房产业务员从事前端的房产开发、带看、收意向金、斡旋、交房等工作，另外再设立专门部门从事签订房地产买卖合同、办理过户、贷款、领证等手续。这样既有利于资源优化又可以确保交易的真实性，防止为利走险，能尽最大可能保障交易安全。

2. 关注细节不吃亏

（1）订金。在二手房交易中，因为订金的问题经常发生买卖双方冲突。订金是对买方的约束，如果卖方收取了订金而违约，就要双倍返还订金。

收订金后，如果买方没有按时履行约定，卖方将房转卖他人应该手握对方退房申请，最好让买方写书面申请退房，否则将要双倍返回订金。

购房合同对双方当事人都具有法律约束力，任何一方不得擅自变更或解除合同。如果买房人违约在先，卖房人可不退订金。买房人没有以书面方式明确表态不履约，则房主在未解除合同也不退订金的情形下将房子卖给他人的行为就违反了合同。

对于房主而言，若买房人提出退房或解除合同，应要求买房人提出书面解约的申请或声明，以保全对方违约在先的证据，然后才可以将房子卖给第三人。

（2）付款方式。房款如何支付，必须合同中详细写清楚。买卖房子属于大宗交易，所以交易如何付款，如何收款一定要详细说明，而最好找到合适银行托管，以防止生变。

双方签订买卖合同时，应对付款流程、方式和时间作出明确、具体的约定。买房人如果将购房款交给中介公司再转交卖方，应先审查中介公司的资信状况。特别是不能将购房款交给中介公司的个别职员，防止他们卷款潜逃。

目前，有的中介公司已经与国内银行共同开发了二手房交易资金托管业务，由银行作为担保人。买房人先在银行开设一个经管账户，并将房屋首付款或者全部价款存入该账户。当买房人确定已经安全办理了房屋过户手续后，就可通知银行将该笔存入的房款转给卖房人。这样，可以保证资金安全。

（3）房龄。一样的房子，建造年代不同，房子的价格肯定不同。

通过中介公司买卖二手房，应审查两方面内容：一是上家的委托价与下家的买价是否一致；二是中介公司收取的佣金数额不得超过国家规定的上限比例，即不超过全部购房款的3％。审查的依据是下家与中介公司签订的居间合同和上下家签订的买卖合同。这样的审查能有效地防止极少数中介从业人员违反规定，赚取差价或牟取不当利益。

（4）产权。买二手房一定要过户，手里没房产证隐患多。房产证是证明房主对房屋享有所有权的唯一凭证，没有办理房产证对买房人来说有得不到房屋的极大风险，因此引发的纠纷也较多，所以买房必须要及时办理房屋过户手续。

如果买卖双方同意，最好到公证处去办个提存公证，即买方将购房款存放到公证处，在条件符合约定的情况下，由公证处将该笔款项支付给卖方。也可到律师事务所办理提存见证，由具有专业知识的律师事务所来充当"公证人"的角色。申请了公证或见证后，如产权证办不出来，那么卖方是收不到钱的。

除了要看房屋是否有房产证外，还要查清房屋的以下几点情况。

要点一：房屋产权是否明晰。有些房屋有好多个共有人，如有继承人共有的、家庭共有的，还有夫妻共有的。对此买房人应当和全部共有人签订房屋买卖合同，否则无效。

要点二：交易房屋是否被租赁。买二手房时，应注意该房屋是否已被出租。我国法律有"买卖不破租赁"的原则。也就是说，如果购买房屋时该房屋已被租赁，则该租赁合同对于新的房主而言继续有效。

要点三：土地情况是否清晰。买二手房时买房人应注意土地使用性质，看是划拨还是出让。划拨土地一般是无偿使用，政府可无偿收回。同时，应注意土地使用年限。

要点四：福利房屋交易是否受限制。房改房、经济适用房本身是福利性质的政策性住房，转让时有一定限制，买房人购买时要避免买卖合同与国家法律冲突。例如，经济适用房的交易是有一定限制的，购买5年以上才可进入市场并按市场价进行转让，5年以内则只能以原价转让，而且购买方还必须符合购买经济适用房的条件。

在实际看房时刻，最好也要实地调查，明确房屋的具体情况，签订合同一定要写清房屋的具体情况，如地址、面积、楼层等。对于房屋实际面积与产权证上注明的面积不符的（如测绘的误差、某些赠送面积等），应在合同中约定清楚是以产权证上注明的为准，还是双方重新测绘面积必须明确规定。

（5）公证。买卖双方大部分是不熟悉的双方进行交易，不可能对房子的各种状态了解得最透彻，这样可以让房屋中介做一些问题的磋商之后再进行公正。花费不大，但是具有法律效力，一旦出现纠纷，可以按照公正内容做裁决。

买卖合同公证：主要针对房屋买卖当中一方当事人为境外人的情况。在房屋买卖过程当中，如一方为境外人则买卖合同必须经过公证后方生效，否则无法送交易中心交易，所以境外人办理相关房屋买卖必须办理买卖合同公证手续。

委托公证：主要指房东或客户方无法亲自办理相关房产过户手续，只能委托其他人或中介公司办理相关手续，由于手写委托书交易中心无法确认其真实性，交易中心一般会要求无法亲自到场的当事人出具公证后的委托书方为其办理相关的过户手续。

贷款合同公证：就境外人购房如须贷款则其贷款合同必须经过公证处公证生效，只有公证处公证后的贷款合同，交易中心才会受理并办他项权利证。

赠与公证：在目前的二手房交易中还有一种方式即赠与，原房主自愿

将房屋赠与给他人，并要求将房屋产权人名字进行更改。

复印件与原件相符公证：以前政策允许转让期房时，由于可以不经发展商同意进行交易，而客户不经发展商同意进行交易，发展商也不愿提供相关的预售合同，但交易中心交易必须提供足够的预售合同方能交易，因此必须拿着房东手中的预售合同办理复印件与原件相符的公证，拿出六本以上的合同前往交易中心办理转让手续。

（6）证件。二手房交易办证所涉及的资料与证件：《房屋转让合同》原件；收款凭证；买卖双方个人身份证、户口簿及私章；转让前房屋所有权证、契证、土地使用权证；《具结书》。这些证件都是必需的，一个也不能少，否则你的二手房买卖就存在一定的瑕疵，为日后留下后患。

3. 明确房屋的具体情况

买房子是人生大事，二手房交易要在购房合同中明确房屋的具体情况。

（1）写清房屋的具体情况，如地址、面积、楼层等。对于房屋实际面积与产权证上注明的面积不符的（如测绘的误差、某些赠送面积等），应在合同中约定清楚是以产权证上注明的为准，还是双方重新测绘面积。

（2）明确房价具体包括哪些设施。在协议中注明，屋内哪些设施是在房价之内，哪些是要另外计算费用的。如房屋的装修、家具、煤气、维修基金等是否包括在房价之内。

注意要把口头的各种许诺，变成白纸黑字的书面约定。

总之，房产投资永远是比股票投资稳健的项目，而二手房投资更是稳健投资中的首选对象。另外，需要提醒大家注意的是，虽然购买二手房出租的收益会高于银行储蓄，但是也并非买了二手房就高枕无忧了，在购房时只有注意以上的因素，精挑细选，才可有效避免将来房产的贬值影响收益。

第四篇

收藏投资

——玩中投资两不误

第一章
寓教于乐的收藏理财原则

做好收藏投资的规划

俗语有"盛世藏古董"之说。收藏除了可以用来欣赏之外,还是一种保值、增值的有效投资方式。有理财专家统计,当前金融证券业的平均投资回报率是15%左右,房地产业是21%,而艺术品收藏投资却在30%以上。无疑,艺术品收藏的高回报率已经成为时下最为赚钱的行当。

在银行上班的陈燕从小就对钱币有一种特殊的爱好,于是,她一直都在收藏各种各样的钱币,不管国内的还是国外的,她足足收藏了一大盒子。前不久,她从电视上看到一个收藏鉴赏节目,其中介绍到她收藏的一款错版人民币价格值近百万,陈燕可高兴了,没想到自己无意的收藏竟然给自己带来了一大笔财富。

与大多数的收藏者一样,陈燕刚开始收藏钱币的动机源于兴趣,对于通过收藏来赚钱甚至想都没想过,但是,无意识之中自己竟然得到了一大笔财富。没错,收藏也是一种可以赚大钱的投资方式。

当然,收藏品投资并不是只赚不赔的买卖,收藏品投资也像其他的投

资一样，风险无处不在，需要进行一个合理的规划。

1. 收藏要有超前意识

搞收藏应具备前瞻性眼光。作为一名收藏投资者，洞察市场潜在热点的前瞻性眼光最为重要，也就是对未来市场趋势的把握。在20世纪70~80年代，一些地方的古玩交易就已经十分活跃，当时古玩市场上的藏品不仅赝品少，而且价格低，还有很多精品、珍品。当时一些有前瞻性眼光的收藏家认为，随着我国经济的发展，人民生活水平的提高，艺术品收藏必将成为一个新的投资热点。当时潘天寿、齐白石、徐悲鸿的书画每幅才100多元，而到现在这些书画早已经高达几十万甚至几百万了。

由此看来，收藏投资者超前的意识对于收藏投资而言非常重要。

2. 要确立收藏方向

对于初涉收藏的人来说，藏什么是个很头痛的问题。在收藏界，无论多大名气的收藏家，也会有主要的收藏方面，要么瓷器，要么书画，绝对不会什么都收藏。刚从事收藏的人，应踏实地按照自己的爱好和兴趣去收藏，不能见什么收什么，因此收藏方向的确立非常重要。

3. 收藏要量力而行

收藏品投资具有较大的风险，因此收藏投资者在收藏过程中，最好用闲钱，不要将日常开支用于收藏投资。要是举债进行投资的话，如果再找不到很好的变现渠道，肯定会给生活带来很大的压力。

4. 收藏要学会"以藏养藏"

在收藏界，著名大收藏家张宗宪先生，从起家的24美元，到拥有亿元藏品。张先生在接受媒体采访时曾说，"如果不会买卖，也不能造就我今天拥有亿元的丰富藏品"。可见，在收藏中学会买卖是十分重要的一环。在收藏过程中学会买卖，不仅可以使资金周转加快，还可以通过市场来检验收藏品的流通性。在收藏市场上，有的投资者平时过着节衣缩食的生活，收藏过程中只买不卖，虽然拥有一些自以为丰厚的藏品，最终却可能因为藏品的流通性差而受损失。

5. 搞收藏较适合中长期投资

艺术品需要收藏来等待其价值升高，短期买卖是一种投机行为，不能真正体现出艺术品的价值。通常情况下，艺术品投资较适合中长期投资，这样可以在尽可能降低风险的情况下获得最大的收益。但是，长期投资又要承担市场热点转移和价格波动的风险。业内人士建议，10年左右是一个比较适宜的投资期限。

总之，目前我国艺术品市场尚属于第一阶段，欧美、日本属于第二阶段。所以，收藏投资在中国还是有很大的发展空间，大有可为的。

不过，需要注意的是，艺术品投资属于中长线投资，投资者不应该抱有即时获利的心态，亦不要因投资艺术品而影响了正常的生活。最佳的投资策略应当是既可获得艺术享受，又可投资保值。

收藏投资的操作要点和原则

在收藏市场上，一般会把行情划分为牛市、熊市和牛皮市。牛市和熊市与股票市场相似，牛皮市则是指收藏品的价格没有大的波动，只有小的起伏介于中间的市场状况。因此，说到收藏投资操作策略，需要按照市场的具体情况而论。

1. 处于牛市状况时的操作策略

在收藏品市场行情对投资收藏者十分有利且收藏者的资金相对充裕的情况下，投资收藏者就应采取利上加利的策略，大举入市，以期获得更大的收益。

收藏者如果预期这种收藏品会继续上涨的话，可以适当买入某种收藏品，当这种收藏品的价格上涨时，收藏投资者可以适时将收藏品卖出。不过，如果仍然预期这种收藏品会继续上涨的话，他还可以继续买入这种收藏品。当这种收藏品的价格依然继续上涨时，收藏者既可以继续买入，也可以相继出货，这就是利上加利的策略。这种操作技巧，虽然不一定保证买入的所有收藏品都能够获利，但是，只要适时平仓出局，那么，投资收藏者仍然可以获利不少。当然，利上加利法需要投资收藏者准备足够多的

备用资金，以便随时出击。利上加利法的关键，在于把握好出货时机，只要不做过头，就仅仅是赚多赚少的问题。

2. 处于熊市时的操作技巧

（1）积极求和法。当收藏者预期某种收藏品的市场行情会上涨时，可以买入这种收藏品。但是，如果市场行情却出人意料地反向下跌了，收藏者该如何做出决策呢？如果收藏者预期市场行情依旧会反弹，那么，为了挽回大势，他就应该下定决心。在市场行情一跌再跌时，不断买入这种收藏品，以便不断分担自己的总投资成本。在收藏者处于不利的情况下，如果采取消极的方式草草收兵，总会造成或多或少的损失。但是，如果将积极求和法运用得当的话，那么，收藏者不但可以部分甚至全部地挽回损失，有时候甚至还可以获利不少。

（2）舍小求大。如果收藏者预期行情将上涨，买入了某种收藏品。但是，市场行情却反向下跌了，而且，似乎还有一跌再跌的趋势。此时，收藏者就应该在损失还不是太大时先行将收藏品卖出。在这种收藏品继续下跌的过程中，再伺机买入，从而挽回过去的损失。这就是舍小求大法。

从某种角度来看，舍小求大法与积极求和法，似乎有几分相似之处。不过，二者的主要区别在于，积极求和法需要不断注入新的资金，而舍小求大法则无须不断投入新的资金。舍小求大法的目的，主要是降低收藏投资成本。

3. 处于牛皮市时的操作技巧

在行情平稳且未见到任何能够使收藏市场大起大落的因素，即出现牛皮市时，运用积少成多法最为合适。每逢行情上涨就卖，行情下跌就买。这种方法在表面上看来似乎有悖于一般原理，而且有几分类似于"投机"行为。尽管每次所获收益不大，然而，如果反复多次，总收益还是相当可观的，所以，将这种方法称为积少成多法。

处于牛皮市时，要学会等待，以期捕获市场大的走向，有时会获得意想不到的机会。当市场逐渐走强时，特别是呈现向上突破的走势时，应保持冷静和谨慎，当市场出现短时期下跌时，应当注意捕获机会。

如何规避收藏投资的风险

时下，随着我国经济的高速发展，人们对文化艺术的需求也在不断增强，收藏市场也显得极为火暴。从国内某一收藏者斥资3000欧元在佳士得拍卖行拍得陈年白兰地，到清雍正年间的盘龙广口瓶拍出3800万元的天价，这样的事情可谓在中国的收藏界数见不鲜。但业内人士却强调，这一新兴市场"风险暗涌"，入市务必谨慎。

据相关报道：某一初入收藏界人士，由于缺乏收藏鉴别知识，被卖假者用演"双簧"伎俩骗取信任，以2万元的价格买下一枚珍贵"蓝军邮"金箔小型张。但经专家鉴定，这根本就是一枚假邮票，分文不值。

可见，收藏市场千变万化，收藏者稍有不慎，便可能遭到财产损失。因此，加入收藏行列也需要一定的风险意识，了解收藏行业的风险，才能有效地进行规避。

而且收藏对于普通人的生活而言，无疑就是有些奢侈的事情，尤其使你将此作为投资手段的时候，这个变幻莫测的市场也许和真假难辨的藏品一样让你头疼。在华尔街有这样一句名言："行情总是在绝望中诞生，在半信半疑中成长，在憧憬中成熟，在希望中毁灭。"有人说，在今天的收藏市场中，加上一个零或者去掉一个零都是一件十分容易的事情，如何让你的藏品避免一夜之间被去掉一个零，成了现在数千万藏家都需要做的功课。那么，具体来说，投资收藏都应该规避哪些风险呢？

1. 规避品相风险

收藏品的品相如同人的相貌，在市场交易中，绝大多数收藏者都倾向于买尽善尽美、世间少有的收藏品。品相好的收藏品可以卖出大价钱，品相差的收藏品价格就会较低。因此，一定要注意收藏品的品相好坏，以规避品相风险。从收藏投资的角度来看，对于供给弹性较大的收藏品而言，

一定要非常注意品相问题。因为当投资收藏者想转让收藏品的时候，买方的选择余地是很大的。但是对于供给弹性小的收藏品来说，品相问题就显得相对次要一些，不过，如果投资收藏者在购买的时候，以此作为讨价还价的筹码，花适当的价格购入的话，可以在很大程度上规避因为收藏品的品相问题而带来的风险。

2. 规避赝品风险

防范赝品风险是投资收藏品中最主要的一条。无论是拍卖市场还是收藏市场，赝品的陷阱比比皆是。当你踏入市场后，稍有不慎就有可能跌入陷阱，难以自拔。因此，对于初涉者，进入收藏市场要谨慎操作。对于投资收藏者自己熟悉的，把握大的收藏品，应该冷静分析，明察秋毫。对于投资收藏者自己拿不准的、把握小的收藏品，越是珍稀品种，越要格外小心，最好是请信得过的专家帮助鉴别。如果需要当机立断做出购买决定，没有回旋的余地，也应以尽可能低的价格购买真伪尚不明了的收藏品。

3. 规避价格风险

各种收藏品的价格不像股票行情一样能够一目了然，收藏品的价格实际上因买入时机、卖出时机、买入地点、卖出地点，以及买卖双方的不同而不同。这些因素直接或者间接地影响到收藏品的买入价格与卖出价格的高低，而买入价格与卖出价格又直接影响收藏品收益率的高低。经常有拾荒人在乡下以几十元的价格买入一件物品，到城里的地摊交易市场卖几百元，到了懂行的专家手上，价格可以达到数万元甚至上百万元。因此，作为一个收藏者，既要掌握全国各地收藏市场的行情，又需要积累关于收藏的相关经验。

4. 规避买卖风险

买卖风险主要是指艺术品的流通性很差，艺术品有时并不等于金钱。从市场上看，相当一部分收藏者购买艺术品是为了保值增值。然而，许多收藏者在手头紧或缺钱时想抛售自己收藏的艺术品一般很难如愿以偿，经常会出现高价进、低价出的情况，有时损失会惨不忍睹。行情好的时候，收藏品可以带来丰厚的利润。遇到收藏市场上行情低迷时，会造成资金积压，变现困难。收藏品的变现，并不像那些可以进行标准化交易的投资品种那样容易。一些收藏品经常遇到这样的情况：当市场火暴的时候，即使是三五十万元都有人抢，而当市场萧条的时候，连三五万元也没人理会。

5. 规避保管风险

由于受气候和一些人为因素的影响，各种收藏品都会面临保管风险。一些收藏品不仅不能受潮，也不能受热，尤其是邮票、纸币、字画等还要防折、虫蛀和各种化学品的腐蚀。所以，对自己的收藏品一定要经常查看，否则，品相一定会大打折扣，甚至会变得一文不值。

投资收藏者在保管过程中，着重要注意：温度和湿度的控制，有害气体和灰尘的污染，霉菌和虫害的侵蚀，进行防霉、杀菌消毒处理；光线照射等对收藏品的影响。投资收藏者应针对自己的收藏品和客观条件采取必要的措施，尽可能地保管好自己的收藏品。

6. 规避政策性风险

国家法律明文规定的不能炒卖的收藏品一定不要买来收藏，一旦违法，就会受到国家法律的制裁。许多珍贵的收藏品同时也是珍贵的文物。因此，投资收藏者对《中华人民共和国文物保护法》、《中华人民共和国文物保护法实施条例》、《中华人民共和国拍卖法》、《文物藏品定级标准》等相关的法律法规进行了解，是百利而无一害的事情。

7. 规避收藏禁忌风险

在收藏界有很多忌讳，譬如大家对魂瓶、明器，还有痰盂、夜壶等器物都不是很喜欢，虽然这类器物有些制作得相当精美，也不乏一部分精品。但是这类器物在价格上就是上不去，和一些文房用具相比较价格就要低得很多了。

8. 规避藏家兴趣改变的风险

收藏品的价格和炒作是分不开的，当市场上某类器物的需求量增大时，价格自然也就上去了，所以一些大的藏家或大的收藏组织能够影响某类器物的价格。譬如，现在越窑的瓷器价格就非常高，以后或许会有人炒作汝窑的瓷器。所以作为藏家，特别是中小藏家一定要收集和分析各种信息，尽快跟上市场形式的变化。

第二章
收藏理财要 "放长线钓大鱼"

瓷器的收藏

瓷器一直是收藏品市场上的热点，也是众多收藏品类中增值较快的一种。近年来，瓷器收藏市场逐年看好。不少业内人士称，近四五年来，整个瓷器市场的投资收益正以每年30%左右的速度上涨。而对于个别精品瓷器，一两年内身价翻几番者更是比比皆是。

相对于书画等其他收藏品来说，瓷器的选择性较宽。从明清官窑作品到民窑精品，从价格较高的古瓷到工艺精美的现代作品，都能从中挑选出值得投资的精品。而且，不同瓷器的投资额也相差很大，无论是财大气粗的大藏家，还是资金有限的中小投资者，都可以进入。

在市场上淘得的瓷器，价格最高的都不超过千元，其中很多都在三五百元上下。但只要是看准了 "下手"，即便是两三百元买进的货品，也有不小的利润空间。一般的民窑瓷器在市场上往往百余元就能买到，门槛并不高，投资风险相对较低，而且目前正处于上升期，非常适合广大中小投资者进入。

在瓷器收藏市场上，古代瓷器是收藏的一大亮点，那么一般人在收藏中应注意哪些问题呢？

1. 应看作品的造型

在收藏过程中，造型往往被陶瓷艺人和收藏家忽视。因为人们最易被色彩打动，而轻视造型本身。作为一种三维空间的艺术形式，造型的本身就能体现出一种精神。或圆润、或挺拔、或纤秀、或雄强、或文儒、或豪放。造型虽是由简单的线条组成，但提供给人们的想象力却是无穷无尽的。

2. 看装饰的效果

因为是现代艺术瓷，既要看装饰是否与造型统一，更要看装饰本身是否新颖和有创造性。瓷质材料的精美决定了装饰也应是唯美的。现在有些陶瓷艺人，简单地将国画画面移入瓷器装饰，效果未必很好。除少数作品外，两维空间的国画移入三维空间并不适合瓷器装饰。

3. 看色泽

青花是否纯净幽远，丰富润泽，釉里红是否红而不俗，层次多变，釉色是否亮丽莹透，无斑点瑕疵。如果以上三点都比较符合要求，至少具备了收藏的基本条件。接下来要了解作者的自身条件，新人新作价位偏低，大胆买下。如果是名人名作还需考察作者的年作品量。同样作品的重复量（瓷器作品由于制作烧成过程的特殊性，一般惯例是允许有几件同样作品的类似），如果量少，价格自然要高，如果量多，特别是重复作品多，建议要谨慎购买。从国际收藏惯例来看，收藏中青年艺术家的作品，看似有一定的风险，实际上却是最具价值回报的一项投资。

邮票的收藏

邮票投资独具资金多少皆宜、市场操作简单及投资获利相对稳妥等诸多优点，邮票作为收藏投资，在收藏的同时，还能开阔你的眼界，使你从中学到很多东西，而且随着这几年邮票市场的复苏，投资前景无疑

非常乐观。

集邮的范围是很广泛的,除邮票之外,与"邮"字有关的封、简、片、戳、卡及集邮文献、邮政用品等,都可列为收集的范围,特别是各种实寄封要注意收集,它是组织邮集不可缺少的邮品。

邮票市场和其他市场一样,同样具有很大的风险性。而且邮票市场上存在着很多大户,大户吃小户的现象可谓非常普遍。如果你作为一个小户,刚刚涉入邮票市场或正在邮市中捣腾,并借以希望从中获取高额利润,那么观察市场动向,并掌握邮票投资的策略和技巧,是至关重要的。那么,投资者究竟应该如何投资邮票呢?

首先要树立正确的投资理念。投资邮票不同于投资其他的项目,邮票是具有货币功能的特殊商品,邮票价值的高低受题材、发行时间、发行量、存世量、群众喜爱程度等诸多因素的影响,同时也受市场投机炒作的影响。因此,邮票价格的浮动受各种因素的制约,某一时间的价格并不代表其真实价值,对邮票本身价值的认定必须得到社会的认可,这之间要扣除炒作的泡沫成分。

其次,投资邮票要量力而行。对广大中小投资者而言,投资收藏邮票的基本要素有两条,一是要判断邮票保值、增值的条件要素是否具备;二是在决策投资前一定要根据自己的经济条件量力而行,在没有绝对把握获利的情况下,切忌负债或超负债投资邮票。虽然邮政改制后的政策面对市场有利,但也要有预防突发性事件发生的心理准备。

同时,把握建仓时机至关重要。目前,国家邮政改制已进入实质性阶段,各省邮政改制挂牌在9月初正式拉开序幕,设立省级邮政监管机构,标志着邮政政企分开迈出了关键一步。此后开始,邮市作出了积极的配合,市场成交活跃,成交量有效放大,热点逐渐扩散,社会主力大资金已经进场。趁市场行情还没有达到一定热点前,择机建仓不失为明智的选择。

另外,还要认真选择投资品种。在决定投资邮票后,挑选好邮票品种也是一门学问。一般来讲,1991年之前的老纪特邮票存世量少,消耗很多,基本上都沉淀在社会,因此,老纪特邮票的价格都较高,保值、增值比较稳定,受市场波动的影响较小,是长期收藏投资群体的首选。

邮票的收藏与保管是十分重要的。因为一枚邮票有纤细的齿孔，有怕受潮的背胶，如果不注意保管，就会发生沾污、折裂、缺齿、黏胶以及出现霉点，从而影响邮票的品相。

邮票最好放入邮册内收藏，不要把邮票随便放入信封或夹到书中收藏，否则就容易发生粘连。新买到的邮册，往往纸张有些潮，因而需要用干燥剂干燥一下，再把邮票插进邮册。邮册不用时，应放在干燥且通风的地方，并且要持直立状态，不要将邮册相互叠压、横放，以免潮气侵入，使邮票发生黄霉斑点。邮票整理摆放时，一定要用镊子，切记不可直接用手去摆弄邮票，因为手上有汗，会留下手印，尤其是印有金粉的邮票更容易被污染。

邮票的背胶在收藏保管中是一件颇让人费脑筋的事情。邮票背面涂上的胶水，是为了方便人贴用邮票，但是胶水遇潮就会软化、溶解、粘连在邮册上。有人为了保存方便，把邮票的背胶用水洗掉，使邮票失去了原有的光泽和面目，且容易损伤齿尖、齿孔，用水洗掉背胶会将邮票品相损坏，这种收藏方法是不可取的。一般地讲，邮票最好保留原胶，为了防止背胶出问题，应该经常检查背胶情况，及时地处理好背胶在保存中出现的问题。

收藏者在选择收藏品种的时候，最好选择的周期一般应该在一年以内，以防范某些不确定性因素变化所带来的风险。市场是动态的，而不是静态的，这就要求收藏者一定要随时随地改变自己的策略，以适应市场的千变万化。

石头的收藏

奇石乃是天地间最古老的艺术品，其生成年代以百万年、千万年甚至亿年计数，加上造型、结构、色彩、图案、线条等有时美得让人炫目和惊

叹，于是从古到今，上至达官贵人，下至黎民百姓爱石者甚多。

如果你没有加入石头收藏的行列，你就很难想象到一块石头能卖上几十万甚至上百万。对一些上班族收藏爱好者来说，可多关注奇石收藏，奇石作为一种大众藏品，起步并不高，有的甚至低至几十元，很容易被普通人所接受。

但是，一般投资者在市场上购买石头时，要冷静对待自己见到的观赏石，一开始玩石先不要购置价格很高的奇石，不要为其高价迷惑，并非高价就是好石。什么石头值得收藏？首先看石品，目前最常见、最受欢迎的要数中国四大名石——太湖石、英石、灵璧石、昆山石，还有戈壁石、阳春孔雀石、潮州蜡石、广西大化石等；其次看色泽，石头是否对光的反应强，是否有自然感、硬重感、本色感或奇异感，石头经过千万年的沉淀通常呈现古朴稳定的色泽，很有质感；再看石头的润度，是否滑润、手感是否好，如广东的黄蜡石不是蜡却有蜡的光泽，滑润可爱；然后才讲究石头之势，是秀美还是峻立，是富贵还是文雅。

当然，一些具有特殊意义的石头，如名人收藏过的石头、来源特殊的石头如陨石、恐龙蛋化石等，也常常被石头爱好者作为收藏对象。

另外，如今的石头造假水平越来越高，卖家很可能通过机器打磨等方法，把原本平淡无奇的石块塑造成或似人或似物的独特形状，因此一定要仔细辨别。

因此，一般收藏者必须要首先明晰，石头收藏是以石头和岩石为基础，但不同的石头概念和价值的体现有着根本的区别。

1. 奇石

它与工艺石的最大区别，在于它既是经过大自然磨砺而天然形成的，石头的形态、材质、色泽、纹理等元素独特而自然，且不可缺一，又无人为雕琢或打磨的痕迹；另外，它还具有较高的观赏价值或收藏价值。奇石的价值则重点体现在石头的五大要素上。形、色、质、纹、韵，天然形成，更重要的是"韵味"无穷，文化内涵丰厚。

2. 观赏石

顾名思义，它是指具有一定观赏价值的石头，既包含了奇石，又包含了工艺石。在日常赏石活动中出现的经抛光、开片、去底等方式改变石头形态后的石头藏品，是为了突出石头的"纹"，增强石头的"韵味"，拓展石头的文化内涵，提高石头的观赏价值。如，雨花石、草花石、大理石等。它的价值主要体现在石头的质、色、形、纹及其所包含的文化氛围。

3. 工艺石

它是通过人工和物理的方法将原始自然的石头和岩石打磨成某一状态的物品；或在石头上人工雕刻、描绘成某一图案；或粘接组合成某一主题的作品等，形成可观赏或收藏的石头商品。这种通过人工或物理作用，将石头变成一种具观赏性和收藏性为一体的石头称之为工艺石。如石雕、石刻、石画等。工艺石的价值主要体现在石质自身和雕刻、绘画工艺上或作品的构思与巧妙上。

综上所述，人们在收藏石头的过程中，通过对石头认识的意识升华和提炼，只要将具有独特形态、色质、图案、纹理和"韵味"为一体的石头作为收藏品都是可行的，只要你对藏品有了充分的认识，了解了其价值的所在，便可结合自身的爱好，选择情有独钟的石头作为收藏品。

人民币的收藏

人民币无需太多学问且辨别简单，非常适合中小投资者收藏。可不要小看我们手中那小小的人民币，据了解，第一套人民币大全套与第二套人民币大全套的市场价格目前分别为160万元和6.6万元。在今年中国嘉德春拍中，第二版人民币全套13枚，成交价为38500元。两年前华辰的一次春拍中，1953年第三版人民币赠送外国贵宾礼品册成交价为16500元。

人民币的收藏价值与人民币的面值没有直接关系，与其发行年代、存世量多少以及币种自身质地品相直接相关。一般而言，发行年代越久远，存世量越少，质地品相越好，收藏价值越大，反之，收藏价值就小。另

外，人民币的收藏价值也与流通时间长短、流通范围大小以及回收方式有关。一般来说，流通时间越短，流通范围越窄，回收后存世量越少，收藏价值越大。人民币作为一种大众收藏品，收藏时也要注意以下几点。

1. 不要收藏假币

《中国人民银行法》和《刑法》都明确规定，持有、使用假币是一种违法行为。因此，收藏人民币时，不管出于什么目的，都不要收藏、持有、使用假币，莫因一时喜好而违法。

2. 流通中的人民币可以收藏，但不能上市交易

法律明文规定：流通中的人民币不能上市交易，只有退出流通的人民币才可以交易买卖。因此，收藏流通中的人民币用于交易牟利，不仅违反了相关法律，而且也影响了正常的货币流通秩序，不利于人民币的职能发挥。

3. 不要收藏品相极差的人民币

已经退出流通的第一套和第二套人民币，品相全新的存世量不多，特别是第一套人民币更是少之又少，且价格不菲，一般人很难如愿收藏。收藏使用过的第一、第二套人民币，如果品相太差，无论从增值角度还是从研究角度看，意义已不大。就是说，三品以下品相的人民币不要收藏，但可以留作参考实物。第三套人民币退出市场流通时间不长，品相较好、价格适中的品种值得收藏。

4. 留意收藏特殊号码币

收藏特殊号码人民币盛行已久，全世界的钱币收藏爱好者几乎都有收藏特殊号码币的习惯。比如，中国香港人喜欢带777号码的钱币，内地人喜欢带888号码的钱币。专家说，人民币如果按照一定的号码规律收集成系列，其价格可以提高数倍。

然而有许多初入收藏界的人认为，只要是旧版的人民币都很值钱。但实际并非如此，专家指出，每套人民币都有几张被称为"珍品"的特别值钱，它们的价格占到整套币值的七八成；而单张的其他券币与珍品相去甚远。据悉，第一套人民币普遍收藏难度较大，其中又以壹万圆"牧马图"、壹万圆"骆驼队"、伍仟圆"蒙古包"和伍佰圆"瞻德城"为最有价值的，单是这四张币已经值五六十万元人民币。第二套人民币的珍品则

是"加长拾元""五元大团结"和"三元井冈山"，由苏联代印，而且比其他券币提前退出流通领域，目前也值3万元左右。

纪念币的收藏

在当今众多的投资选择中，工薪阶层最理想的理财渠道之一当属投资纪念币。纪念币顾名思义，就是为了纪念某个重大历史事件或者历史人物而铸造发行的钱币。

纪念币一般分为普通纪念币和特殊纪念币，而特殊纪念币都是由银和金制成，价值比较高，收藏起来也不方便，很不适合上班族收藏，不过流通纪念币是普通纪念币里最好收藏的一种，它的面值普遍不高，发行的数量、品种也不是很多，非常适合作为一个趣味性的、群众性的收藏品进入到千家万户。从这个角度出发，流通纪念币可以说是一个非常有潜力的、有相当群众基础的品种。

流通纪念币的投资和收藏又被称作"贫（平）民投资和收藏"，因为它投入起点低、风险小、收益相对较高。流通纪念币从1984年至今总面值不高，发行时间短，数量较少，一般中小投资者收藏者不需要很深的钱币知识和学问。只要注重以下几点，投资流通纪念币收益一定可观。

1. 坚定信心、长期投资、稳定回报

流通纪念币的增值趋势虽不是一路上扬，但它一直呈波浪式稳步攀升的势头。只要不追高而选择在低点介入投资的话，其收益如何？仁者见仁，智者见智。

2. "币"以稀为贵

流通纪念币的发行量也是影响其价值的原因。在每年的"纪念币大全套"影响下，其价格由一元面值逐步上升到现在的1000余元/枚。它也是流通纪念币板块历次行情的老龙头。

3. 选择投资品种很重要

有时候选对品种可以左右个人投资收益。在行情发展中，抓住领涨的龙头币，其收益往往会大得惊人！

4. 逢低吸纳，坚决不追高买入

上班族投资一般喜欢在行情疯涨时买进，才会被套牢，损失投资。所以，要提醒上班族投资者一定在流通纪念币处于十分低迷的情况下不断地吃进，耐心持有，必有回报。

5. 注意币品品相

收藏流通纪念币如同收藏邮票一样，也要注意品相，即外观质量。可以说，品相是一枚纪念币的脸面。

纪念币的收藏潜力一直很大，很适合上班族投资，它不需要你花太多的时间去打理，而且还不需要你投资太多钱，但你会收到很大的收益。

总体上看，流通纪念币投资较小，也适宜投资炒作，作为真正的"大众化钱币品种"，投资数量可多可少，保存方便，大多数价格不高易接受，是适合上班族投资理财的长期选择品种之一，投资收藏前程十分看好。

小人书的收藏

说到小时候常看的小人书，您一定不陌生，小人书学名叫连环画，20世纪八九十年代，小人书在图书市场渐渐销声匿迹了。您当年在看小人书的时候，一定想不到这种廉价的小口袋书，如今能卖到上千块钱，变成了一种珍贵的收藏品。

"小人书"是我国独有且历史悠久的出版物，源于白描画本、绣像本等传统艺术形式，20世纪20年代在上海兴起。由于其具有特有的艺术形式、独特的反映故事手段、历史变革中产生了特殊作用等特点，"小人书"近年来伴随收藏投资市场日益活跃而身价上浮。目前，业内公认它是继瓷器、书画、钱币、邮票之后的"第五大收藏"。

以运作"小人书"而取得良好收益的投资收藏者不少见。曾说有一位收藏爱好者，一天在地摊上发现10余本品相上佳的，20世纪六七十年代出版的连环画后，一狠心掏出200元买下了。没走出几步，就被一位收藏家瞧见，"硬"是塞给他2200元后拿走。可见小人书收藏的潜力是很大的。

如果您真的喜欢小人书，并准备投资收藏的话，就需要对它有更深层的了解。因为不是所有的小人书都具有收藏价值和升值潜力。

1. 名家名品、获奖佳作，应是首选

因为小人书不仅是一种大众通俗美术读物，也是一种绘画艺术品。许多优秀作品都是当代的绘画大师创作的。如，刘继卣的《武松打虎》、王叔晖的《西厢记》《生死牌》《杨门女将》、陈缘督的全套《水浒》等；获奖作品《蔡文姬》《枫》《监真》等。这些作品的内容丰富多彩，健康严肃，具有很高的收藏价值。刘继卣的《鸡毛信》《东郭先生》，王叔晖的《西厢记》《孔雀东南飞》，程十发的《胆剑篇》《孔乙己》《阿Q108图》，刘旦宅的《屈原》等也很有收藏价值。

2. 老版的小人书

特别是指1965年以前出版的。老版小人书的存世量十分有限，品相好的更是凤毛麟角。其次是20世纪七八十年代的作品，也已经引起了收藏者的广泛关注，早一点下手，应是明智之举。这些作品在一般书店已经无法看到，您可以到旧书市场找到。

3. 专题、套书

作为一名普通的收藏者，您可根据自己的经济实力，选择喜欢的专题，有目的性地收藏。如人物题材、战争题材等。这样做既省钱又省时，也许还真能搞出名堂呢。

日前北京潘家园藏品市场举办的一场连环画拍卖会上，1957年版的《瓦岗寨》甚至拍出了2万元的高价，拍卖会上的其他连环画，成交率也高达90%。有时候，往往就是我们身边那不起眼的东西会给你带来意想不到的收获，在以前，满天飞舞的小人书现在竟然成了"小金书"。

红酒的收藏

　　法国人常说"上帝赐予葡萄，我们用心智把它变成人间佳酿"。正因为红酒是用心智酿成的，因此在西方鉴赏红酒更是有闲阶层的风雅之举，收藏红酒更被视为一种高雅而细致的情趣。

　　和古董一样，收藏顶级葡萄酒不仅是品位的象征，还能带来不断增值的财富。葡萄酒被称为"液体资产"，葡萄酒收藏在国外已具有相当长的历史，根据法国波尔多地区提供的数据显示，如果投资法国波尔多地区的10种葡萄酒，过去3年的回报率为150%，5年回报率为350%，10年回报率为500%，大大超过同期道琼斯和标准普尔指数成分股的增值速度。如在1986年以37.5美元购买一瓶法国波尔多五大顶级酒庄之一木桐酒庄1982年份的葡萄酒，现在的价值已超过500美元。

　　红酒增值分为"自然增值"与"市场增值"两个部分，前者指波尔多等知名产地的红酒价值每年都会有6%~15%的稳步增长，而后者则与股票类似，部分红酒在供求关系变化与市场"炒作"下会身价倍增。

　　所谓的投资级葡萄酒是指可以长期陈年并随时间延长而增值的葡萄酒。大多数葡萄酒没有陈年潜力，一般须在上市后两三年内饮用。从葡萄酒收藏史来看，仅有不到百种葡萄酒可以成为投资级葡萄酒。传统上，提到投资级葡萄，便是波尔多顶级红酒、顶级甜白酒和波特酒。

　　一般而言，衡量一瓶红酒的收藏价值，产地、年份是必不可少的，而等级、酒庄甚至于"证书"也都很重要。就产地而言，一般还是比较认同法国产的葡萄酒。全球每年会评出30款左右的名葡萄酒，其中，有80%就产自法国。而法国的名酒又大多出自五大名庄。一些20世纪90年代法国一等酒庄"拉图""玛哥""帕萃斯"等生产的顶级葡萄酒，目前收益率已达100%。此外，美国加州的光荣和澳洲的奔富也极具收藏价值。

同一品牌名酒，其收藏价值很大程度取决于出产年份。但这并不等于说，两种同品牌的酒时间越长的就越有收藏价值，由于红酒的特殊酿造工艺，还要参考其出产年份时该产地的气候、产量等因素。

收藏红酒的另一重要指标就是"证书"了。目前，世界上公认的葡萄酒鉴赏权威是美国《红酒观察家》、英国《滤酒器》，以及美国人罗伯特·帕克的"印章说明"，是所谓"顶级红酒"的"世界认证"。他说买什么牌子的红酒，投资者与收藏家就会疯狂地跟随。有红酒商人打比方，帕克在国际葡萄酒业的地位，就像格林斯潘在华尔街股市的地位一样。

一瓶顶级红酒，意味着葡萄的品种、产地、土壤、阳光、采摘时间、酿酒技术等的完美结合。一件珍藏的古董，反映着主人的文化、修养以及艺术品位。因此，对于现代的都市女性而言，红酒收藏无疑值得尝试。

紫砂壶的收藏

随着茶文化的日渐普及，爱喝茶的人越来越多。在日常生活能够用一把心爱的紫砂壶泡一款钟爱的茶来品饮，也成了越来越多的人追求的一种生活方式。但是，对于不少刚刚开始接触紫砂壶的壶友来讲，市场上紫砂壶的价格有高有低，实在是一件很难让人看懂的事情。

我们大家都知道，北京马连道茶叶一条街是紫砂壶销售相对集中的地方，基本上做茶叶生意的门店都有紫砂壶销售，也不乏单一做精品紫砂壶的专卖店。这里的紫砂壶大小不一，形态各异，主体多样，泥料丰富，价格也存在着不小的差异。一家正在搞促销的门店里，一套紫砂壶标价560元，折后价90元。这套壶连壶、碟、杯都算在内，大约是11件，单件价格不足十元。而在相同的门店，另外一把单件的紫砂壶售价达到500元。据店员介绍，500元只是全手工壶入门级别的价位，在他们店内，最高价位

的壶达到4.8万元。造成这样悬殊的原因是，壶的作者不同，而且不同的壶选择的泥料也不同。一般情况下，工艺师的职称越高，壶的价位也会随之上升。对于那套90元的套壶，店员表示那绝对是批量模具生产的产品，因为这样的价位完全不可能是全手工壶的价位。

那么，决定一把壶的价格的究竟是泥料、做工还是作者呢？

事实上，无论是泥料还是工艺，都只是影响作品价格的一个因素，并不能根据这些来判断一把壶的价格高低。举例来讲，同样是一款"倒把西施"，同样的泥料，作者甲做的只卖几百元，作者乙做的就要过万，导致其价格差异的主要在于作者是谁，作者是什么样的职称。

同样，使用的泥料也是影响紫砂壶价格的一个显著因素。一般，用料纯正的紫砂壶的价格偏高，一把沙含量较少的壶相对价格就较低了。

关于紫砂壶的定价方式存在很多的争论和尝试，但大多数的尝试都因为紫砂的特殊性而无法真正实行。所以，大多数的收藏爱好者只能自己货比三家，从造型、泥料、流水、封口以及密闭性等方面综合对比，感觉是自己认可的作品，价格也较为符合自己的心理价位，就可以进行收藏尝试了。

长期从事紫砂艺术研究的业内人士认为，紫砂壶可以按照商品壶和艺术品来划分。艺术品领域因为存在一定的收藏与投资属性，所以难以用一般的价格标准来衡量。但是实用商品壶不一样，决定其价格的因素主要就是三点：工艺、泥料和作者。其中，作者是拉大作品价格水准的主要因素，也是最难把握的一个因素。一般来讲，职称是一个作者工艺水平的客观反映，但是同一级别的工艺师水平也有高下之分，而且还有相当一部分没有参加职称评比，但很有思想的作者也常常会有精品问世。如何寻找一件对的作品，是一件既需要眼力，也需要功力的事情。

单纯从作者情况考虑，则需要长期关注其作品的价格走势和工艺水准。在这里我们还要强调一点，在现实中某些商家用一把壶的容量大小来定价，明显是非常武断而没有道理的做法。同理，花货的艺术价值也未必就一定高于光货。而这些都是需要紫砂壶的收藏爱好者需要注意的问题。

第五篇

日常理财

——筹备幸福，规划女人一生的"财富"

第一章
幸福家庭理财计划

低收入家庭投资理财方略

对于一般的女性而言，收入低也要有自己的理财方法。不能因为钱少而忽视理财，而是更应该找到适合自己的理财方法，选择最优的投资方略，让自己手中的资本发挥最大化的效应，从而为自己以后的生活提供优厚的保障。

玲玲今年24岁，参加工作只有两年，在事业单位工作，月收入在1800元左右，为了改变职业，准备辞职专门学两年外语。由于刚结婚，花费了不少钱办婚礼，所以父母已经答应赞助她学习费用。她的丈夫在部队工作，开销比较小，但是收入也不高，1500元左右。他们现有资产都是银行存款，约有5万元钱。他们的计划是买一套小户型，想先租出去几年，等收入提高了可以要孩子的时候再简单装修一下自用。她的问题是：什么时候买房子，贷款利息和收回来的租金比哪个更合算一些。另外，像他们这样中低收入的年轻人，什么样的投资会有比较保险一些的收益。玲玲的希望是"不求利润最大化，只是希望能安全一些"。

理财师给出如下建议。

1. 逃避风险不如适当承担风险

家庭理财可依据自身风险承担能力，适当主动承担风险，以取得较高收益。例如医疗等项费用的涨价速度远高于存款的增值速度。要想将来获得完备的医疗服务，现在就必须追求更高的投资收益，因而也必须承担更大的投资风险。一味地回避风险，将使自己的资产大大贬值，根本实现不了稳健保值的初衷。一段时间以来，借股市行情不好的机会，很多债券基金都热炒自己的"安全"概念。可近期债市和债券基金的大跌，说明了安全的投资其实是不存在的。相反，重点通过股票基金长期系统投资中国股市，将是普通百姓积累财富的好机会。

2. 购房宜暂缓，二手房是首选

从玲玲实际情况看也是这样，一方面积蓄不多，又要辞职读书，虽然租金很有可能弥补月供款，但打光了弹药，实在是风险太大。"财不入急门"，投资的机会今后还很多。如欲购房，对于玲玲这类积蓄不多的新白领，小户型二手房是惠而不贵的好选择。买二手房建议玲玲使用最高成数和最长期限，即二十年七成组合贷款。留下资金可以消费以提高生活品质，或投资以赚取更多利润。

3. 多种投资都可尝试

如果想几年后买房，可转换债券是个好的投资方向。这种债券平时有利息收入，在有差价的时候还可以通过转换为股票来赚大钱。投资于这种债券，既不会因为损失本金而影响家庭购房的重大安排，又有赚取高额回报的可能，是一种"进可攻，退可守"的投资方式。另外，玲玲不妨也在股市中投些钱。虽然短期炒作股票的风险很大，但各国百姓投资的历史却证明，股市长期科学投资是积累财富的最好方式，是普通人分享国民经济增长的方便渠道。特别是股市行情不好的时候，正是"人弃我取"捡便宜货的好机会。

4. 青年人也需要保障类保险

考虑到玲玲的老公在部队工作，保障很好，故只建议玲玲自己买些意外伤害和健康保险。"人有旦夕祸福"，保险既是幸福生活的保障，又是一切理财的基础。

适合上班人的理财法则

　　一个平凡的上班族，若想在有限的收入中存下更多的钱，就必须培养正确而良好的消费行为，仔细地规划每个月的收入与支出，否则，赚再多的钱恐怕也不够用。以下是提供给现代上班族家庭的理财法则，不妨一试。

1. 准备3~6个月的急用金

　　就一般理财规划来说，最好以相当于一个月生活所需费用的3~6倍金额，作为失业、事故等意外或突发状况的应急资金。

2. 减少负债，提升净值

　　小两口的家庭财务应变的实力尤其重要，也就是净值（等于资产减负债）必须进一步提升。而提升净值最直接的方法就是减少负债，国内负债形态包括房屋贷款、汽车贷款、信用卡与消费性贷款等。基本上，个人或家庭可承担的负债水准，应该是先扣除每月固定支出及储蓄所需后，剩下的可支配所得部分。至于偿债的原则，则应优先偿还利息较高的贷款。

3. 把钱花得更聪明

　　如果"开源"的工作有困难，那么应有计划地消费，从"节流"做起。选对时节购物、货比三家不吃亏、克制购物欲望，以及避免滥刷信用卡、举债度日等，都是可以掌握的原则。在方法上可针对每月、每季、每年可能的花费编列预算，据此再决定收入分配在各项支出的比例，避免将手边现金漫无目的地消费。最好养成记账的习惯，定期检查自己的收支情况，并适时调整。

4. 养成强迫储蓄的习惯

　　"万丈高楼平地起"，所有人理财的第一步就是储蓄，要先存下一笔钱，作为投资的本钱，接下来才谈加速资产累积。若想要强迫自己储蓄，

最好是一领到薪水，就先抽出20％存起来；无论是选择保守的零存整取银行定存，或是积极的定期定额共同基金，长期下来，都可以发挥积少成多的复利效果。

5. 加强保值性投资

股、汇市表现不佳，银行定存利率也频频往下调降，现阶段理财除谨守只用闲钱投资的原则以外，资产保值相当重要，可通过增加固定收益工具如银行定存、债券和债券基金的投资比重来达到目的。其中，债券基金因为具有投资金额较低、专业经理人管理操作及节税等好处，较于直接从事债券投资，门槛降低许多，加上目前实质收益率也可维持在银行定存之上，所以成为目前最热门的投资工具之一。不过由于国内外债券基金种类繁多，应先了解其投资范围、特性与适合的用途，配合自己的期望报酬与承担风险来选择。至于银行定存，在利率持续调降的趋势下，最好选择固定利率进行存款。

另外还有一种工薪理财法可以学习。看看自己更适合哪一个。

工薪理财法是一种有机组合投资，将个人余钱的35％存于银行，30％买国债，20％投资基金，5％买保险，还有10％用于艺术品及邮票、钱币等其他方面的投资。

1. 35%存于银行

作为一种保本的保值手段，储蓄仍是普通百姓的首选目标。储蓄有不同的种类，我们可以按照不同的比例进行储蓄的分配。50％存一年期，35％存三年期，15％存活期，这样储蓄就可以实现滚动发展，既灵活方便，又便于随时调整最佳投资方向。

2. 30%买国债

投资国债，不仅利率高于同期储蓄，而且还有提前支取按实际持有天数的利率计息的好处。

3. 20%投资基金

1997年年底，国家已正式出台了《证券投资基金管理暂行办法》，这标志着投资基金这一世界性的投资工具将在我国进入一个迅速发展的新时期。它具有专家理财、组合投资、风险分散、回报丰厚等优点，一般年收益可在20％左右。

4. 5%购买保险

保险的基本职能是分担风险、补偿风险，在目前银行利率较低的情况下，购买保险更有防范风险和投资增值的双重意义。如今在大都市，花钱买平安、买保障已成为一种时尚。购买保险也是一种对"风险"的投资。比如养老性质的保险，不仅对人生意外有保障作用，而且也是长期投资增值的过程，可以买一些，5%足矣。

5. 10%投资于艺术品及邮票、钱币等其他方面

艺术品投资属于安全性投资，风险最小，而且由于艺术品有极强的升值功能，所以长期投入，回报率极高。但千万注意要懂行，否则买了赝品悔之晚矣。至于其他投资，主要包括邮票、磁卡、钱币等，这不仅有投资性质，还融入了个人的兴趣和爱好，做好了可谓是一举两得的事。

新婚夫妇的理财规划

新婚夫妇在婚后要合理分配自己的财产，合理投资，给自己以后的生活有一个好的开端。在理财过程中夫妻双方要多交流，勤沟通，找到夫妻双方都能认可的理财方略。

晶晶准备跨出人生重要一步，结婚。然而，二人世界和单身贵族的生活是完全不同的，婚后该怎么处理有关财务的种种问题呢？

晶晶是位标准的办公室白领，在一家外贸公司做行政助理，收入还算不错，每月6000元左右。晶晶的男朋友大华也在同一家公司工作，任部门经理，月薪万元左右。晶晶是女孩子，花钱比较注意节省，目前有10万元左右的存款；而男朋友虽然收入要多一些，但从不算计，所以目前只有一辆车，存款不到5万元。两人都没有买房子，准备婚后再买。

两人相恋5年，准备在今年结婚。但一方面，两人都当了长时间的"单身贵族"，对婚后生活或多或少都感到心里没底；另一方面，两人都没什么理财经验。那么，婚后晶晶该如何打理小家庭的财产，怎样根据双方经济收入的实际情况，建立起合理的家庭理财制度呢？

精于理财的老爸为他们提供了几招，以供借鉴。

1. 婚前个人财产公证

这种方式在西方早已盛行，在我国，随着市场经济的深入，正逐步被一些人接受。实行婚前个人财产公证者，通常有固定的职业和稳定的收入，操作办法是先建立个人收支账目表，对个人拥有的金银首饰、房产、字画、古玩、债券、股票等较大的自有财产进行登记，记录购买时的价格。到结婚时，把这些个人财产进行公证，同时约定，婚后谁出钱购买（带有固定资产性质）的财物归谁。有人指责婚前财产公证"冷酷"，实际上，现代社会崇尚法制化、规范化，作为具有独立意识的现代人，此举很可能是相互尊重、于人于己两方便的好办法。

2. 量入为出，掌握资金状况

作为家庭主妇的晶晶首先应建立理财档案，对一个月的家庭收入和支出情况进行记录，然后对开销情况进行分析，哪些是必不可少的开支，哪些是可有可无的开支，哪些是不该有的开支，特别要注意减少盲目购物、下馆子等消费。另外，晶晶也可以用两人的工资存折开通网上银行，随时查询余额，对家庭资金了如指掌，并根据存折余额随时调整自己的消费行为。

3. 强制储蓄，逐渐积累

老爸建议晶晶先到银行开立一个零存整取账户，每月发了工资，首先要考虑去银行存钱；如果存储金额较大，也可以每月存入一张一年期的定期存单，这样既便于资金的使用，又能确保相对较好的利息收益。另外，现在许多银行开办了"一本通"业务，可以授权给银行，只要工资存折的金额达到一定数额，银行便可自动将一定数额转为定期存款，这种"强制储蓄"的办法，可以使晶晶和大华改掉乱花钱的不良习惯，从而不断积累个人资产。

4. 尽快买房，主动投资

老爸计划到，经过一段时间的储蓄，他们夫妻应该可以达到购房的首付目标，这时就应尽快办理按揭购房。作为一个白领，居者有其屋是一个起码的生活标准。同时，近年来房产呈现了稳定增值的趋势，他们夫妻俩可以买一套30万元以上的商品房，这样每月发了薪水首先要偿还贷款本息，减少了可支配资金，从源头上扼制了过度消费，同时还能享受房产升值带来的收益，可谓一举三得。

5. 建立投资资金

为保证家庭应急和发展所需，家庭财力往往需要滚动增值。老爸又建议，结婚后，夫妻二人可共同出资建立一笔投资基金，然后由一方掌管，进行债券、基金、股票、储蓄组合投资，其间，最好把稳健投资和风险投资相结合、长线投资与短线投资相结合，收益目标可定在10％到20％左右。为使投资基金运作透明化、合理化、直观化，不妨在季度、年度编制投资收益一览表，列明债券投资多少、收益多少；股票投资多少、收益多少；依次类推，以便让双方心中有数，随时纠正投资中的失误，计算已取得的收益，规划以后的投资目标。

6. 开立三个账户

美国的家庭，理财时都遵守这样一个原则：夫妻两人各立账户，泾渭分明，互不牵扯，同时，家中的一切生活开支由双方等量负担。既体现了夫妻对家庭的共同责任，又不失去个人的经济独立和人格独立。根据中国人的传统心理和理财方面的实际问题，老爸建议他们不妨借鉴一下美国人的做法：在一个家庭开三个账户，即夫妻双方在每月领到薪水后，自觉把等量或按比例的款项存入共同的账户，供家庭生活日常开支，剩下的各自存入自己的户头。如此做，既顾家庭，又使个人手头活络。有些夫妻不愿开立众多账户，虽然集中有集中的好处，但原则上，还是应保留一定的"私房钱"。现代生活，有些事情必不可少，如朋友聚会、修车、买书等，事事"伸手"，项项要"讨"，无论夫妻哪一方，长久下去都会觉得不便。在固定的薪水用于家庭开支后，一些奖金、稿费等干脆自己支配。

经过老爸的一番指点，晶晶茅塞顿开，做了一顿香喷喷的饭菜，把老爸好好地酬谢了一番。

丁克家庭的理财规划

随着社会及生活压力的增大，越来越多的女性开始拒绝生育，于是不要小孩的丁克家庭数量日渐庞大。据统计，中国大中型城市已出现60万个"丁克家庭"。"养儿防老"传统观念的突破，使得提前储备养老金、在收入高峰期为自己制订一份充足完善的养老规划，对于丁克家庭来说显得尤为重要。

今年36岁的成先生和33岁的妻子就是典型的"丁克家庭"。成先生是南京一家外贸公司的部门主管，妻子在一公司从事营销工作。结婚已有9年还没要小孩。

成先生家庭处于形成期至成熟期阶段，家庭收入不断增加且生活稳定。该家庭年收入11.7万元。在家庭收入中，主动性（工资收入）为9.6万元，占家庭总收入的80%以上。其中房产和金融资产各占一半，该比例是合理的。债务占家庭总资产的比例不到7%，债务支出占家庭稳定收入的17%左右，完全处于安全线内。鉴于年老后除了日常生活开销，医疗费用的支出将占较大的比例。成先生一直在盘算着如何通过保险保障来抵御未来疾病的风险，希望专家能推荐一些养老和重疾保险方面的品种供他们选择。

遵照这样的常规，银行的理财专家为一对没有生育计划的白领夫妇制订了这样的理财计划。

1. 家庭资产配置建议

一个家庭的应急准备金不低于可投资资产的10%。成先生只要留1万元银行存款即可，因为5万元的货币基金也属于应急准备金。20万元股票资金可以不动，不过，切忌盲目追涨，多关注理想的蓝筹股。5万元的货币基金、2万元的博时基金和1万元招商先锋基金可继续持有。其余的资金应当及时转为投资基金，如债券型基金、股票型基金。购买基金可以采取"定期定额"的方式投资。同债券基金的"看似安全，实则危险"相比，系统化投资于股票基金可以说是"看似危险，实则安全"的。但基金一定要长期持有，如果投资一二十年，投资报酬率远远比储蓄险赚钱快，也有助于更快达到理财目标，同时也为成先生夫妇养老作打算。

外汇投资，是一种全球通用的投资技能，一般晚上的行情波动比白天更剧烈。成先生夫妇工作比较忙，把2万美元的"外汇宝"，购买各大银行推出的短期限、高回报率的外汇理财产品，从目前理财市场品种来看，保本型投资风险低，但收益相对属于偏高，具有投资性。

2. 家庭保险保障建议

虽然成先生和妻子分别拥有了10万元和5万元的意外保险，保险意识有了。但工作压力太大，漫长岁月中，无法保证身体永无大恙，将来又要面对昂贵的医疗费用支出、养老等计划还是不够的。尤其对于丁克家庭，提前储备养老金显得尤为重要。在夫妻两人收入高峰期就制订一份充足完善的养老规划，是使丁克家族快乐地度过晚年生活不可缺少的前提。

专家建议，鉴于家庭的整体收入水平，成先生每年将家庭15%左右的收入给两人各投保一份重大疾病保险、年金保险和两全保险，同时附加一些含有医疗赔偿的相关险种，这样可以确保晚年老有所养。（正常保费支出=年收入的15%~20%）

（1）健康险。面对突发意外事件意外保险具有了基本的抗风险能力，而健康保险却能抵御疾病侵袭。

作为一家公司部门主管的成先生，买一份重大疾病保险很重要，该险种保额为10万元。因为，这种重疾保险诊断后即可获得一笔保险金，以保证渡过生命难关。能让家庭在面对巨额治疗费时，不必手足无措地抛出股票和基金，最大限度地保存收益。近日中国人寿的"国寿康恒重大疾病险"的健康保险，该险种能提供包括29种疾病的特别保障。

而成太太则需要购买女性疾病保险，以方便给予特别关护，如太平人寿推出的太平怡康女性长期健康保险涵盖了25种重大疾病保障及终末期

疾病保障。这个保险产品首次将"经输血导致的人类免疫缺陷病毒感染（HIV或AIDS）"列入保障范围，还有额外的特种疾病津贴，为常见的心血管手术提供保险金。除此之外，成太太还需要购买一些传统的每日住院补贴和医疗费用的补偿性保险，因为这种津贴既可以弥补部分误工的损失，也可购买营养品，以便尽快地恢复健康。满足上述保障，成先生和妻子每年在健康方面的保费支出约为2000元。

（2）养老险。最好由两份年金保险和两份分红两全保险组成。

如太平人寿的福满堂养老年金保险，是一种集合养老保险和投资分红的"双全"保险，除获得每年固定的年金之外，养老金保证领取终生，还可获得红利。可根据自身具体情况，选择年领、月领，或延迟领取，灵活安排退休计划，可根据自身需要选择领取。

成先生夫妇可以双双购买投保15年的年金保险，选择与分红型产品组合，每年总共交1万元。这样夫妻两人预计从60~64周岁开始每年领取养老金3756元；65~100周岁每年领取7524元；60周岁时领取28470元的红利；65周岁时领取26248元的红利；若生存至100周岁，获得15048元的祝寿金，合同即告终止。

两份分红两全保险，成先生选择20年的交费期满后，即每3年可领取一次9000元生存保险金，生存时期越长，领取总额越多，直至身故还可领取10万元身故金。如平安人寿的永利两全保险还附送7级34项意外残疾保障。成太太即购买一份4万元分红两全保险，在10年满期时可一并领取保额和红利，随心安排退休后的生活，充分满足自身养老需求。虽然分红具有不确定性，但是长期来看，其复利累积额还是不少。

除此之外，对于日常发生的意外医疗，则可以选择中国人寿经济实惠的吉祥卡和全家福卡等卡式保险。上述这样的养老规划，每年两人共需保费约2万元，为丁克家庭提供了全面有利的未来保障。完善风险保障，尽享幸福生活。有了这些安排，夫妇俩的晚年生活才有充分保障。

第二章
量体裁衣——收入不同，理财重点各异

收入不同，理财重点各异

当然，由于拥有的财富不同，每个人的理财方法、理财重点也各有不同。那么，不同收入的阶层将如何理财呢？

1. 蓝领：绝对稳健的理财方法

这部分群体因为他们收入较低，承受风险能力也较差，理财要求绝对稳健。建议每月做好支出计划，除正常开支外，可优先考虑投资保险、基金和国债等投资项目。

如，国债利息略高于银行同期储蓄利息，因此可以将家里短期之内用不到的资金购买国债；如果对外汇感兴趣的话，建议购买银行和证券公司推出的MMF等；在保险投资方面，对于刚就职的年轻人而言适当购买人寿保险，既可获一些基本保障，也可强迫储蓄，且尽早购买，费率较低。对于已成立家庭的，建议保险支出约占家庭收入的10％，可考虑购买养老保险、重大疾病险以及意外伤害险等。

薛燕，环卫工人，今年43岁，他的丈夫是一家国有企业的技术人员，还有一个17岁的女儿在读高中。夫妻二人月收入近4000元，家里每

个月日常基本生活开支大约为1500元，其中孩子住校每月吃住零花500元。每月存银行2000元，其他方面花费大约三四百元。

4年前薛燕爱人单位搞房改，分期付款买了一套一室一厅住房，房款总共7万元，分5年付清，首期付款2万元后，每年大约要还1万多，今年是最后一年了。薛燕打算等贷款付清以后，正好孩子面临高考和上大学，就要在孩子身上多准备一些钱了。因为爱人对股票知识有一点了解，今后条件允许的话，她也想炒炒股票。但是目前这一两年还不行，一是没有钱，二是要照顾孩子准备高考，没有时间盯着。

薛燕一家平时生活也是极为节俭，日用品、蔬菜、水果和肉类一般到自由市场购买，在那里可以做到物美价廉。全家人的衣服基本都在打折和优惠时才买，那时可以便宜一些。她想等明年付清了房贷，生活就会宽裕一些了。

理财专家认为，就薛燕目前的生活状况而言是有些紧张，应该合理安排现有的收入。比如，给小孩买衣服不一定要父母亲为其代办，可以定期给小孩适度的零花钱，让其自行安排，这样既可以使衣服符合小孩的心意，又可以使小孩子从小就形成良好的用钱习惯，知道量入为出。对于投资股票，同样也是可以投资于绩优股，进行长线投资，不用花太多的精力。

2. 白领阶层：选择风险适中的理财产品

该类群体风险承受能力相对较高，可以选择风险适中、收益较高的产品，以风险换取收益。

如，请教专业人士购买保本型基金，购买中长期的分红型年金类保险产品，从各家银行推出的外汇理财产品，挑选期限、利率合适的产品适度购买。

王丹，28岁，工作3年，目前单身，在一家出版社做编辑，每月收入4000元，由于没有家庭负担，除去基本生活费用，他每月可剩余1500元，并将其全部用作投资。这些资金中，80%用于股票市场，20%用于现金存款。王丹一直认为，正是在这个开始的阶段，面临着更多的赚钱或升职的机会，因此可以在投资方面积极进取一点。

理财专家认为年轻的白领一族尚处于人生的起步阶段，必须在资金上尽量多做积累。应选择的投资组合方式是：在投资股票时，可以在入市之初稍作积攒，即先积累几个月的资金，再行入市。入市后，可以考虑将不同时间的资金投资在不同的市场上。股票的组合变化可以有很多，可以将40%的资金投向那些业绩相对稳定的股票，取其相对稳健的优点；30%的资金投向一些新的上市公司，取其有更大的升值空间的特点；30%投向中小企业板块。在做以上选择时，还应该考虑股票的行业构造，如相对来说业绩稳定的传统工业企业，发展潜力巨大的高科技企业，风险和回报率大的服务行业等，注意各行业之间投资比例的平衡。

3. 金领阶层：多元化理财方法

这一阶层是上班族中的富人，他们的抗风险能力较强，资金节余较多，因此可以采取多元化投资组合的方式进行投资。

不过，金领们由于日均工作时间、工作压力都会远远高于常人，健康状况并不理想。因此，对于这类人群来说，购买保险特别是健康险，为自己的健康与生命提供保障就显得非常重要。但要注意几点：保险，可购买高额万能寿险，附加补充医疗险和意外险，保障自己和家人的生活稳定；如果当地房价适中，可选择好的地段进行中长期投资；银行、证券公司推出的集合理财产品或信托产品，收益较高，风险较低，金领可选择购买部分产品进行投资。

夏莉，30岁，目前单身，现为一家房地产公司销售主管，每月收入为1万元左右。除去房屋月供、吃饭、购物等基本生活开支外，每月大概有4000元的储蓄，现有将近15万元的存款。

去年，夏莉以银行按揭方式购买了一套面积约为90平方米的小两居，每平方米7000元，总房价为63万元，首付3成贷款，月供加上物业费是3500元。由于她房屋所在的核心区域整体租赁价格高，因此她采用的是以租代养的投资模式。她目前自己住一间，另一间以每月1500元租出去，这样她每月只需为房子花费2000元左右。

理财专家认为夏莉目前的收入较为丰厚，且为单身，正处于人生的储

蓄阶段。因此，除了已经投资房地产的资金外，她还可将每月生活的剩余资金用于基金定期定额投资计划。目前她已经将现有储蓄资金根据市场情况，分别投放在安全性较好的银行人民币、外汇理财产品，开放式基金或理财型保险产品中，为今后的婚姻生活和子女教育储备一定的资产。根据夏利的个人情况，除了以组合投资获得持续稳健的回报外，理财专家认为她最好还要购买健康保险，以解除后顾之忧。

以上是针对不同工作和收入水平特点，有针对性的理财个案，在具体的理财过程中，应该根据自己的情况，灵活应用，绝不能生搬硬套。

月入2000理财方略

对于月入2000元以内的上班女性而言，大多是刚刚走上工作岗位，他们正处于人生的成长期，也为收入起步阶段。在这一阶段，理财的关键是平衡收入与个人支出，节流重于开源，抑制消费承受风险。此外，投资自己，多学习长见识也是必要的理财。

1. 以储蓄为主

在日常必不可少的房租、伙食、服装开支之外，应该多储蓄理财，建议每月将余钱存一年定期存款，在银行选择自动转存业务。这种"滚雪球"的存钱方法保证不会失去理财的机会。

2. 保险必不可少

保险是所有理财工具中最具防护性的，它兼具投资和保障的双重功能。由于新的医疗保险制度的实施，上班族购买一份合适的保险是必不可少的。一般而言，定期寿险附加意外伤害险的费用相对较低，也比较适合于大学毕业生现阶段的收入水平。

3. 可以适当承受些风险

理财追求更高的投资收益，因而也必须承担更大的投资风险。如果想几年后买房，转换债券是个好的投资方向。这种债券平时有利息收入，在有差价的时候还可以通过转换为股票来赚大钱。投资于这种工具，既不会因为损失本金而影响购房的重大安排，又有赚取高额回报的可能，是一种"进可攻，退可守"的投资方式。

下面我们根据案例，来具体说明，这一收入阶层的上班族该如何理财。

晓菲，23岁，未婚，没什么经济负担。工作比较稳定，但收入不高，每月差不多1500元，一个人生活足够。存款约1.2万元，想尝试投资货币基金。

理财专家认为，晓菲现在考虑个人理财很及时。很多年轻人由于正处在理财的起步阶段上，这一阶段的共同特点就是积蓄少、投资活动少、风险承受能力小。而这个阶段又是掘得人生第一桶金的重要时期，所以千万不要忽视了理财。当然，这个阶段的理财特点是以储蓄积累为基础稳健地投资。晓菲没有什么经济负担，所以应先做好两年内的个人理财规划。等到两年之后，晓菲的生活状态和经济收入可能就有很大的变化了，届时就要重新制订理财规划。理财建议：

1. 有计划性地存储

可以为自己办理网上银行，这样做的好处是可以自己动手打理自己的钱。晓菲可以从每个月1500元左右的收入中挤出300元，通过网上银行，把每个月的300元从活期转存定期，比如第一个月存300元的半年定期，第三个月就存3个月定期。这样每半年之后，晓菲就有一笔钱同时"解冻"，这笔钱可以再投向货币基金，这是一个攒钱的好办法。

2. 利用基金理财

货币基金是比较适合晓菲目前经济状况的个人理财方式。货币基金流动性好、资本安全性高，而且无需认购费用，没有手续费，也不用扣税，具有稳定收益和低风险的双重特征。而晓菲正是风险承受力低、期望获得稳定收益的投资者。因此，晓菲可以从现有存款中取出1万元购买货币基金。剩余的2000元存款应作为紧急备用金，以备生活中的应急之需。

为了找到合适的基金，可以从报纸等媒体寻找有关基金发行的各种信

息，也可以向银行咨询，了解基金业绩排名、绩效持续性、基金公司经营团队特点等信息，并可以据此做出选择。

3. 购买保险

晓菲在个人理财之时还应该为自己办理一份保险，最好选择意外伤害险。这种保险每年只需几百元，保额可达数万元，可以为投保人提供意外事故等方面的保障。晓菲可以向各个保险公司了解，通过对比后选择最适合自己的。需注意的是，这部分支出应控制在每年500元以下。

月入3000理财方略

处在这一阶段的人群大多属于有了一定的工作经验，个人收入会有所提高。但与此相对的是，他们的生存压力也会增加，除了职场上的竞争，更面临着成家立业的压力。所以，在这一阶段，好好地规划自己的资产，对今后的发展，意义重大。

1. 养成良好的理财习惯

理财方面绝不能偷懒。有一个比喻说：钱就像你的员工，你是老板，只有想办法让你的员工不停地忙碌，才会给老板带来更多收益。作为收入固定的工薪族，更应该多学习理财知识，比如，1年因为理财多收益5000元，20年下来就是10万元，加上利息，收益就更大。所以，理财贵在坚持和持之以恒，日积月累就是很大一笔财富。其实，存钱多少不是关键，可贵的是理财习惯的养成。要知道，理财必须是一个长期坚持的过程。

2. 合理分配投资

养成理财习惯只是开始，怎样才能做到真正理财？很多人都懂得，不要把所有的鸡蛋放进一个篮子，但实际上把鸡蛋放进太多的篮子也是一个理财误区。买一点股票、一点债券、一点外汇、基金、房产……把个人资产分配到各种投资渠道中，总有一种能赚到钱，这是很多人奉行的法则。

虽然面面俱到确实有助于分散风险,但是也容易分散投资者的精力,照顾不到的话很可能发生判断失误,结果赔的比赚的多。

3. 转嫁风险,节约成本

很多人只顾着"钱生钱",而不记得规避风险。理财是一个长期的财富积累,它不仅包括财富的升值,还包括风险的规避。在理财的过程中,要学会利用保险转嫁风险。

此外,在建立自己的投资账户时,年轻人由于手头资金量不大,精力有限,与其亲自操作,不如通过一些基金、万能险、投连险等综合性的理财平台,采用"委托理财"的方式,这样不仅可在股票、基金、国债等几大投资渠道中进行组合,还可节约一笔手续费。

吴女士,29岁,上班族,且由于工作原因常年出差在外。现在月入3000元,有两个老人要赡养,没结婚,没住房,工作7年,现有存款15万元,在老人的压力下必须要考虑个人的婚恋问题了。

理财建议:

1. 购买保险

由于吴女士经常出差,增加了风险概率,所以,首先要加强自身的意外保障。保额50万元,每年保费需800元左右。此外,还可以购买养老保险、医疗保险,最低的保障金额只需320元左右。

2. 购房计划

结婚、买房、赡养老人都需要花钱,所以买房不可一步到位,先小再大,逐步实现。当然,住房首付后要留有一定的金融资产,以免使家庭的理财功能丧失,使家庭资产结构失衡;月供不宜超过家庭月收入的30%。

3. 基金理财

对于15万元的存款,其中10万元可投资到证券市场的封闭式基金中。当然要注意入市点,防范风险,以目前国家的经济增长,支持股市向好,年收益率达到8%应该能够实现;另外5万元可继续定存。此外,每月工资积累的2000元钱,也可以暂存储蓄活期,并同时关注基金市场走势。

每逢市场深度调整时,就把此前积累的资金投入目标基金,然后再积

累，再投入，这样可以有效摊低购买成本。以第1年投资收益20%，第2年收益10%计算，则两年后，本息收益可达63360元，可以实现买车愿望。购买基金时，可以选择许多银行推出的网上基金超市，购买手续费可以打6折，降低投资成本。

月入5000理财方略

月薪5000元的收入水平，对于上班族来说，可以算得上是高级白领，虽然已经相当不错，但由于工作原因开销也同样会增加。因此，这一收入水平的上班族，不适合选择某些高风险的投资理财方式。相对而言，中庸的理财风格，还是比较适用于这一人群。

1. 理财稳健第一

对于上班族来说，理财稳健仍是第一原则。对于不可预期的风险，应该依靠自己的现有收入进行规划，把风险尽量转嫁出去，以实现财务的安全。

2. 炒股资金不应太多

月入5000的上班族，可以每月固定存入1500元，存期5年。由于银行的零存整取一般都有如当月漏存必须于次月补存的要求，所以工薪家庭可以利用这种相对"死板"的规定，养成良好的定期储蓄的习惯。贵在坚持，5年到期后本利合计近10万元，此时可以进行购房等进一步的投资活动。

对于已经投放到股市的资金，现在已基本占到了家庭可支配资金余额的一半，考虑到财务安全性，建议不要继续追加投资，可以利用现有资金继续进行投资，尽量挑选基本面好，财务状况优质的上市公司。

3. 投资基金也要"三分"

月入5000的上班族，不妨每月多拿出一部分收入投资基金。其中50%

投资股票型基金，30%即投资平衡型基金，20%投资债券型基金。剩下的余款，可以进行定期储蓄。这样既可以获得比活期更高的利息，也可以避免在需要用钱时提前支取造成所有的利息损失。

4. 保险的购买方式

购买的险种应该以保障为主，适当加大消费型险种的比例，这样可以获得比较高的保险保障，把无形的风险转移出去。对于工薪家庭来说，还可巧用家庭保单省保费。一张保障全家人的家庭保单，保费低、保险范围涵盖广，的确比较划算，能将保险人、被保险人的配偶和子女都纳入保障计划。

章女士，北京某大型媒体策划公司高级策划人员，工作4年，每月总收入约5000元。章女士没有理财习惯，再加上尚无家庭负担，所以她的工资每月都花个底朝天，算是典型"月光一族"。随着周围的同事开始买房，章女士也有了购房的想法；同时，她希望能有机会再进行在职培训、充电。因此，最近也有了一些财务压力，无所适从。如何进行合理理财，积累财富，成了章女士的首要问题。

章女士每月财务支出单：出门办事和上下班都"打的"，每月交通费约1000元；住单位的宿舍，房租水电约700元；购买人寿保险和意外险，每月支出约300元；日常交际费用约1500元。此外，章女士喜欢购买书、CD以及一些奢侈用品，每月开销在1000元左右，还有每个月的上网费和手机费支出约500元。

理财专家认为章女士目前每月的收支情况基本持平，要想实现购房理想，只有增收节支双管齐下才行；通过一些节约措施可以带来一定的节余，如果再将节余进行妥善投资，将会逐渐积累起一定的财富。"强制性"投资从她每月的开支看，有些支出是非常刚性的，比如房租水电费、保险开支、餐饮费用和交通费用虽然是必需的，但仍有一定的"压缩"空间——在购买书、CD以及一些奢侈用品等方面也可以厉行一些节约措施。

理财建议：

1. 减少开支

在保证生活质量的前提下，将每月消费控制在3000元以内，从而提高财富积累速度。减少在奢侈品以及吃喝玩乐上的开支，每月可以暂时拿出500元购买基金，把钱交给银行购买理财产品可以强制形成理财的习惯。

2. 定期定量购买基金

在减少信用卡透支额度的同时，可以选择一些"强制性"投资，比如定期定额买基金。先买货币基金建议她先买一些低风险的基金，主要是货币基金。

货币基金的收益现在比一年期定期存款的税后收益略低，但赎回到账快，可以与活期储蓄相媲美。目前工行、建行、招行等银行都有开展定期定额买基金的业务，可以直接带上身份证和银行卡去办理。她可先约定每月买200元的货币基金（这是最低起点），以后可适当增加到每月300元或更多。

3. 懒人理财"薪加薪"

对于章女士这种情况，她可以选择去广发银行购买"薪加薪"理财产品。所谓"薪加薪"就是将日常的闲散资金和各种收入集中到一个理财账户，如广发理财通卡或广发社保IC卡，通过与银行签署相关协议；当这个账户的钱达到1000元的起点金额时，银行会根据和客户的约定，将1000元或1万元整数倍的资金，定期划转用于货币市场基金的投资；每月月末分红一次，实现增值。"薪加薪"理财B计划，预期分红所得收益要高于一年期存款利息，可以达到1.62％~3％，是活期存款的3~5倍，且免缴利息税。值得一提的是该理财产品的投资本金每月月末随分红一起回来，如果急用可以在这个时候提取，月初时又会自动划转余额资金，这个过程不需要投资人再另外签署协议。

4. 保险建议

章女士工作单位提供社会保险和基本公费医疗，但是这个保障计划的保障功能相对比较单薄，保险额也有限。所以必须重新补充完整、全面的保障方案。章女士购买保险的费用，应占收入的比例为15％左右（若是规划养老，可适当增加至30％）。因章女士目前积蓄较少，应先注重保障，不妨购买个人意外伤害保险用于加强保障。

5. 购房规划

在成家立业之前，首要目标当然是购房，可以在结婚生子之后再考虑购车。这对于目前财务不是特别宽裕的章女士来说，无疑是更好的选择。

章女士可在一定时机根据自身情况，购买一套面积90平方米、房价8000元/平方米左右的中小户型，总价72万元左右。若首付四成由父母提供，自身还需贷款43.2万元左右，可通过申请公积金贷款来解决。

6. 投资规划

章女士每月收入扣除日常支出和按揭还款外尚有少量结余，所购置房产若能及时出租，可带来每月1000元左右的收入，建议这些资金每月定期定额投资指数型基金。年终奖金如果未有其他用途，同样可以选择优质基金进行投资。

长期固定投资加上不断追加的小额投资两三年后应有理想回报，预计可达18~20万元左右，届时可作为买车及新房装修之用。

月入万元理财方略

月入万元对于一名上班族来讲，无疑已经是钻石级别了，属于实实在在的金领阶层了。这一类人群以30岁左右居多，正是年富力强的时候，一般来说收入会比较快速地增长，到后期可能逐渐趋于稳定，会持续一段的缓慢增长时期。同时，由于多年的工作积累，银行里一定会有不菲的存款，也有更强的实力进行风险投资。

与此相对的是，在这个阶段，会有结婚、购房购车、赡养父母、生育后代等压力的存在，相应需要为此进行资金准备。一般这个阶段对理财来说，重点是在日常预算、债务管理等方面。

1. 投资要保持平衡

安全性、收益性和流动性是一项资金是否值得投资的重要标准，定期

储蓄的安全性较高，但是收益性和流动性较低，收益固定且需要缴纳20%的利息税。因此，可以适当减少定期储蓄存款的比例，改为投资基金、人民币理财产品和国债。

此外，为了提高生活质量，可以用部分存款购置一套新房，并在原有的基础上增加孩子的教育投资和全家的保险投入。

2. 分散投资，争取收益最大化

为了增加理财收入，可以将存款中的60%用于理财产品投资。

（1）投资股票。股市是冒险者的天堂，当然也是高收入者的首选。不过，由于其高风险性，在投资时还是要谨慎一些。一开始，可以将少数资金注入股市，随着炒股经验的增加，再逐渐加大资金投入量。

（2）购买基金产品。投资基金是一个不错的选择，基金产品的类型较多，有的适于机构投资者，有的适于中小投资者。那么，什么样的基金产品适用于中小投资者呢？按照收益凭证的变现方式划分，可分为封闭型与开放型；按投资对象划分，可分为证券投资基金与实业基金。一般开放型基金中的证券投资基金比较适合于中小投资者投资。

一般来说，货币市场基金首次认购的数额不少于5000元，此后可按1000元的整数倍追加认购，基金管理公司会每天公布每万份基金单位收益，月月复利，月月返还收益，根据客户的实际需求随时兑付。与股票型基金相比，基金管理公司一般会将此基金投资于央行票据、短期债券等安全系数较高的资金市场，所以安全性方面是有保障的。

收益方面，由于基金管理公司运作的方式各异，同时收益直接与公司的管理运作水平、市场的综合情况挂钩，所以具体到每一只基金收益是不同的。

（3）购买人民币理财产品。人民币理财产品的收益，虽然比不上股票基金，但比同期存款税后收益还是强得多。而且，人民币理财产品的特点是一般没有认购手续费、管理费、无存款配比，是储蓄类产品的替代品。可以说，集安全性与高收益性于一身。

（4）投资于国债。国债向来被誉为"金边债券"，当然也是不错的投资工具。国债的投资风险几乎为零，不用缴纳利息税，还可以拿到债券市场去交易，流动性也不错。

3. 调整收支，以适应购房支出

购买房产，永远是人生的一件大事。按照北京的标准，在2007年购买面积在100平方米左右的两室一厅，大概需要96万元，加上税费，共98万元左右（假设购房已经装修）。结婚一般还有必要的花费，包括家具电器、婚礼费用等，根据个人的需要和兴趣不同而有所区别，一般至少也要在8万元以上。如果实现以上的目标，还会带来生活收支的变化。

购房之后，除了每月的生活消费，还会增加不少支出：

（1）物业费支出：按照2.5元的标准，每月300元左右；

（2）采暖费：按照30元的价格，均摊到每月，300元左右；

（3）每个月住房贷款支出，3000元左右。

一般投资者的财富主要是现有的存款，以及每月的收入。而存款不可能凭空增加，几年内最可能大幅度增加的就是每月的盈余。所谓盈余是指收入减去支出，目前还是赤字。盈余增加的途径有两个：加大收入或者减少支出。

在收入方面，一般情况下不会出现近期有着飞跃增长的迹象，因此，减少支出就成了最主要的手段。合理地调整收支往往可以增加盈余，同时这份节约的资金还不受税收的影响，额度一般也比较可观，有时可以降低50％以上。

4. 教育投资要及早规划

现阶段，日益高涨的教育投资必将占据家庭支出的重要部分。从孩子刚出生起，就要学会打理孩子的教育费用，开始为孩子进行教育理财是至关重要的事。不妨进行教育储蓄规划，这一规划可以享受双重优惠，即零存整取的储蓄形式可享受定期储蓄利率和"免税"待遇。另外，一些教育保险也是不错的选择，可以使孩子在今后的工作中得到创业基金。

郝女士，娱乐经纪人，月收入1万多元，未婚。工作5年积攒下了30多万元存款，家庭状况较宽裕，无任何生活负担。参加社会保险保障，无任何投资经验。希望近期按揭购置住房一处，首付与装修约花费10万元；购置小轿车一辆，价值10万元以内。

每月固定支出情况如下：娱乐健身费1500元、交通费500元、通信

费500元、旅游消费月均450元。

理财专家认为郝女士月收入1万多元，每月开支在3000元左右，月结余率为0.7，年度结余目前为8.4万元，且无其他家庭生活负担，目前财务状况良好。但存在一个普遍问题，全部资产均投在了收益低的存款上，收益性资产不足。且目前郝女士未婚，将来还存在着小孩教育、养老等问题，但未来数年将面临组建家庭后的各种财务开支，结合买房买车的短期理财目标，建议除了购房购车的消费支出规划外，注意侧重于投资规划以及风险管理规划，以备将来之需。

理财建议：

1. 购房买车规划

现阶段，郝女士可考虑在市区内有升值空间的地段购买40平方米左右的小户型房，首付大概在7万元左右，余款28万元做10年按揭。

在购车规划上，预计总支出需10万元。考虑到郝女士目前的节余情况，建议在第一套住房的装修上，考虑简单装修，费用支出控制在5万元，在完成购房买车计划后，存款还可剩余10万元以供支配。资产负债率为46%，属于正常范围。

2. 消费支出管理

郝女士月支出较大，建议选择信用卡消费。目前不仅可以享受超长免息期，还可通过网上进行完全免息分期付款，部分商户消费时还能享受折扣。

同时，需要考虑的是，郝女士信用卡消费能力较强，在选择相关信用卡时，除了注意年费政策外，更可关注银行的积分兑换和增值服务方面的政策，以实现优惠最大化。

第六篇

自主创业

——理财的终点不是金钱，而是事业

第一章
实业投资的原则

一定要投资自己熟悉的行业

　　投资是一种前瞻性的经营行为，由于未来的不确定性，任何投资都存在风险。因此，也可以说投资是一把双刃剑，它既可以创造财富，又可以吞噬投资者的金钱和精力，陷于投资失误的泥潭之中不能自拔。就实业投资来说，业界流行一句老话：不熟不做。意思是轻易不向自己不熟悉的产品、行业等领域插足。

　　完全不熟悉的行业是非常难做的，看着别人赚钱的行业，不见得自己做就能顺利赚钱。每个行业有独特的门道，完全不了解的行业，或者自己都没搞懂做什么的行业，最好不要盲目投资，听别人说得天花乱坠的时候，也许自己即将成为冤大头。

　　因此，对创业者来讲最好做自己相对熟悉的行业，或者这个行业自己曾经因为爱好而积累有一定的经验，介入进来的时候才能避免一头雾水或遭遇障碍。

　　听说了吗？赵琳现在的皮革生意做得可大了，真是想不到人家只用了三年的时间就把规模扩大了一倍。不过，也难怪，人家原来在皮革

厂工作，对那行业是再熟悉不过了，况且她这些年也积累了一些人脉资源，这都是人家的优势，取得成功也是必然的了！

白雪提及朋友赵琳，一向都是赞不绝口。赵琳原在皮革厂工作，几年后，不仅熟悉了公司运作流程，也积累了一些人脉资源，这些都是她的优势，凭借这样的优势，很快就获得了创业的成功。

成功就是自身优势的发挥，只有在能发挥自身优势的行业之中创业，才能更快地获得财富。否则，只会增加创业的风险。对于有意于创业的女性来说，一定不要轻而易举地去尝试你一无所知或者无法施展拳脚的行业，而是要从自己熟悉的行业入手。这才是规避投资创业风险的有效手段之一。

许多现代女性都是学有所长，拥有比较专业的知识与技能，大多数人在毕业之后从事的是对口的专业，多数立志要创业的，大都是会在完成原始资本积累的同时，还完成了本行业经验的积累与社会公共关系的积累。在本行业中通过长期的调查、实践、观察与分析，对自己所从事的行业的经营管理的运作、成本的核算等已经了然于胸，所以她们都是以本行业为依托进行创业的。她们在创业之初就进入了能够发挥自身优势的行业，自然就会如鱼得水，游刃有余。这样，她们创业成功的概率就会比较高，公司的发展也会比较快。

陈琳在一家著名的外企担任人力资源部经理，有8年工作经历的她年薪大约有20万元。她打算要个孩子，虽然公司有90天的产假，但是由于她每天需要工作10多个小时，始终不是自由身，于是她就决定自己开一家人力资源公司。

说干就干，经过一番忙碌后，陈琳的人力资源公司开业了，自己在外企工作的8年的工作经验不仅使她开阔了眼界，而且也积累了丰富的经验、拓展了人脉，这些都是她独立创业的最好的资历，由于她工作过的那家外企有着极高的知名度，所以公司开业后很多客户都对她信任有加。陈女士现在在业内已经颇有名气，发展了属于自己的一大笔客户源，每年的收入达到几百万元。

陈琳的经验告诉我们，女性创业最好是要从自己熟悉的，能发挥自身优势的行业入手，从能够充分发挥自身专长与优势的行业之中才能掘到财富。否则一味地盲目跟风，只能将自己攒下来的血汗钱赔进去。

由此可见，不管在哪儿做生意，做什么生意，如果是本行业专家，优势不言而喻。常言说，隔行如隔山。在生意场上不懂，就意味着血本无归了。看到别人做生意是赚钱，等到自己做了，就只有赔钱的份了。因为每个行业都有自己的核心内容，如果不熟是很难掌握这些东西的。"熟能生巧"在生意上一样适用。

所以，建议在选择做什么项目的时候，一定要找一个自己了解的行业，千万不要单纯看什么行业赚钱就一头扎进去。不要在自己不熟悉不了解的市场中较劲。

投资必知的经营战略

公司成立了，要想公司取得好的效益，就要有好的经营模式，制订恰当的经营战略。以下是创业者必须学会的经营战略。

1. 最低成本战略

最低成本战略，顾名思义即通过使自己成为本行业成本最低的生产者而进行竞争的战略。降低成本的主要途径是：

（1）建立最佳规模最经济的工厂；

（2）采用能降低成本的先进技术；

（3）确保研究开发、服务、分销和广告等领域有效性的同时，降低费用；

（4）采用先进的管理方法确保企业、组织间的协调并降低管理费用。

较低成本虽然不是每个企业都热心追求的竞争战略，但却是企业整个战略的主题。低成本生产者在行业中具有明显的优势：一是对于竞争者

来说，低成本生产者可以以低价为基础在竞争中处于优势地位，采用扩大销售、打击对手的竞争战略，获得超额利润。二是对于供应商来说，低成本生产者之所以能比竞争对手更独立于供应商，是因为它更能承受原材料采购价格的上涨。三是对于潜在的进入者来说，低成本生产者将处于有利的竞争地位，较低的成本不仅可以作为进入障碍，而且可以保持已有的市场。四是对替代商品来说，低成本生产者可以通过削价比对手具有更强的防卫能力。

总之，低成本可以使企业在承受较低价格的同时，获得较高的利润，可以争取较多的客户，尤其是可使企业在决定行业价格水平中具有较大的左右能力。

2. 追求产品差异的战略

实行产品差异可采取许多形式：不同风格、独特的性征、便捷的配件、可靠的产品、非凡的质量、卓越的服务、良好的企业形象等。

成功的产品差异可以使客户对企业的品牌或形式产生偏好或忠诚，甚至使客户愿意为之支付较高的价格。但是许多产品的差异都很容易被竞争对手消除，若想产生持久的吸引力和竞争优势，必须建立在技术优势、质量过硬、给客户较多的支持服务的基础之上。

3. 集中重点或专业化战略

集中重点或专业化战略，是通过抓住特定客户的群体的特殊需要，通过集中力量于有限地区的市场或者通过集中力量于产品的某种用途，来建立竞争优势和市场地位的战略。它的思想基础是企业在有限目标市场更具效率，或者比普通摊开的竞争对手更有效率。这是对小型企业非常适用的发展战略，可以使小企业和规模庞大的企业展开成本竞争。

集中重点战略使企业在实现有限市场目标中获得优势，使企业足可应付其他竞争力量，在目标市场上，竞争对手不可能具有相同的能力，进入者将受竞争优势的阻碍，替代产品也难以立足，客户将因不愿意把其他业务转移到不能提供同等服务的其他企业而削弱谈判力，供应商则很可能面临买方市场。

创业投资的一般流程

创业投资是一件非常艰辛的过程，进行创业投资，一个全面的计划和合理的安排必不可少。因此，了解创业投资的一般流程是必经之路，只有把握了创业投资的一般流程，才能有计划地进行创业，才能避免空有好点子或者好资源却不能得到合理应用的情况发生。

1. 产生创业的灵感

新的企业诞生往往是伴随着一种灵感或创意而诞生的。诺兰·布什内尔在兔岛游艺场工作过，在犹他大学玩过电子游戏机，这使他预见电子游戏未来巨大的市场潜力，因此他开办了阿塔里公司。美国著名的联邦快递（Federal Express）的发起人当时只是脑子里有一个想法，这是个有很大风险却孕育着希望的想法。风险投资专家非常欣赏隔夜传递的想法，因此投入大量的资金，在经历连续29个月每月损失100万美元的痛苦过程后，联邦快递终宣告成立。

2. 建立合作团队

建立一个由各方面的专家组成的合作团队，对创办风险企业是十分必要的。一个平衡的和有能力的团队，应当包括有管理和技术经验的经理和财务、销售、工程以及相关的产品设计、生产等其他领域的能人。为建立一个精诚合作、具有献身精神的团队，这位创业者必须使其他人相信跟他一起干是有前途的。

3. 企业初步定型

通过获得现有的关于顾客需要和潜在市场的信息，马上着手开发某种新产品。在硅谷，这个阶段的工作一般是在某人的家里或汽车房里完成的。如苹果公司的乔布斯和沃兹尼克也是在汽车库里开始创业生涯的。当Sequoia的合伙人麦克·莫利茨第一次造访Yahoo工作间时，看到的是

"杨致远和他的同伴坐在狭小的房间里，服务器不停地散发热量，电话应答机每隔一分钟响一下，地板上散放着比萨饼盒，到处乱扔着脏衣服"。在这一阶段，创业者们一般每天工作10~14小时，每周工作6到7天。这期间，创业者往往没有任何报酬。风险资本公司也很少在这个阶段向该企业投资，支撑创业者奋斗的主要动力是创业者的创业冲动和对未来的美好向往。

4. 制订企业计划

一份企业计划书，不仅是开办一个新公司的发展计划，而且是风险资本家评估一个新公司的主要依据。一份有吸引力的企业计划书要能使一个创业者认识到潜在的障碍，并制定克服这些障碍的战略对策才算完备。例如，坦德姆公司在1974年制订的企业计划书中所做的销售额预测，与该公司1982年实现的销售额（2亿多美元）惊人地接近。而罗伯特·诺伊斯起草的INTEL公司计划书，仅用一页纸。

5. 寻找资本支持

大多数创业团队没有足够的资本创办一个新企业，他们需要从外部寻求风险资本的支持。创业者往往通过朋友或业务伙伴把企业计划书送给一家或更多的风险资本公司。如果风险家认为企业计划书有前途，就与这个企业团队举行会谈。同时，风险资本家还通过各种正式或非正式渠道，了解这些创业者以及他们的实力情况。

6. 企业开张

创业者的企业计划书被风险资本家认可后，风险投资家会向该创业者投资，这时，创业者和风险投资者的"真正"联合就开始了，一个新的企业就开张了。之所以说创业者和风险投资家的联合是"真正"的联合，是因为风险资本家不仅是这个新成立公司董事会的成员，而且要参与新企业的经营管理。美国旧金山的风险投资家比尔·汉布雷克特是多家风险企业董事会的成员，他说："我们不仅把骰子投出去，我们还吹它们，使劲地吹。"当新公司的规模和销售额扩大时，创业者往往要求风险资本家进一步提供资金，以便壮大自己，在竞争中占上风。随着时间的推移，风险减少，常规的资金来源如银行就会关注该公司。这时，风险资本家开始考虑撤退。

7. 上市

若创业公司开办五六年后，获得成功，风险资本家就会帮助它"走向社会"，办法是将它的股票广为销售。这时，风险资本家往往收起装满了的钱袋回家，到另一个有风险的新创企业去投资。大多数风险资本家都希望在5年内能得到相当于初始投资的10倍收益。当然，这种希望并不总是能够实现的。在新创办的企业中，大约有20％~30％会夭折，60％~70％会获得一定程度的成功，只有5％的新企业大发其财。

实业投资要避开的几大误区

在实业投资过程中，做决定之前，一定要从方法、思维、技术等方面入手，细致分析，回避投资的误区，减少投资的风险。

1. 投资项目过于单一

由于资源和资金的集中，单一投资在项目选择正确的情况下，常常会给企业带来好的收益。但单一投资的风险也是显而易见的，放大了的风险只要发生一次，就可能使投资者多年积累起来的财富毁于一旦。

投资过于单一，就像把所有鸡蛋放在同一个篮子里，一旦篮子打翻，鸡蛋也就全部摔破了。而由多项目构成的组合性投资，可以大大减少单一投资所带来的投资风险。特别作为一名缺乏经验的创业投资者，在进行投资决策时，一定要尽可能拓展投资思路，培养多元化投资思维方式，在保持投资项目的多元化同时，也应注意在项目与资金之间达成平衡。

2. 投资规模过大，资产负债比率过高

在经济增长迅速的时候，人们容易对未来估计过于乐观，藐视风险，投资规模过大，超支投资，从而形成投资泡沫，一旦有风吹草动，泡沫迅速破灭，投资者就会陷入危局和困境。因此，投资者应从风险与收益平衡的角度考虑企业的投资导向，在选择合适的投资项目的时候，将投资规模

控制在适度的范围内。在具体投资时，尽量将资金分批次、分阶段投入，避免一次性投入，应留有余力，以防环境变化，风险发生，而手中再无资金可以周转，导致满盘皆输的局面。

3. 急于获取回报

创业者在初涉投资时，易受眼前利益驱动，而忽视长远利益，采取急功近利的短期行为，这样做虽然能够使企业一时获利，却丧失了长远发展的后劲。投资是一项系统工程，创业者要克服急功近利的思想，更不可杀鸡取卵、竭泽而渔。

4. 不愿寻求投资合作伙伴

投资者在投资活动中，既要讲独立，也要讲合作。适当地合作（包括合资）可以弥补双方的缺陷，使弱小企业在市场中迅速站稳脚跟。假如创业者不顾实际情况，一门心思单打独斗，就很有可能延误企业的发展。毕竟，分享利润总比谁也没有利润好。

5. 过度相信他人，不亲自进行市场调查

一般情况下，创业者对他人尤其是亲密朋友的意见都容易过度信任，认为亲友的话即代表了市场的真相，自己无须再对市场进行调查，从而导致投资失败。在做投资决策时，不要轻易相信任何人的意见与建议。毕竟要想知道梨子的滋味，就要亲自尝一尝。这是亘古不渝的真理，投资者更应该牢记。

第二章
实业投资实战案例

万元起步做"大头照"

数码相片贴纸，亦称大头贴、粘纸相、贴纸相等，是一种把人相与背景合成而产生炫酷效果，并可随意粘贴在钱包、手机、匙扣、项链坠、相机等处的新型时尚影像贴纸产品。

大头贴大概是在20世纪90年代左右被引进国内，机器也是直接从日本进口，成本较高，所以价格也比较昂贵。但是近几年，店家往往采用加盟手段，成本不高，收效又快。比如，一家店，开张才1个多月，店内有2台机器，每台12400元，铺面租金每月有1500元，平时主要的开销就是墨水和纸。但是由于选址理想，每天能售出15元一张的大头贴六七十张。可见，购买贴纸相机是一种风险小收益大的投资。

随着现代数码产品的普及，加之大多青年都热衷于此，还常常在网上专门建立网页互相交流，这个市场还是潜力巨大的。但是，目前的贴纸店的竞争也相当激烈。因此，有意向进入此行业也需要注意以下几点。

1. 注意选对商铺地点

由于消费群集中在25岁以下的年轻人，而且大部分是中学生及青年男女，所以要把店铺选在这些人最喜欢去的闹市中。

2. 机器配置一定要注意质量

不要贪便宜选了质差价高的机子，要保证出来的照片有足够的清晰度和丰富的背景。

3. 墨盒一定要好，坏了就会耽误整天的生意

生意开始后，每日的成本除了店租、人工和贴纸相机设备损耗外，就是打印纸、过塑纸和墨盒这些耗材的使用，平均来说，一张照片的成本不高于2元。一台贴纸相机每月使用的耗材数量如下：A4的打印纸300张（可当400小张用），墨盒9套，过塑纸两卷（光面和雾面）。

4. 挑选有责任心、素质高的店员

特别是在硬件各方面并不占优的情况下，营业员的服务就起着至关重要的作用。他们直接和顾客打交道，服务质量差，顾客自然少。

5. 多样化的营销手段

如果选址不理想，那就需要考虑多样化的营销手段以促进销售工作的进行。比如有些店家就采用优惠卡的方式，拍齐十套就免费送拍一套；或者拍一套就免费加印一套；或者拍一套送一件小礼品……有的店家甚至推出了贴纸制成挂饰的业务。

开家餐馆

民以食为天。中国有句谚语"一顿不吃饿得慌"，因此餐饮业长久以来是最被看好的大众化创业行业。此外，餐饮业由于投资门槛低、赢利能力较强一直大受创业人士的欢迎。

我国有五千年的悠久文化，这其中，饮食文化占据了非常重要的地位，可以说，餐饮业是当之无愧的"百业之首"。从古至今，只有餐饮业长盛不衰，并且时至今日还在向更繁荣的方向发展。

"如果你兜里的钱只能干点小事，又不想受制于人，那么你就去开家

小餐馆。因为自己总要吃饭，也许还能顺便挣点别人的钱呢。"这当然是笑谈，不过也证明开餐馆是我们每个想当老板的普通人很不错的选择。

根据世界经济合作组织一篇最新的研究报告表明：在知识经济迅猛发展的今天，传统行业中只有服务业仍有较大的发展。服务行业的投入比制造业低，增长率却更高。在该报告中被称作：打破知识经济神话的反例。专家们还把餐饮业列入新千年将蓬勃发展的15类热门职业之中。其实这几乎是必然的，可以算一算，只要一个城市的1000万人中有1％的人决定：这顿饭我们去外面吃！其中所蕴涵的商机便不言而喻了。

如果你拿定了主意，决定开家餐馆，可能马上又有了新的问题：需要多少投资？开什么样的餐馆？什么规模和档次的？回报如何？又会有多大风险？这些应该都是你最想知道的问题。

还有你是否想到了开一家餐馆，是绝不能愚信"只要我的菜货真价实，自然就会有人来吃"这句话。你一定要想到，我的餐馆要有一流的服务和管理，高档的菜肴和装修……如果你不具备这些基本的现代经营头脑，就很难获得成功。

另外，也不要以为开了餐馆就一定会赚钱，如果你的经营不佳，可能眼睁睁看着对面或隔壁餐馆财源滚滚，自己的店却是门可罗雀，心中可能还百思不得其解。其实这是经营策划失败的典型结果。所以，如果你决定要开一家餐馆，就要全神贯注，不畏辛劳，努力把自己的店打理好。

餐饮行业专家分析，现阶段做餐饮最具赚钱潜力的项目当属早餐店、休闲饮品店和中式特色小吃店。早餐店与休闲饮品店具有成本低廉、利润丰厚、回本较快的优势，平均投资成本在2~10万元，平均净利25％~35％，一般6~9个月即可收回投资，因此成为众多创业者的最佳选择。

但是，在现阶段这两类店的单店形式已经不太容易在较短时间内取得较好业绩，甚至在一些竞争特别激烈的地段已经不太容易生存了。所以，首次创业者不妨考虑加盟知名品牌的方式创业，但在挑选真正有竞争力的加盟总部时，需要格外用心才好。

此外，随着中国许多地方的城市建设逐年展开，创业者在经营思路上要改变过去以经营"过路客"为主的思维，而应以培养"熟客、回头客"，从而赢得顾客的忠诚度。

开家瓷器店

陶瓷店是一种古老的行业，在20多年前，陶瓷店往往带有地方艺术色彩，常以产地和顾客爱好的区别来显示店面的特色，使店面专业化。

现在这种商店，仍然是以中式碗、碟、茶杯、茶壶等餐具为主要商品，但也加进如咖啡杯、刀叉盘碟之类的西式餐具，而且逐渐走向兼卖玻璃、金属等综合餐具，表明目前这种商店已走向多元化的经营。要想创业，必须对这一演变有充分了解，且能适应这种变化。

在决定商品构成时，应该对当地风俗习惯、顾客阶层、年龄等因素，全面加以考虑。

开设陶瓷店应尽量设在靠近市场边缘，最好与杂货店相邻，要么选择过往顾客多的市场附近。人员以2~3人为佳，自己去做更为理想。在商品摆设上要多动脑筋，如果以青年阶层为主要对象，一定要在陈列上有色彩感，这有助于商品销售。这种陶瓷店还应配合季节性而广为促销，像春秋季节结婚多，民间节目也多，可以开动脑筋，销售对路产品。此外，产品不要积压过多，尽量加快资金周转是很重要的。在经营中需要注意以下几点。

（1）经营者要多学习多请教，尽可能多地了解瓷器方面的专业知识，使自己成为一个懂行的店老板。

（2）虽然瓷器店的店铺不大，但所经营的瓷器种类却应非常齐全，像镁质瓷、骨质瓷、高白瓷、强化瓷、景德镇的青花瓷以及一般的普通瓷都应有货，使不同类型的消费者到店里都能找到适合自己价格和品质的商品。

（3）应推行"透明经营"，在每一件瓷器的旁边都要放一个小牌子，上面标上这件瓷器的材质、工艺和特点，让顾客买得明白，买得放心。

开家藤艺店

　　现代人注重生活质量，讲个性、讲情调、讲品位。一成不变的家居装潢已经越来越无法满足人们的需求。随着复古浪潮的兴起，古色古香、沉寂多年的藤制品越来越引起人们的关注。记得当年老上海弄堂里家家户户坐藤椅，价廉物美。今天的藤制品已今非昔比——一张藤椅400元还是打了特价。不过，生意还是不错。年轻女性、白领夫妻、外国友人对其抱有巨大的热情。那么开家藤艺店是否有的赚？

　　1．开业准备

　　藤艺店一定要选个好地段。藤艺品价格不菲，消费人群多是白领阶层女性，所以店址最好选在热闹的商业街，才会有旺盛的人气。另外，因为藤制品体积一般比较大，因此店面最好租得大一些，同时合理利用店内所有空间，采用吊挂的形式既使店内不显拥挤，又富特色。

　　藤制品的进货渠道十分关键。联系到好的藤制品生产厂家既可以降低成本，又能及时变换款式。现在上海的藤艺店进货方式主要有两种：一是店主自己开店又开厂。另一种是去上海周边的昆山、杭州等地进货。除此之外，新开店主还可以向上海一些大型藤制品商场的厂家进货。

　　2．资金

　　藤制品种类繁多，成本投入不低，店面租金、店员工资，大致算来，10万元可以起步。

　　3．经营范围

　　藤艺店卖得最好的是小工艺品、饰品和家居用品。如CD架、拎包、草鞋、藤艺画、置物箱、书架等。藤制沙发前景看好，有条件的话可以考虑。

　　4．经营建议

　　顾客都想买有特色的东西，所以要尽量保证店内物品与众不同，并大

力发展定做业务，满足客户的特别需求。

以前的藤制品经久耐用，好的传统需要发扬。大到沙发，小到化妆包，用不了多久就坏掉，就会令消费者对藤制品失去信心。质量好永远是吸引回头客的法宝。

开家服装店

服装与纺织是每年为中国提供9％以上GDP和25％以上外汇收入的一个支柱产业，中国纺织服装出口额占世界纺织服装出口总额的1/5。

经营是一门科学，也是一门艺术。在企业经营方面，有最新版本的教科书，但却永远不会有放之四海而皆准的经营方式。企业家在严谨的利益型思考的基础上，还必须学会随机应变。

1. 找一块"风水宝地"

军人打仗时要抢占有利地形，商人经营也要求得一块风水宝地。都市商区可分为五大类型，每一街区都有自己的特点。你需要把哪一方区域当作宝地，还要看自己经营的品种、规模、档次及消费对象。

恰到好处地选择一块经营位置，生意差不多就已经成功了三成。但对各具特色的服装店来说，并不是只要选择房租最贵的商业区就是自己的黄金地段。老板们准备开设的服装店，有做衣服的裁缝店，有卖衣服的时装店，有大型的，有小型的，有针对工薪阶层的，有做名牌专卖的，有专门针对农村市场的，有专卖婴幼孕服饰的，有生产职业服的等，他们各自都有自己最合适的位置。无论是选择服装厂址，还是时装店址，或公司、学校的经营地址，都需要认真考虑。

2. 中心商业区寸土寸金

中心商业区也称为都市繁华区，大多位于城市的中心地带，是商业活动的高密度区域，所以房租价位也是最高的，可以说是"寸土寸金"。该区的主导力量是大型自选商场和百货商店，商品种类多，规格全。由于客流量大，在双休日或节假日有可能出现"人山人海"的场面。所以，如果有足够的资金，在中心商业区租一间铺面，也是值得考虑的。你可以开一家高档时装专卖店，或高品质的裁缝店，也可以在大型服装商场中，策划一间"店中店"。

3. 群居商业区也能自成气候

在许多城市，都会有一些一字排开的群居商业区，它们虽然没有中心区那样繁华，但在时装的某一领域却能自成气候。如郑州市健康路为高级白领服饰的天下，光彩一条街则针对都市另类、花季少年，火车站附近的敦睦路是中低档服装批发的专业地带。在群居商业区，时装店开大开小取决于自己的资金能力，但最重要的是销售的产品要对位。

4. 居民小区的服装店割据一方

在现代城市规划建设中有大量的居民小区，一个居民小区就如同一个微缩的小城市，各行各业人员应有尽有。不过，聪明的老板总能研究出它的特点。如有的小区老城搬迁户较多，有的小区政府官员较多，还有一些小区聚居了银行、媒体、教师等人员。因此，每个小区的消费水平及文化品位都不相同，开设服装店时，应综合考虑产品的类型和价位档次。一般居民小区不适合经营高级白领的职业服、名牌西装等。居家服、休闲服、运动服也许是更好的选择，这当然与经营环境和人们的心情有关。与居民小区类似，还有一些大型厂矿家属区，消费对象的定位则更容易把握。

5. 偏僻街道与城市近郊，经营有方引客来

在城市的一些偏僻街道，商店寥落、行人稀少，但房租也更为便宜，是开办外向服务型服装公司的好地方。服装公司虽然地处偏僻，但通过业务把触角伸向四面八方，完全弥补了街区的偏僻。由于房租便宜，厂地可以更大一些，企业实力与形象也就表现出来了。偏僻街道有一些小院是开办服装学校的最佳位置，学员来自各地，通过广告慕名而来，僻静之处也更有利于专心学习。小型服装加工厂有时就租在家属楼的一层，商务与生活合为一体。

城市近郊适合开办中型服装加工厂，100人左右的生产规模也很可观，老板用交通信息工具与市中心进行"前店"或批发市场联络，廉价的

地皮和房租能节约一笔不小的费用。总之，服装店以经营高附加利润的、经营品牌或塑造企业形象的，适合在繁华街区开店。需要场地较大而不需要直接与消费者接触的服装加工厂、服装公司等适合开在偏僻街区或近郊的城乡结合部。

6. 陈列服装商品的妙法

好的陈列首先能引人入胜，使顾客产生兴趣并萌发购买动机。商品的陈列成功，销售也就接近了成功。商品陈列要方便顾客，还要经常变换形式，给人的感觉是该店又推出了新一季节的应季流行款式。

在服装行业快速发展的今天，服装商品的款式、质地、做工、色彩、价格等本身的价值才是最重要的。在当今的形象时代，除了商品本身，似乎还有很多更重要的因素，其中店铺的陈列与布置，也成了直接影响销售和塑造企业形象的大问题。

开家鲜花店

开鲜花批零店最初的投入也是包括了店面租金、装修和进货资金三个部分。投资规模视开店时间及店面租金而定，规模大点的也就一两万元，规模小一点的四五千元即可，开店的技巧主要包括熟悉行情，选择地段，店面布置，经营策略，插花艺术掌握，投资风险，等等。

1. 技术掌握

没有接触过鲜花的人，早就听说插花是门艺术，而作为生活礼仪用花，我们只要掌握一点包、插花技术就行了。首先要了解花语，什么花送什么人，什么场合适合用什么花，开业花篮，花车的制作，很简单一本介绍插花用书便解决问题。熟能生巧，一个多月便什么都行了。

2. 店址

这是你开批零店的关键。因为零售利润在花卉业中可达50％~80％，零售利润足以满足一月的房租水电、员工工资、税收开支等。从这个角度考虑，店址在医院、酒店、影楼或娱乐城旁，可避免6~9月淡季对整个业绩的影响。从扩展批零业绩的提高考虑，因为批发利润大概在10％~30％之间，可将店址选择在花卉市场批发一条街，或花店比较集中的街区。在9月至第二年5月的旺季，所有的花店，买花者都是你的客户，由于顾客购物的从众心理，批发货量大，价格便宜，你会争取到许多别人得不到的生意。同时，别的花店也是你的批发客户。

3. 装修

花店的装修主要体现在"花团锦簇"这个词，要达到这个目的，只需一个办法，那便是多装有反射功能的玻璃，这样店面空间显得大了，一枝花变两枝花，一束花也变为两束花了，当然为了体现花的艳丽，灯光色彩也很重要，建议可适当选择粉红色灯管点缀，另外作为批零店，可考虑店面前庭适当装修后，后庭作仓库用，以减小装修费用，玻璃门也少不了，这样一做广告效益，二对鲜花也是一种保护。以玻璃为材料的装修，费用低效果好。

4. 进货

进货渠道是批零店的关键，因为鲜花的质量和价位，是你赢得市场的法宝，找到自产自销的货源，可使你的利润空间得到保证，地处全国最大的花卉市场昆明市斗南镇，拥有自己的生产基地，走价格+质量+服务的品牌战略，以规范的合同操作，明确双方的责、权、利。

5. 经营策略

市场日益繁荣的今天，哪里都没有空白市场等你开发，哪一行都有人做，关键看你怎么做，信誉是关键，一靠花卉质量价格，二靠服务质量，批零店如果花卉质量价格由供货商把关的话，作为店主主要靠服务质量。不如先作一个免费送货上门的承诺，无论对于批发商还是零售商，此项售前服务，会为你建立一个逐渐、扩大的信誉体系客户群体。

无论哪个城市，星级饭店的鲜花布置，都是一个很好的业务，3~5天更换一期，费用少则几百元，多则几千元，更何况酒店的婚宴、会议、生日宴又很多，无形带来许多生意，影楼、酒吧、歌舞厅也是你开拓业务的市场，与电台合作，累积返还销售，都是你占领市场的法宝。

开一家网店

你可以选择到各种商务网站注册个网上商店，注册的时候里面都有提示，包括需要什么资料，发些证件过去，几天就行了。然后审核之后就把自己想卖的东西拍些照片放在上面展示。网上开店的一般流程为：

1. 选择开店平台或者网站

你需要选择一个提供个人店铺平台的网站，注册为用户。

大多数网站会要求用真实姓名和身份证等有效证件进行注册。在选择网站的时候，人气旺盛和是否收费，以及收费情况等都是很重要的指标。现在很多平台提供免费开店服务，这一点可以为您省下不少金子。

2. 向网站申请开设店铺

你要详细填写自己店铺所提供商品的分类，例如你出售时装手表，那么应该归类在"珠宝首饰、手表、眼镜"中的"手表"一类。然后你需要为自己的店铺起个醒目的名字，应该真实填写，以增加信任度。

3. 进货

可以从您熟悉的渠道和平台进货，控制成本和低价进货是关键。

4. 登录产品

你需要把每件商品的名称、产地、所在地、性质、外观、数量、交易方式、交易时限等信息填写在网站上，最好搭配商品的图片。名称应尽量全面，突出优点。为了增加吸引力，图片的质量应尽量好一些，说明也应尽量详细，如果需要邮寄，最好声明谁负责邮费。

登录时还有一项非常重要的事情，就是设置价格。通常网站会提供起始价、底价、一口价等项目由卖家设置。假设卖家要出售一件进价100元的衣服，打算卖到150元。如果是个传统的店主，只要先标出150元的价格，如果卖不动，再一点点降低价格。但是网上竞价不同，卖家先要设置一个起始价，买家从此向上出价。起始价越低越能引起买家的兴趣，有的卖家设置1元起拍，就是吸引注意力的好办法。

但是起始价太低会有最后成交价太低的风险，所以卖家最好同时设置底价，如定105元为底价，以保证商品不会低于成本被买走。起始价太低的另一个缺点是可能暗示你愿意以很低的价格出售该商品，从而使竞拍在很低的价位上徘徊。如果卖家觉得等待竞拍完毕时间太长，可以设置一口价，一旦有买家愿意出这个价格，商品立刻成交，缺点是如果几个买家都有兴趣，也不可能抬高价钱。卖家应根据自己的具体情况利用这些设置。

5. 营销推广

为了提升自己店铺的人气，在开店初期，应适当地进行营销推广。例如购买网站流量大的页面上的"热门商品推荐"的位置，将商品分类列表上的商品名称加粗、增加图片以吸引眼球。也可以利用不花钱的广告，比如与其他店铺和网站交换链接。

6. 售中服务

顾客在决定是否购买的时候，很可能需要很多你没有提供的信息，他们随时会在网上提出，你应及时并耐心地回复。但是需要注意，很多网站为了防止卖家私下交易以逃避交易费用，会禁止买卖双方在网上提供任何个人的联系方式，例如信箱、电话等，否则将予以处罚。

7. 交易

成交后，网站会通知双方的联系方式，根据约定的方式进行交易，可以选择见面交易，也可以通过汇款、邮寄的方式交易，但是应尽快，以免对方怀疑你的信用。是否提供其他售后服务，也视双方的事先约定。

8. 评价或投诉

信用是网上交易中很重要的因素，为了共同建设信用环境，如果交易满意，最好给予对方好评，并且通过良好的服务获取对方的好评。如果交易失败，应给予差评，或者向网站投诉，以减少损失，并警示他人。如果对方投诉，应尽快处理，以免为自己的信用留下污点。

9. 售后服务

这一点不用多说了，完善周到的售后服务是生意保持经久不衰的非常重要的筹码，与客户保持联系，做好客户管理工作。

小测试：女性的理财观念

做完下面的测试，你对自己的理财观念就会有一个明确的答案。

（1）你和朋友约好碰面，当你到了相约地点后，对方打电话来说会晚30分钟，你会怎样打发这30分钟呢？

A. 到书店站着看书或杂志——1分

B. 到百货公司闲逛——3分

C. 到咖啡店喝茶——2分

（2）去外地旅游，进酒店后发现当天是酒店的周年庆，酒店准备3种礼物送给你，你会选择哪种呢？

A. 晚餐点心附赠蛋糕——3分

B. 下次住宿的9折优惠券——1分

C. 附近著名游乐场的入场券——2分

（3）从下面3项中选出你最想住的房间。

A. 可以按自己的喜好摆设家具、地方宽敞的套房——1分

B. 房间很普通，但有个小阳台——3分

C. 四周房屋低矮，室内阳光充足的房间——2分

（4）假日，你最想做哪件事打发时间？

A．看电视或杂志——2分

B．打游戏或上网——1分

C．打电话找朋友聊天——3分

（5）5个朋友相约出游，每个人都要准备午餐，你最想带哪种菜式赴约？

A．熏酱熟食——3分

B．蛋糕——2分

C．煎蛋或油炸食品——1分

（6）打错电话时，你的表现是怎么样的？

A．自言自语一声"啊，打错了"或是一言不发，挂断电话——3分

B．马上跟对方说"对不起，我打错了"，然后挂断电话——2分

C．再次确认"请问电话号码是××吗？""你不是××吗？"——1分

（7）下列3样家务，哪种是你最讨厌的？

A．做菜——3分

B．打扫——2分

C．熨衣服——1分

（8）公交车里有3个空位，你会选哪个坐下呢？

A．年纪与你相仿的女士旁边——2分

B．可以看见相貌英俊男士的那个座位——3分

C．看起来气质不俗的老年人旁边——1分

（9）和丈夫外出就餐时，你受不了丈夫哪些行为？

A．在你说话时不停地打哈欠——2分

B．偷偷看其他异性——3分

C．接到朋友电话，讲个不停——1分

（10）早上准备出门，发现钥匙不在平时的地方，你第一个想到的是哪里？

A．包里——2分

B．昨天穿过的衣服口袋里——1分

C．看看是不是掉地上了——3分

（11）总随身带着一张照片，一逮到机会就向人展示一番，会是哪一张呢？

A. 旅行时拍的照片，风景宜人，配上你灿烂的笑容——2分

B. 跟丈夫的甜蜜合影——3分

C. 孩子的照片——1分

（12）走在路上突然下起雨来，但你必须去某地，时间还很宽裕，你会怎么办呢？

A. 买把伞走过去——2分

B. 打车过去——3分

C. 先找个地方躲雨，静观其变——1分

计分标准：

17分或以下：A型　　　　　　　　18~24分：B型

25~31分：C型　　　　　　　　32分或以上：D型

答案：

A型：不为所动。你平时就有存钱的好习惯，很擅长省钱之道，就算收入微薄也能妥善管理。但你常常发生犹豫不决、当用不用的情况，让你老有种爱捡便宜的倾向，现在你该培养当用则用的勇气。

B型：当用则用，当省则省。你对游玩、打扮、必要的开支都舍得花钱，同时也能适度地储蓄，对省钱也颇感兴趣。可你却不擅长处理收入骤减的状况，一旦发生这种情况，你就会手足无措。

C型：一旦有目标便意志坚定。你的理财观很马虎，会疯狂购物。不过你一旦设定目标，比如要去旅行或有大笔开销时，就会马上拼命存钱，日常开支也缩到最少。建议多培养没目标也能储蓄的好习惯。

D型：理财观念等于零。你的理财观念几乎为零，凡事不分轻重缓急，常常任意挥霍，不会储蓄。劝你还是未雨绸缪，学习一下勤俭的美德。